Heidi Keller

Mythos Bindungstheorie

Konzept · Methode · Bilanz

Bitte richten Sie Ihre Wünsche, Kritiken und Fragen an:
info@verlagdasnetz.de

ISBN 978-3-86892-159-5

Lektorat: Jutta Gruber
Gestaltung: Jens Klennert, Tania Miguez
Titelbild: Heidi Keller
Fotos: Heidi Keller: S. 8, 11, 12, 14, 30, 52, 88, 90, 94, 108, 120, 122, 127, 128, 129, 130, 131, 132, 136; Nandita Chaudhary: S. 18, 74, 77, 119, 120, 130; Bettina Lamm: S. 20, 28, 32, 35, 106, 140, 153; Lisa Schröder: S. 67; Ariane Gernhardt: S. 83; Maurice Mofor: S. 83; Mariano Rosabal-Coto: S. 119; Pooja Bhargava: S. 123; Sandra Lukas: S. 129, 137; Reshu Tomar: S. 77, 119; Xenia Roth: S. 139; alle anderen Abbildungen: Wissenschaftliches Archiv Heidi Keller
Druck und Bindung: Förster & Borries, Zwickau
Printed in Germany

Weitere Informationen finden Sie unter www.verlagdasnetz.de

Heidi Keller

Mythos Bindungstheorie

Konzept · Methode · Bilanz

verlag das netz
Weimar

Inhalt

Vorwort von Xenia Roth 6

Vorbemerkungen 9

1. Einführung 15

2. Die Anfänge der Bindungstheorie 21
2.1 Krieg, Trauma und die Folgen 21
2.2 Ein etwas anderer Blick 24
2.3 Zweifel unerwünscht? 29

3. Die Bindungstheorie des 21. Jahrhunderts 33
3.1 Hierarchie der Wenigen 33
3.2 Dem Kanon treu bleiben 36

4. Ungelöste Probleme 39
4.1 Was ist Bindung? 39
4.2 Was ist ein inneres Arbeitsmodell? 40
4.3 Was ist Exploration? 41
4.4 Neuheit, Fremdenfurcht oder Trennungsangst? 43
4.5 Theorie oder Methode? 45
4.6 Evolutionäre Annahmen und Bindungstheorie 47

5. Die kulturelle Blindheit der Bindungstheorie 55
5.1 Die zentralen Annahmen der Bindungstheorie 60
5.2 Die impliziten Annahmen der Bindungstheorie 62
5.2.1 Bindungspersonen sind Erwachsene 65
5.2.2 Ein Kind kann nur wenige Bindungen eingehen 66
5.2.3 Interaktionen sind exklusiv dyadisch und dialogisch 66
5.2.4 Die Perspektive des Säuglings hat Priorität 67
5.2.5 Verhalten wird durch Emotionen reguliert 70
5.3 Andere kulturelle Realitäten 71
5.3.1 Bindungspersonen sind Kinder und Erwachsene 71
5.3.2 Vielfalt interaktionaler Formate: multipel, polyadisch und mehr 78
5.3.3 Wie kann ein Baby wissen, was gut für es ist? 79
5.3.4 Emotionale Kontrolle ist ein Zeichen von Reife und gutem Benehmen 81
5.3.5 Exploration aus kultureller Perspektive 85

6. Fazit: Was kann die Bindungstheorie wirklich? 89
Exkurs: Beziehungsgestaltung in einem anderen Rahmen von Petra Evanschitzky 92

7. Die Bindungstheorie in der Kita 95
7.1 Bindung oder Beziehung? 96
7.2 Die Alltagsorganisation in der Kita: Angewandte Bindungstheorie 98
7.2.1 Das Berliner Modell 100
7.2.2 Das Münchner Modell 103
7.2.3 Erfahrung und Praxis mit Ablehnung der Eingewöhnung 105

8. Impulse für eine kulturbewusste Eingewöhnung 109
8.1 Vorbereitung: Die 1000 Sprachen von Familien 109
8.1.1 Multiple Kommunikationsstile und -kulturen 113
8.2 Die Institution und die ErzieherInnen 115
8.3 Die anderen Kinder und die Kindergruppe 118
8.3.1 Kinder sind grundsätzlich an Kindern interessiert 123
8.3.2 Orientierung am Kind und an Kindern 124
8.4 Das Kind 125
8.5 Der Ort 126
8.5.1 Kinder im Raum 128
8.6 Vernetzung im Sozialraum 135
8.7 Kulturbewusste Eingewöhnung: ein multidimensionaler Prozess 137

9. Ethische Fragen 141
9.1 Fehldiagnosen und Fehlbeurteilungen 141
9.2 Bindungsbasierte Interventionen 149
9.3 Bindungsbasierte Sorgerechtsentscheidungen 155
9.4 Die Ethik pädagogischen Handelns in der Kita 157

10. Abschließender Kommentar 161

Literatur 166

Kommentierte Literaturhinweise 175

Vorwort

»Pflege und Erziehung der Kinder sind das natürliche Recht der Eltern und die zuvörderst ihnen obliegende Pflicht.« Art. 6 Abs. 2 Satz 1 GG und § 1 Abs. 1 SGB VIII

Es ist die Verfassung unseres Landes, die in Artikel 6 Grundgesetz, Eltern das Recht und die Verpflichtung gibt, die Erziehung ihrer Kinder eigenverantwortlich zu gestalten. Nach den Erfahrungen während des Dritten Reiches (1933–1945), einer Zeit in der sich der Staat über den Elternwillen hinweg gesetzt hatte, um machtvoll die Erziehung im Sinne einer nationalsozialistischen Idee zu prägen, haben die Mütter und Väter des Grundgesetzes viel Wert darauf gelegt, dass die Familie vor Übergriffen des Staates geschützt ist. Es ist der Wille und ein hohes Gut unserer Gesellschaft, dass das Recht von Eltern bewahrt ist, ihre Kinder in der ihnen eigenen Weise zu pflegen und zu erziehen und darin ihrer Liebe und Verantwortung Ausdruck zu geben. Staatliche Angebote sollen Eltern bei dieser Aufgabe unterstützen. Ein solches Angebot ist die Kindertagesbetreuung, sei es in öffentlicher oder freier Trägerschaft. Aber stützt und stärkt sie wirklich alle Eltern?

Mit dem vorliegenden Buch rüttelt die Entwicklungspsychologin Heidi Keller die Fachpraxis auf, sich mit dieser Frage ernsthaft auseinanderzusetzen, denn sie konfrontiert mit einer klaren Antwort auf diese Frage: Nein.

Auch ich sah mich konfrontiert. 2009 war ich wie jedes Jahr auf der Jahrestagung des Pestalozzi-Fröbel-Verbandes. Es ging um »Kinder brauchen Kinder. Die Bedeutung der Gruppe in der frühen Kindheit.« Heidi Keller hielt den Hauptvortrag. Ich erinnere mich vor allem an die vielen Bilder und Videosequenzen die sie zeigte. Da war z.B. die westliche Mittelschichtsfamilie im Kontakt mit Babys. Ja, dachte ich mir, in den Bildern und im Verhalten der Gefilmten erkennst du dich und deinen Bekanntenkreis wieder. Dann zeigte sie Bildsequenzen des Aufwachsens von Kleinkindern in der bäuerlichen Kultur der Nso in Kamerun. Irgendwie waren die ganz anders. Anderswo ist es eben anders, dachte ich für mich. Heidi Kellers Fazit am Ende ihres Vortrags traf – und konfrontierte – mich nachhaltig: Nicht anderswo, sondern überall ist es anders! 95 Prozent der Weltbevölkerung gestalten das Aufwachsen von Kindern gänzlich anders als ich und meine Umwelt und damit also auch ein Großteil der Eltern in Kindertageseinrichtungen, für die ich als Referentin in einem Ministerium Mitverantwortung trage.

Die Bindungstheorie bot zuvor meinem Denken und Handeln einen Rahmen. Eingewöhnungskonzepte wie das Berliner Modell habe auch ich als grundlegend erachtet. Nach diesem

Vortrag wusste ich, dass ein »Weiter so« nicht geht, wenn ich unser Grundgesetz ernst nehme und meiner Grundhaltung treu bleibe, mich für die ggf. gänzlich anderen Perspektiven meiner Gegenüber zu interessieren. Ich begann für möglich zu halten, dass etliche Eltern sich nicht bei dem wiederfinden, was ich bis dahin für fachlich richtig gehalten habe und sah mich gefordert, dem Themenfeld einer kultursensiblen Gestaltung des Kitaalltags Raum zu geben, um Diskurse anzuregen und die Auseinandersetzung einzufordern.

Wer Heidi Keller in einem ihrer vielen Vorträge erlebt hat, weiß, dass sie nicht zimperlich mit ihrem Publikum umgeht. Warum auch. Es geht um viel. Das Grundgesetz gilt für alle. Nicht nur als Forderung an andere, sondern auch als Anspruch an uns selbst. Ich bin gar nicht sicher, ob im vorliegenden Buch die Vokabel »Integration« überhaupt fällt. Und doch geht es genau darum. Es geht darum, zuzulassen, dass Eltern ihre Liebe zu Kindern in einem Alltag leben, der zu meiner eigenen kulturellen Erfahrungswelt und meinem bisherigen Wissenskontext möglicherweise sehr verschieden ist. Eine Voraussetzung dafür ist, anzuerkennen, dass Kindern in diesem anderen Erziehungsalltag ein gutes Aufwachsen möglich ist.

Es könnte auch darum gehen, in der Auseinandersetzung mit anderen Sozialisationskulturen bedeutsame Erkenntnisse für die eigene Kultur zu gewinnen und in jedem Fall geht es darum, sensibel dafür zu sein, wie viel Macht wir in der öffentlich verantworteten Kindertagesbetreuung ausüben und wie bedeutsam es ist, diese Macht in den Dienst von Kindern und Eltern zu stellen. Ganz im Sinne des Grundgesetzes sollten wir wachsam sein und uns nicht über Familien und ihre Lebensform stellen und diese richten.

Erst durch die intensive Befassung mit einer kultursensiblen Pädagogik – und ich weite das Verständnis von Kultur hier gerne auf soziale Kulturen aus – wurde mir bewusst, dass und wie sehr wir in der institutionellen Kindertagesbetreuung gefährdet sind, hegemonialen Tendenzen Raum zu geben und Eltern gegenüber eine Überlegenheit hinsichtlich »richtiger« und »falscher« Verhaltensweisen zum Ausdruck zu bringen. Die ethischen Fragen, die Heidi Keller in diesem Buch aufgreift, haben eine hohe Aktualität und Handlungsrelevanz. Dafür sind wir in der Frühpädagogik eigentlich gut gerüstet. Es gilt den eigenen Grundsätzen zu trauen: Die Orientierung am Kind sichert die Sensibilität, dass nicht für alle Kinder dasselbe gut ist. Die Zusammenarbeit mit den Eltern ermöglicht uns Fremdes kennenzulernen und Zusammenhänge zu erkennen. Der reflexive Anspruch frühpädagogischer Profession gestattet Irritation ernst zu nehmen, bietet die Chance zu hinterfragen und konzeptionelle Korrekturen vorzunehmen.

Heidi Keller zeigt schonungslos auf, dass die einseitige Orientierung an der Bindungstheorie die Fachpraxis davon abhält, ihren eigenen Grundsätzen zu trauen. Noch sind es nur einzelne Stimmen, die von den Veränderungen ihres Alltags berichten, wenn sie einer kultursensiblen Perspektive in der Frühpädagogik mehr Raum geben. Aber sie stimmen zuversichtlich. Heidi Keller macht mit diesem Buch Mut, herausfordernd streitbar und konfrontativ, zugleich einladend und unterstützend, mit dem Ziel Fachkräfte der Frühpädagogik in ihrem engagierten Einsatz für Kinder und deren Familien zu stärken.

Xenia Roth, Mainz im Februar 2019

Vorbemerkungen

Dieses Buch hat lange darauf gewartet, von mir geschrieben zu werden – und hat eine Geschichte, eine Beziehungsgeschichte: Meine Beziehung mit der Bindungstheorie. Die Bindungstheorie hat ganz am Anfang meiner wissenschaftlichen Karriere langsam an Boden gewonnen. Natürlich habe ich mich neugierig mit diesem neuen Ansatz auseinandergesetzt, zumal sich mein wissenschaftliches Interesse auf die Entwicklung von Kindern in den frühen Jahren zu konzentrieren begann. Ich habe aber niemals in Erwägung gezogen, die Bindungstheorie als konzeptionellen Rahmen für meine Arbeit einzusetzen – und das zunächst nicht aufgrund der Monokulturalität. Meine kulturvergleichenden Kenntnisse beschränkten sich zu der Zeit hauptsächlich auf die Küchen dieser Welt. Eines meiner ersten Bücher ist ein Kochbuch der karibischen Küche, das 2016 in zweiter Auflage erschienen ist.

Es waren vielmehr die offensichtlichen konzeptionellen Probleme und Unklarheiten und die merkwürdige Interpretation evolutionärer Annahmen. Diese Probleme bestehen erstaunlicherweise auch heute noch in gleicher Weise. Dazu kam, dass ich den Fremde Situation Test von Anfang an als unethisch empfunden habe. Ich habe nie verstanden, dass man Kinder wissentlich und willentlich Stress aussetzt. Meine späteren Beobachtungen in anderen entwicklungspsychologischen Labors haben meine Bedenken bestätigt.

Nach vielen Jahren der Beschäftigung mit der sozial-emotionalen Entwicklung von Kindern im Kulturvergleich und vielen wundervollen Kooperationen mit KollegInnen aus aller Welt, hat sich die Bindungstheorie – wie von selbst – wieder in den Fokus meiner Wahrnehmung gedrängt. Für mich persönlich gab der Wunsch einer jungen Kollegin, die ihre Diplomarbeit in der klassischen Bindungsforschung geschrieben, und dann angefangen hatte, sich für kulturelle Unterschiede zu interessieren und bei mir promovieren wollte, den letzten Anstoß.

In verschiedenen Disziplinen, in erster Linie der Kulturpsychologie und der kulturvergleichenden Psychologie, der Kulturanthropologie und der evolutionären Theorie wurden Stimmen laut, die die Gültigkeit der Bindungstheorie aus den verschiedensten Gründen infrage stellten – und damit an eine Tradition anknüpften, die seit John Bowlby nicht verstummt ist.

Neu war, dass die VertreterInnen der unterschiedlichen Fachgebiete nicht isoliert agierten, sondern sich in verschiedenen Kontexten wie den internationalen Kongressen getroffen und gemeinsam artikuliert haben, z.B. 2012 in einem Workshop der Lemelson Foundation in Spokane, USA und 2015 beim Ernst-Strüngmann-Forum in Frankfurt.

Eine Vielzahl von Büchern mit einem soliden Fundus an Informationen aus verschiedenen Disziplinen ist in den letzten Jahren erschienen. Die mir wichtigsten stelle ich in einem kommentierten Literaturverzeichnis am Ende dieses Buches vor.

Parallel zu diesem wissenschaftlichen Aufbruch kamen immer mehr Fragen aus der Praxis, wo die Bindungstheorie ja ebenfalls einen ungeheuren Siegeszug angetreten hatte. Die Bindungstheorie, oder besser gesagt deren unterschiedliche Auslegungen, dominieren die Elementar- und Frühpädagogik, Beratung, Therapie und Interventionen in aller Welt. Mein Interesse an und mein Engagement für eine multikulturelle Kita haben mir Einblicke in die Praxis ermöglicht, die deutlich machten, dass der wissenschaftliche Aufbruch unbedingt seinen Niederschlag in der Praxis finden muss.

Herausforderungen einer multikulturellen Gesellschaft können schlichtweg nicht mit einer einzigen Doktrin gemeistert werden. Dies zu versuchen, bringt ErzieherInnen, GutachterInnen in den verschiedensten Zusammenhängen, KinderärztInnen, BeraterInnen und viele andere PraktikerInnen mit ihren zumeist auf der Bindungstheorie fußenden Praxis bei vielen Familien an ihre professionellen und häufig auch persönlichen Grenzen. Sie können ihren KlientInnen nicht angemessen helfen. Es besteht immenser Handlungsbedarf, um PraktikerInnen zu unterstützen und ihnen Möglichkeiten zu eröffnen, die Ihnen das Gefühl geben, mit ihrem bewundernswerten Engagement auch wirklich Sinnvolles zu tun.

Seit etlichen Jahren ist die Bindungstheorie nun mein zentrales wissenschaftliches Betätigungsfeld. Zusammen mit engagierten KollegInnen, DoktorandInnen und StudentInnen erforschen wir Bindungs- und Beziehungsnetzwerke von jungen Kindern in Ländern, die sehr viele kulturelle Gruppen beheimaten, derzeit schwerpunktmäßig in Costa Rica und Israel. Wir verwenden eine Methodenvielfalt aus Beobachtung und Interviews und anderen introspektiven Methoden – mit einer Vielzahl von Informanten. Verhaltensbeobachtung alleine kann niemals ausreichend sein, denn dasselbe Verhalten kann in verschiedenen Kulturen etwas anderes bedeuten und unterschiedliche Verhaltensweisen das Gleiche. Um Verhalten zu verstehen, brauchen wir Kenntnisse der Bedeutungssysteme der jeweiligen Kultur, aber auch der ökosozialen Lebensbedingungen. Deshalb sind wir ebenso interessiert daran, was uns die Schamanen bei den Bribri Indianern in Costa Rica erzählen oder die Rabbis ultraorthodoxer Gemeinden in Israel, wie an den Vorstellungen von Müttern, Vätern, Großmüttern, Geschwistern und VertreterInnen von Institutionen, die sich mit Kindern und Familien beschäftigen.

Seit vielen Jahren bin ich gleichermaßen daran interessiert, kulturelles Wissen in die Praxis zu bringen. Ich freue mich sehr über das große Interesse aus verschiedensten Praxisgebieten an fundierter Information zu kulturellen Dimensionen von Entwicklung, Erziehung und Bildung, Beratung und Bewertung bzw. Begutachtung. Die Bindungstheorie aus kultureller Perspektive ist dabei das bei weitem am häufigsten angefragte Thema.

Dieses große Interesse und die positive Resonanz aus der Praxis gaben letztendlich den Anstoß, den lange vorhandenen Plan ein solches Buch zu schreiben, in die Tat umzusetzen. Es war nicht leicht, den Schlusspunkt zu finden, da täglich neue Informationen das Bild der kulturellen Vielfalt erweitern und untermauern – und Variabilität und Vielfalt die conditio humana ist.

Der unglaublichen Fülle an Publikationen, die die Bindungstheorie für die Praxis und eine breite Öffentlichkeit nutzbar machen möchten, möchte ich nun dieses Buch entgegenstellen. Ich hoffe damit eine Diskussion in Gang zu bringen, die gegenwärtige, zu häufig unhinterfragte Praxis zu reflektieren und das vorhandene Wissen zur sozial-emotionalen Entwicklung von Kindern in verschiedenen Kulturen in diese Diskussion konstruktiv einzubringen. Dass dieser Wunsch in Erfüllung gegangen ist, zeigen die vielen E-Mails, die ich seit Erscheinen dieses Buches bekommen habe. PraktikerInnen aus den verschiedensten Bereichen teilen mir immer wieder mit, wie entlastend und erleichternd die von mir vorgebrachten Argumente für sie fachlich und persönlich seien. Das Buch hat viele Handlungsimpulse gegeben von der Entwicklung von Übergangsregelungen in Kitas bis hin zu Blogs und Büchern.

Das Buch besteht aus vier Teilen. Der erste Teil (Kapitel 1 bis 6) beschäftigt sich mit der Bindungstheorie als wissenschaftlichem Konstrukt und diskutiert in den verschiedenen Kapiteln konzeptionelle Probleme, Unklarheiten und falsche Annahmen. Kulturelle Variationen in der frühen sozial-emotionalen Entwicklung spielen dabei eine große Rolle.

Der zweite Teil (Kapitel 7) des Buches beschäftigt sich mit der Bindungstheorie als Grundlage der elementarpädagogischen Praxis in der Kita und den daraus entstehenden

Problemen aus einer kulturinklusiven Perspektive. Dabei habe ich die Ergebnisse einer explorativen Fragebogenuntersuchung einbezogen, die ich mit ErzieherInnen und anderen, im elementarpädagogischen Bereich Tätigen, 2017 durchgeführt habe. Ich bedanke mich an dieser Stelle ausdrücklich bei Veronika Bergmann, Sabine Dahlheimer-Meyer, Petra Evanschitzy, Marina Freund, Sandra Lukas und Xenia Roth für die Unterstützung meiner Untersuchung und Versendung des Fragebogens über die jeweiligen Netzwerke. Ich bedanke mich gleichermaßen bei denjenigen, die meine Fragen beantwortet und mir ihre Sichtweisen auf Bindung in der Kita anvertraut haben. Die Stimmen aus der Praxis sind eine wichtige Grundlage für die weitere Arbeit.

Der dritte Teil (Kapitel 8) spezifiziert in verschiedenen Kapiteln die Dimensionen – die Familie, die Institution und die ErzieherInnen, das Kind, die anderen Kinder und die Kindergruppe, den Ort und den Kontext bzw. Sozialraum –, die bei einer kulturbewussten Praxis berücksichtigt werden müssen und gibt vielerlei Beispiele aus Forschung und Praxis.

Der vierte Teil (Kapitel 9) behandelt die ethischen Probleme, die sich aus der universellen Anwendung der Bindungstheorie ergeben, in der Diagnostik von Bindungsqualitäten, bei internationalen Interventionen und in der Kitapraxis. Eine zusammenfassende Diskussion und weiterführende Überlegungen (Kapitel 10) schließen das Buch ab.

Obwohl die vier Teile des Buches aufeinander aufbauen und als Ganzes zu sehen sind, sind die einzelnen Teile doch so konzipiert, dass sie auch einzeln gelesen werden können. Dort, wo Wissensbestände aus den anderen Bereichen wichtig sind, stehen Querverweise, sodass die LeserInnen gegebenenfalls gezielt zurück- oder vorblättern können. Weil Wissen alleine nicht ausreicht, um Verhalten zu ändern, sind viele Reflexionsfragen in den Text eingebaut, die dazu auffordern, den Text auf die jeweilige eigene Lebenssituation und Biografie anzuwenden. Xenia Roth hat einmal gesagt: »Pädagogische Arbeit ist immer auch biografische Arbeit.« – ein Leitsatz, den ich auch den LeserInnen meines Buches mit auf den Weg geben möchte. Einstellungen verstecken sich häufig in Meinungen, die als selbstverständliches Wissen betrachtet werden. Der Bezug zum eigenen Leben und der eigenen Familiengeschichte kann einen Zugang darstellen, neue Perspektiven zu entwickeln und zuzulassen.

Ein Buch ist niemals nur eine individuelle Leistung, sondern das Ergebnis vieler Kooperationen, Gespräche und Begegnungen. Ich kann mich hier nicht bei allen bedanken, die mir geholfen haben, meine Sichtweisen zu entwickeln und zu vertreten. Großen Dank schulde ich meinem wissenschaftlichen Netzwerk. Stellvertretend für alle möchte ich mich bei Julia Lupp, der Direktorin des Ernst-Strüngmann-Forums in Frankfurt, bedanken. Julia hat sich das Bindungsthema zu eigen gemacht und Kooperationen der führenden internationalen Experteninnen und Experten ermöglicht und unterstützt.

Sehr wichtig waren für mich immer die Gespräche und der Austausch mit Xenia Roth. Ich bin sehr dankbar, dass sie das Vorwort zu diesem Buch geschrieben hat und es mit vielen und interessanten Informationen zum Thema bereicherte.

Ich bedanke mich ebenfalls bei Sandra Lukas, die eine zuverlässige Ansprechpartnerin für alle Fragen rund um die Kita ist, mir viele Einblicke ermöglicht und auf vielfältige Art geholfen hat. Ich bin auch Petra Evanschitzky sehr dankbar, ihr Engagement für diese Thematik mit einem eigenen Statement in mein Buch eingebracht zu haben.

Und ich möchte ausdrücklich dem Team von Verlag das Netz danken, dieses Buch möglich zu machen und mich in meinen Vorstellungen zu unterstützen. Bei allen anderen möchte ich mich entschuldigen, sie hier nicht zu nennen.

Nun wünsche ich mir, dass das Buch auf viel Interesse trifft und hoffe, dass vielfältige Diskussionen in Gang kommen.

Heidi Keller
Osnabrück/Deuselbach, im Februar 2021

1. Einführung

Die Bindungstheorie hat seit ihren Anfängen in den 1950er- und 1960er Jahren des letzten Jahrhunderts einen ungeheuren Siegeszug angetreten und ist heute die am weitesten verbreitete Theorie der sozial-emotionalen Entwicklung von Kindern. Es gibt unzählige Bücher über die Bindungstheorie in vielen Sprachen. Handbücher – das prominenteste ist das 2016 in der 3. Auflage von der Psychologin Jude Cassidy und dem Psychologen Philipp Shaver herausgegebene »Handbook of Attachment« –, allgemeine wissenschaftliche Gesellschaften – z.B. die Society for Emotion and Attachment Studies –, spezialisierte – z.B. die Association for Training on Trauma and Attachment – und regionale – z.B. die Attachment Association for Canada – mit regelmäßigen nationalen und internationalen Tagungen. Darüber hinaus gibt es neben einem weit verzweigten – und teuren – Angebot an Workshops und Seminaren, in denen die Bindungsmethoden und ihre Anwendung trainiert werden, auch eine Vielzahl von Zeitschriften, wie z.B. Attachment and Human Development. Die Bindungstheorie ist zudem in sämtlichen entwicklungspsychologischen Lehr- und Handbüchern prominent vertreten und in allen gängigen entwicklungspsychologischen Zeitschriften erscheinen regelmäßig empirische Beiträge, die auf der Bindungstheorie und ihren Methoden basieren.

Diese weite Verbreitung und Anerkennung im wissenschaftlichen Mainstream war nicht von Anfang an vorhanden. Ganz im Gegenteil wurde die Bindungstheorie zunächst sehr skeptisch aufgenommen. Die Psychiater – z.B. in der Royal Society of Medicine in Großbritannien – waren überwiegend psychoanalytisch ausgerichtet und haben die neue Sichtweise rundweg abgelehnt. Auch viele Psychologen, wie z.B. der Lernpsychologe Jacob Gewirtz am National Institute of Health in Bethesda ML, sahen keine Notwendigkeit, die lernpsychologischen Paradigmen aufzugeben.

Nicht immer schon anerkannt

Gemeinsam mit seiner Kollegin Elizabeth Boyd publizierte Jacob Gewirtz 1977 (a, b) einen viel beachteten Artikel in der Zeitschrift Child Development, in welchem sie sich sehr kritisch mit einer frühen Arbeit von Silvia Bell und Mary Ainsworth von 1972 auseinandersetzten. Insbesondere argumentierten sie aus lernpsychologischer Perspektive, dass unbedingte mütterliche Responsivität kindliches Schreien verstärke und dies entsprechend mehr würde. Die später sehr berühmte Bindungsforscherin Mary Ainsworth und ihre

Mitarbeiterin Silvia Bell schrieben eine ebenfalls viel beachtete Erwiderung auf diesen Artikel, die in der gleichen Zeitschrift im selben Jahr erschien. Sie hatten in einer Längsschnittstudie mit 26 US-amerikanischen Familien aufgewiesen, dass konsistente und prompte mütterliche Reaktionen auf kindliches Schreien in der Folge das Schreien reduzierte. Sie argumentierten, dass die Dauer und die Häufigkeit des kindlichen Schreiens mit einem Jahr die Beziehungsgeschichte während des ersten Lebensjahres spiegeln. Heute wissen wir, dass kindliches Schreiverhalten im ersten Lebensjahr sehr viel komplexer und in dynamischem Zusammenhang mit den Beziehungserfahrungen im kulturellen Kontext zu sehen ist.

Allmählich jedoch stieg die Bereitschaft der WissenschaftlerInnen, sich mit der Bindungstheorie auseinanderzusetzen. Insbesondere der Bezug zur Biologie des Menschen und seiner Grundbedürfnisse ließ ihren Ansatz auch für ein breites Publikum glaubwürdig erscheinen. Diese Entwicklung lässt sich gut an der Rezeption eines der wichtigsten Bücher der Bindungstheorie »Patterns of Attachment. A Psychological Study of the Strange Situation« – der deutsche Titel ist »Bindungsmuster. Eine psychologische Untersuchung der Fremde Situation« – von Ainsworth, Blehar, Waters & Wall ablesen. Obwohl die Publikation bereits 1978 erschienen war, stieg ihr Verkauf erst in den späten 1990er Jahren erkennbar an und verdreifachte sich bis in die 2010er Jahre. Aktuell könnte die Rezeption der Originalquellen zwar wieder rückläufig sein, was allerdings daran liegen dürfte, dass inzwischen eine ungeheure Menge an Sekundärliteratur in verschiedenen Sprachen vorliegt, in denen die Aussagen der Bindungstheorie für den jeweiligen AdressatInnenkreis aufbereitet sind.

Eine Frage des Marketings?

Die spanisch-amerikanische Wissenschaftshistorikerin Marga Vicedo (2013) sieht hinter dem Erfolg der Bindungstheorie vor allem eine geschickte Marketingstrategie: Zum einen präsentieren sich die BindungsforscherInnen – trotz ihrer z.T. unterschiedlichen Meinungen – als eine einheitliche Gruppe und zum anderen erhöhen sie ihre Sichtbarkeit, indem sie sich gegenseitig zitieren.

Mit der wissenschaftlichen Verbreitung einher geht der Siegeszug der Bindungstheorie in der Praxis – zunächst im Bereich der klinischen Anwendung, was aufgrund der Herkunftsgeschichte aus der klinisch/psychiatrischen Tradition (s. Kapitel 2.1) naheliegend ist. Bald verbreitete sich die Bindungstheorie jedoch auch in weiteren Praxisfeldern, die mit der Entwicklung und dem Wohlergehen von Kindern befasst sind, wie z.B. Sorgerechtsentscheidungen, Entscheidungen über das Kindeswohl und den Aufenthalt von Kindern, der Diagnostik psychischer Gesundheit und entsprechenden therapeutischen Maßnahmen, in Programmen zum Übergang zur Elternschaft und zur Unterstützung junger Eltern.

Schlussendlich fand die Bindungstheorie und ihre Vorstellungen von entwicklungsfördernden Umwelten für Kinder – insbesondere aufgrund ihres Universalitätsanspruches, d.h. der Annahme, ein Konzept und seine Methoden träfen auf alle Menschen zu und seien überall gültig (s. Kapitel 5.1) – auch Einzug in die Arbeit von NGOs (Nichtregierungsorganisationen) in den Krisengebieten dieser Welt und allgemein in die Programmarbeit von UNICEF, WHO, Weltbank und anderer internationaler Organisationen. Die Maxime »Was für uns gut ist, muss auch für alle anderen gut sein« herrscht ungebrochen und ist doch eine sehr problematische Annahme. Gerade hier ist erfreulicherweise in letzter Zeit eine intensive Diskussion in Gang gekommen, z.B. der im November 2020 virtuell durchgeführte Workshop zu kulturellen Grundlagen von Interventionen unter der Schirmherrschaft der Society for Research in Child Development, der größten entwicklungspsychologischen Gesellschaft. Der Erfolg von häufig sehr kostenintensiven Maßnahmen ist gering und wirft ernsthafte ethische Fragen auf, auf die ich in Kapitel 9 zurückkommen werde.

Ein hoher Preis

Die größte Motivation jedoch, dieses Buch zu schreiben, ist für mich die Verbreitung der Bindungstheorie in der pädagogischen Praxis und dort insbesondere in der Kita und der Tagespflege. »Keine Bildung ohne Bindung« ist ein Slogan, der die Kitaarbeit kennzeichnet und die Strukturierung des Kitaalltages von der Eingewöhnung bis Gestaltung der Interaktion zwischen Kind und ErzieherIn bestimmt. Die damit verbundene Problematik

stellt sich umso gravierender dar, je heterogener die Familien werden, deren Kinder die Einrichtungen besuchen. Geflüchtete Familien, Familien, die aus den verschiedensten Gründen aus allen Teilen der Welt nach Deutschland kommen, aber auch Kinder aus unterschiedlichen sozialen Milieus in Deutschland bringen andere Vorstellungen über Erziehung und Bildung ins Spiel, als jene, die von der Bindungstheorie nahegelegt und als Qualitätssprung in der Kitapädagogik betrachtet werden (s. z.B. Hédervári-Heller & Dreier, 2013). Das gesamte Feld ist weit und bedarf dringend einer systematischen Aufarbeitung.

Nicht nur die pädagogischen Fachkräfte sind mit der Situation überfordert und haben ein Recht auf eine solche Aufarbeitung, sondern ganz besonders auch die Kinder und Familien, die unsere Einrichtungen besuchen, die ja programmatisch dafür eintreten, dass kein Kind zurückbleiben darf und alle Kinder die gleichen Bildungschancen haben sollen.

Nicht für alle gut

Allein schon der gesunde Menschenverstand legt nahe, dass eine einzige Methode nicht für alle gut sein kann – wie ja auch nicht eine bestimmte Größe jedem passt. Selbstverständlich kann man versuchen, das One Size T-Shirt allen überzuziehen, aber sehen alle darin gut aus? Fühlen sich alle darin wohl? Gehen alle darin gleichermaßen gut gekleidet aus dem Haus und selbstbewusst in die Welt? Sicher nicht! Ebenso wenig kann man mit einer Vorstellung, die aus einem bestimmten Kulturkreis stammt und an diesen angepasst ist, alle Kinder gleichermaßen fördern. Im Gegenteil: Wenn man es versucht, werden manche Kinder systematisch benachteiligt! Dies ist weder im Sinne von ErzieherInnen noch kann und darf dies unser gesellschaftlicher bzw. politischer Wunsch oder Anspruch sein.

Also ist es höchste Zeit für ein Umdenken und eine Neuorientierung. Die Zeichen stehen eigentlich gut, es ist Bewegung in die Bindungstheorie gekommen, sowohl in der Wissenschaft als auch in der Praxis. In der Wissenschaft werden endlich kulturpsychologische und anthropologische Befunde zur Kenntnis genommen, die die Vielfalt kindlicher Lebens- und Lernumwelten charakterisieren (s. dazu Otto & Keller, 2014; Quinn & Mageo, 2013; Keller & Bard, 2017) und in der Praxis schafft die Vielfalt, die in der Kita Alltag geworden ist, Fakten, die nicht übersehen werden können.

Ich möchte mit diesem Buch konfrontieren, wenn es darum geht, mit welcher Selbstverständlichkeit oder gar Leichtgläubigkeit die Bindungstheorie rezipiert wird – und teilweise untragbare Konsequenzen aufzeigen, die sich aus einer unkritischen Rezeption für die Fachpraxis ergeben. Mein Ziel ist ein Diskurs, den ich aus wissenschaftlicher, fachpolitischer und ethischer Perspektive für dringend geboten halte, um eine hoch engagierte Fachpraxis von den Anforderungen, die sich aus einer unkritischen Rezeption der Bindungstheorie ergeben, zu entlasten und bei ihrem Einsatz für eine gute Kindertagesbetreuung zu unterstützen.

In den folgenden Kapiteln werden die Grundlagen der Bindungstheorie charakterisiert (Kapitel 2 und 3) und die ungelösten Fragen diskutiert, die die Bindungstheorie bereits von Anfang an mit sich herumschleppt. Dazu gehören insbesondere unterschiedliche Kulturen der Beziehungsentwicklung (Kapitel 4). Die Kernannahmen der Bindungstheorie ebenso wie deren weniger offensichtliche implizite Vorannahmen werden aufgewiesen und auf ihre multikulturelle Realität hin überprüft (Kapitel 5). Kapitel 6 zieht ein Fazit zur aktuellen Lage der Bindungstheorie in Wissenschaft und Forschung. Kapitel 7 ist der Anwendung der Bindungstheorie mit allen ihren Facetten im Kitaalltag gewidmet. In Kapitel 8 wird ein alternatives Konzept für die kulturbewusste Arbeit am Beispiel des Übergangs in die Kita entwickelt. In Kapitel 9 wird schließlich auf die bereits erwähnten ethischen Probleme eingegangen und in Kapitel 10 einige weiterführende Überlegungen für die kulturbewusste Praxis präsentiert.

2. Die Anfänge der Bindungstheorie

In den folgenden Abschnitten werden die Entstehung der Bindungstheorie und die sie konstituierenden Personen und Konzepte erläutert.

2.1 Krieg, Trauma und die Folgen

Der britische Psychoanalytiker und Kinderpsychiater Edward John Mostyn Bowlby (1907–1990) ist der Begründer der Bindungstheorie. In seiner klinischen Praxis in der Londoner Tavistock-Klinik beobachtet er in den Wirren der Nachkriegszeit die Folgen von Traumata und Trennungen an Kindern. Er ist davon beeindruckt, dass diese verstörenden Erlebnisse solch massive Langzeitfolgen aufweisen. Die Beobachtung von Familien und Kindern lassen in ihm die Überzeugung reifen, dass die familiäre Verhaltensdynamik dabei eine größere Rolle spielt als die innerpsychische Konfliktdynamik, wie es die seinerzeit gängigen psychoanalytischen Betrachtungsweisen nahelegen.

Seine klinischen Erfahrungen und die dadurch ausgelöste Suche nach einem neuen Erklärungsansatz weckten in Bowlby wissenschaftliche Ambitionen. Ersten Aufwind erfährt er durch einen Bericht, den er 1951 für die Weltgesundheitsorganisation (WHO) mit dem Titel »Maternal Care and Mental Health« – auf deutsch »Mütterliche Fürsorge und psychische Gesundheit« – veröffentlichte. Der Bericht enthält bereits die Grundzüge der Bindungstheorie – z.B. in der Charakterisierung der Mutter als Organisator der Psyche des Kindes – und wird in 14 Sprachen übersetzt und über 400.000 Mal verkauft.

Zwischen 1953 und 1956 nutzt er bereits bestehende Kontakte zu Menschen aus anderen Disziplinen, um sein Wissen zu erweitern. Insbesondere die Forschergruppe zur Psychobiologie des Kindes (Psychobiology of the Child Study Group), die sich mehrmals an der Tavistock-Klinik in London traf, gibt ihm Gelegenheit, seine Konzepte führenden VertreterInnen der Ethologie – wie z.B. Konrad Lorenz –, der Systemwissenschaften – wie z.B. Ludwig von Bertalanffy oder der Kulturanthropologin Margret Mead vorzustellen. Während Sichtweisen aus Ethologie und Systemwissenschaften bei ihm auf fruchtbaren Boden fallen, kann er mit kulturvergleichenden Ansätzen offensichtlich wenig anfangen. Margret Mead warnte explizit vor der Generalisierung einer monokulturellen Sichtweise, was Bowlby jedoch nicht sonderlich beeindruckte (s. dazu Vicedo, 2017 a).

Instinkt oder Prägung?

Aus den Sichtweisen dieser Disziplinen synthetisiert er einen eigenen Ansatz. Dieser war in seiner Zeit revolutionär, weil er das bestehende Gedankengut auf den Kopf stellt. Statt an Hunger, bzw. den Nahrungstrieb gekoppelt wie in der Psychoanalyse angenommen, erklärt er seinen Begriff der Bindung – analog des von Konrad Lorenz entwickelten Begriffs der Prägung –, zu einer Art Instinkt, einem individuellen emotionalen Band, dessen Entwicklung in Grund-zügen angelegt bzw. angeboren sei.

Prägung

Prägung ist ein Konzept aus der Ethologie (Verhaltensbiologie). Es handelt sich um einen Lernmechanismus, von dem man annahm, dass er nicht umkehrbar ist – einmal geprägt, immer geprägt – und in einem mehr oder weniger kurzen und genetisch festgelegten Zeitfenster stattfindet. Diese Zeitspanne nennt man sensible Phase. Der Nobelpreisträger Konrad Lorenz beschrieb in seinem Seewiesener Max-Planck-Institut die Nachfolgeprägung bei Graugänsen: Nach dem Schlüpfen folgen die Küken dem ersten sich bewegenden und Laute von sich gebenden Objekt. In der natürlichen Situation ist das die Mutter. In Seewiesen machte sich Konrad Lorenz zum »Objekt« unzähliger Graugansküken. Auf ihn geprägt, folgten sie ihm, wie üblicherweise einer Graugansmutter. Heute weiß man, dass das Prägungsphänomen weniger starr ist als ursprünglich angenommen.

Nach Bowlby's Vorstellung entsteht Bindung in einem Prozess von vier aufeinander folgenden Phasen während des ersten Lebensjahres:

- In der 1. Phase (Vorbindungsphase/preattachment) zwischen Geburt und dem Ende des ersten Lebensmonats unterscheidet das Baby noch keine Personen, sondern ist ganz von seinen angeborenen Regulationsmöglichkeiten bestimmt.

- In der 2. Phase (Bindung im Entstehen/attachment in the making) vom 2. bis 6. Lebensmonat erkennen Kinder bereits ein vertrautes Gesicht und werden sozial aktiver.
- In der 3. Phase (deutliche Bindung/clear cut attachment) vom 6. bis 18. Lebensmonat entwickelt und bildet sich eine Präferenz für eine bestimmte Person. Das ist in der Regel die Mutter, zu der die Kinder Nähe suchen.
- In der 4. Phase (zielkorrigierte Partnerschaft/goal corrected partnership) bis zum 2. bzw. 3. Lebensjahr versteht das Kind zunehmend innere Befindlichkeiten und Motive.

In seinem Konzept benennt Bowlby Responsivität, Wärme, Intimität und Kontinuität in der Versorgung als generelle Grundlagen für das Entstehen von Bindung und damit psychischer Gesundheit. Er geht davon aus, dass Bindung bei 3- bis 4-Jährigen in einem internen Arbeitsmodell resultiert, in dem die bisherigen Bindungserfahrungen repräsentiert seien und das die weiteren sozialen Beziehungen forme. Das von ihm vorgestellte Bindungssystem sei in der Menschheitsgeschichte als Schutz vor Angreifern, Verletzungen, extremen Tem-peraturschwankungen und ähnlichen Bedrohungen aus der Umwelt entstanden. Bindung stellt für Bowlby die zentrale Voraussetzung für das Entstehen psychischer Sicherheit dar, die letztlich dem Ziel dient, Nähe zu der versorgenden und Sicherheit gebenden Person herzustellen und aufrechtzuerhalten. Um dieses Ziel zu erreichen, würden dem Kind angeborene Bindungsverhaltensweisen – wie Protestieren, Klammern, Folgen – und Signalver-haltensweisen – wie Schreien und Lächeln – zur Verfügung stehen. Trotz der singulären Bedeutung der Mutter platziert Bowlby sie in ein umfassenderes soziales Umfeld, das für soziale und ökonomische Sicherheit sorgen solle. Die Aufgabe des Vaters sah er insbesondere als emotionaler Unterstützer der Mutter. Hinsichtlich des Umgangs mit dem Kind maß er ihm keine direkte Bedeutung bei.

Bowlby's persönliche Bezüge

Bowlby's Lebensgeschichte dürfte für diese Ausrichtung eine nicht unwesentliche Rolle gespielt haben. Als Kind aus gutem Hause wurde er im Wesentlichen von einer Nanny erzogen, an die er sehr gebunden war. Ihr Weggehen von der Familie hatte auf den damals Dreiährigen traumatische Wirkung. Sein Interesse an Trennung, Verlust und Trauma und der Bedeutung der mütterlichen Bezugsperson für die gesunde Entwicklung eines Kindes ist darin sicher zumindest mitbegründet.

Ein weiteres persönliches Moment seines Ansatzes liegt darin, dass Bowlby von pathologischen und klinisch auffälligen Entwicklungen, seinem Erfahrungshintergrund als Kinderpsychiater den Normalfall rekonstruierte, also von kranken Kindern in Krankenhäusern und Kindern in stark benachteiligten Verhältnissen auf Kinder schloss, die unter gewöhnlichen Umständen aufwuchsen. Dieses Vorgehen wurde in einem zweiten WHO-Bericht thematisiert, der aufgrund der massiven Kritik am methodischen Vorgehen und den gezogenen Schlussfolgerungen in dem 1951er Bericht, 1952 erschienen war (s. Vicedo, 2014, 2017 a). Auch James Robertson, der lange Zeit mit Bowlby eng zusammenarbeitete, war der Meinung, dass man von Trennungen, die Kinder in Krankenhäusern erleben, nicht auf kurze Trennungen im häuslichen Umfeld schließen könne (s. dazu van der Horst & van der Veer, 2009).

Dieses Vorgehen, von der Pathologie zur Normalität, legt eine bestimmte Sichtweise nahe, die in neueren Ansätzen der Entwicklungspsychopathologie vermieden wird, indem man den umgekehrten Weg einschlägt und versucht, aus der normalen Entwicklung heraus Abweichungen zu verstehen.

2.2 Ein etwas anderer Blick

1950 bewirbt sich die kanadisch/US-amerikanische Psychologin Mary Dinsmore Salter Ainsworth (1913–1999) auf eine Stellenanzeige in der London Times, die Forschungsarbeiten bei John Bowlby ausschrieb. Sie war ihrem Mann nach London gefolgt, der dort seine Promotion abschließen wollte.

Ainsworth fühlt sich von Bowlby's Gedanken sehr angesprochen, denn ihr eigener Doktorvater William Blatz hatte ebenfalls eine »Sicherheitstheorie« formuliert. Seine Kernaussage war, dass kleine Kinder zunächst eine sichere Abhängigkeit von ihren Eltern entwickeln müssten, bevor sie sozusagen zu neuen Ufern aufbrechen könnten. In ihrer Dissertation »An Evaluation of Adjustment Based upon the Concept of Security« (Salter, 1940) beschäftigte sie sich ebenfalls mit dem Thema Sicherheit, jedoch explizit mit der, die eine Familie geben könne (familial security) und nicht eine einzelne Person. Obwohl Ainsworth üblicherweise als Mitbegründerin der Bindungstheorie genannt wird – s. dazu insbesondere den niederländischen Wissenschaftshistoriker Frank C. P. van der Horst (2011), aber auch die US-amerikanische Psychologin Inge Bretherton (1992) –, ist ihre theoretische bzw. konzeptionelle Rolle überschaubar.

Sämtliche Grundgedanken sind in Bowlby's Schriften niedergelegt. Ainsworth formuliert lediglich bestimmte Bereiche aus, wie z.B. die interindividuellen Unterschiede im Bindungsgeschehen, das Sensitivitätskonzept oder die Bindungs-Explorations-Balance.

Jede dieser Dimensionen klingt bereits bei Bowlby an. In seinen drei unterschiedlichen Typen der Fremdenfurcht

- exzessiv hoch, den er auf aversive, zurückweisende Erfahrungen in der Familie zurückführt;
- exzessiv niedrig, den er mit Pseudo-Unabhängigkeit und einer falschen Einschätzung von Reife in Verbindung bringt;
- normaler Protest, der seiner Meinung nach mit späterer Selbstsicherheit einhergeht,

erkennt nicht nur Inge Bretherton, eine Schülerin von Ainsworth, die sich intensiv u.a. mit den Ursprüngen der Bindungstheorie beschäftigt hat, Vorläufer der späteren Bindungsklassifikationen. Auch von Responsivität und psychischer Verfügbarkeit, den Eckpfeilern des späteren Sensitivitätskonzeptes, hat Bowlby ebenso schon gesprochen, wie vom Zusammenhang zwischen Bindung und Involviertheit mit dem äußeren Geschehen und der Objektwelt, also der Bindungs-Explorations-Balance.

Das besondere Verdienst von Mary Ainsworth liegt m. E. im methodischen Zugang zur Feldforschung, der Kombination von Beobachtung und Interview. Sie selbst bedauert später, dass dieser Zugang zur Feldforschung mehr und mehr verschwunden sei und durch standardisierte Instrumente, wie den Fremde Situation Test, den sie mit Mitarbeiterinnen einst selbst entwickelt hatte, ersetzt wurde. Noch wenige Jahre vor ihrem Tod äußert sie sich enttäuscht, »... dass so viele BindungsforscherInnen sich entschlossen haben, die Fremde Situation einzusetzen, statt zu schauen, was zuhause und in anderen natürlichen Kontexten passiert, (...) das markiert eine Abkehr von der ›Feldforschung‹ und ich denke nicht, dass das klug ist« (Ainsworth, 1985, S. 12, Übersetzung HK).

Anders hinschauen

Eine solche Beobachtungs- bzw. Interviewstudie hatte sie zwischen 1953 und 1955 in Uganda durchgeführt – wohin sie wieder ihrem Mann gefolgt war. Um Bowlby's Annahmen in der Praxis zu überprüfen, besuchte sie 26 Familien mit einem Stillkind zwischen 1 und 24 Monaten 9 Monate lang alle 2 Wochen für 2 Stunden. Mit einem Dolmetscher hielt sie sich im Wohnzimmer auf, wo die Frauen üblicherweise den Nachmittag verbrachten. Dieses Arrangement zeigt, dass es sich um keine dörflich, bäuerliche Stichprobe handeln kann, wo es keine Wohnzimmer gibt und das Leben im Freien durch die anfallenden Haus- und Feldarbeiten bestimmt wird. Bei den Beobachtungen ging es Ainsworth besonders darum, die Nähe suchenden Signale und Verhaltensweisen der Kinder zur Mutter zu erfassen.

1955 zieht das Ehepaar Ainsworth nach Baltimore, wo Mary Ainsworth klinisch diagnostisch tätig ist und gleichzeitig an der John Hopkins Universität zu lehren beginnt. Hier kann sie die in Uganda gesammelten Daten auswerten und anschließend einem von John Bowlby an der Tavistock-Klinik in London versammelten wissenschaftlichen Publikum aus PsychologInnen und EthologInnen präsentieren. Ihre wesentlichen Befunde betreffen die Beobachtung verschiedener Bindungstypen und den Zusammenhang zwischen der, aus den Interviews erschlossenen, Sensitivität der Mütter und dem Bindungsverhalten der Kinder (Infancy in Uganda, 1967). Damit nimmt sie das vorweg, was sie später in ihrer viel zitierten Baltimore-Studie mit größerem Aufwand repliziert und verfeinert.

1963 beginnt sie in Baltimore eine neue, intensive Beobachtungsstudie mit 26 Familien mit jeweils 18 Familienbesuchen zwischen dem 1. und dem 12. Lebensmonat eines Kindes der Familien. Jeder Besuch dauert 4 Stunden, sodass am Ende pro Familie 72 Stunden

Beobachtungsmaterial zur Verfügung standen. Aus diesem Material wurden Narrative generiert (zur genauen Methodik und Auswertung s. Ainsworth, Blehar, Waters & Wall, 1979) und in unterschiedlichen Themenkomplexen analysiert (Füttern, Face-to-Face-Interaktion, Schreien usw.). Es zeigte sich, dass während der ersten 3 Lebensmonate ein charakteristisches Interaktionsmuster zwischen Mutter und Baby entsteht, das zudem Voraussagen des kindlichen Verhaltens im letzten Viertel des ersten Lebensjahres zulässt.

Narrativ

Der Begriff des Narrativs wird in verschiedenen Zusammenhängen verwendet. Hier ist damit gemeint, dass die Notizen der Beobachtungen in eine erzählende Sprachform gebracht werden, in einen Bericht über das Geschehen. Narrative enthalten auch Emotionen und Bewertungen der ErzählerIn, die aber als solche kenntlich gemacht werden müssen. Da Narrative immer in einer lokalen Erzähltradition verhaftet sind, sind sie grundsätzlich kulturspezifisch.

Laborarrangement Fremde Situation Test

Im Kontext der Baltimore-Studie wurde der Fremde Situation Test konzipiert, eine 20-minütige Abfolge von kurzen Episoden zwischen Mutter und dem einjährigen Kind, einer fremden Person und dem Kind alleine in einem Laborraum, der mit Spielzeugen ausgestattet ist (Ainsworth & Wittig, 1969). Über die Gründe der Konzeption dieses Verfahrens gibt es verschiedene Deutungen. Eine davon besagt, dass es sich zunächst um die Untersuchung der Bindungs-Explorations-Balance unter verschiedenen Stressbedingungen handeln sollte, eine andere, dass die Baltimore-Kinder auf kurze Trennungen von der Mutter im häuslichen Umfeld anders reagierten als die Uganda-Kinder und daher zusätzliche Stressbedingungen – ein fremder Raum und eine fremde Person – eingeführt wurden, um kindliches Bindungsverhalten zu aktivieren. Das Verhalten des Kindes nach der Trennungsepisode von der Mutter diente primär zur Klassifikation des Bindungstypus.

2.3 Zweifel unerwünscht?

Seither gibt es sehr viel profunde Kritik an dem methodischen Vorgehen in der Baltimore-Studie. Marga Vicedo (2017 b) hat nicht nur die vorliegende Literatur durchforstet, sondern auch in den Archiven gearbeitet und die Originalprotokolle der Baltimore-Studie eingesehen. Inge Bretherton hatte berichtet, dass die BeobachterInnen in den Familien alle 5 Minuten (durch Zeitgeber markiert) Notizen gemacht haben und diese Notizen dann unmittelbar im Anschluss an den Hausbesuch als Narrativ auf ein Band diktiert hätten (Bretherton 2013, S. 462). Vicedo's Analyse der Originaldaten, die sie im Jahr 2015 durchgeführt hat, ziehen dieses Vorgehen jedoch in Zweifel. Ihrer Meinung nach sind die Narrative keine vertrauenswürdigen wissenschaftlichen Dokumente, da etliche von ihnen nicht eigene Emotionen beschrieben, sondern subjektive Bewertungen, bis hin zu moralischen Urteilen, der mütterlichen Persönlichkeit enthielten. In anderen Narrativen kämen Spannungen zwischen BeobachterIn und Mutter zum Ausdruck oder aber, dass Mütter versuchten, sich mit den BeobachterInnen anzufreunden bis zu sexuellen Angeboten in mindestens zwei Fällen.

Auch darüber hinaus sei die Qualität und Differenziertheit der Aufzeichnungen der verschiedenen BeobachterInnen sehr unterschiedlich und die meisten beruhten nicht auf Fünf-Minuten Protokollen. Ein Beobachter habe seine Aufzeichnungen sogar erst Monate später zusammengefasst. Vicedo bezweifelt auf dieser Grundlage die Gültigkeit der Ergebnisse der Baltimore-Studie grundsätzlich. Sie verfügt derzeit immer noch nicht über die Erlaubnis des Archivs, ihre genauen Analysen zu publizieren (Vicedo, 2018). Dennoch geben ihre Beschreibungen ausreichend Anlass zu Zweifeln am Stellenwert der Baltimore-Studie als wesentliche und empirisch sorgfältige Grundlage der Bindungsforschung.

Natürlich gab und gibt es immer wieder abweichende Ergebnisse von der Normverteilung – übrigens der einzige Aspekt, dem die BindungsforscherInnen kulturvergleichend Beachtung schenkten. So machte in den 1980er Jahren die Bielefelder Untersuchung der Pioniere der deutschen Bindungsforschung Klaus und Karin Grossmann Furore, weil man mehr unsicher vermeidend gebundene Kinder identifizierte als nach der Normverteilung zu erwarten war (Grossmann, Grossmann, Huber & Wartner, 1981). Offensichtlich aus Erklärungsnot heraus wurden im Nachhinein kulturelle Faktoren zur Interpretation herangezogen, z.B. dass die Bielefelder Familien mehr Wert auf frühe Unabhängigkeit ihrer Kinder legten und entsprechende Erziehungsstile zu dem unerwarteten Ergebnis geführt hätten. Da aber weder Erziehungsziele noch Erziehungsstile erfasst worden waren, handelt es sich um reine Spekulation. Klaus Grossmann nahm später einen Lehrstuhl an der Universität Regensburg an und führte dort eine weitere Studie durch, deren Ergebnisse mit der Baltimore-Verteilung kompatibel waren. Dies wurde von den BindungsforscherInnen mehr als erleichtert aufgenommen, denn jetzt war ihre Welt wieder in Ordnung.

Erneute Abweichungen ergab die Sapporo-Studie aus Japan. Dort fand man eine unerwartet hohe Zahl von unsicher ambivalent gebundenen Kindern, was später auf methodische

Probleme bei der Durchführung und Auswertung zurückgeführt wurde. Auch aus den Kibbuzim-Untersuchungen in Israel wurden andere Verteilungen, nämlich erhöhte Raten vermeidender Bindungsmuster berichtet, was auf die speziellen Umstände des kommunalen Schlafens in den Kibbuzim zurückgeführt wurde (für eine Darstellung dieser Studien s. Mesman et al., 2016).

Vieles nicht nachvollziehbar

Was für eine kulturbewusste Forscherin wie mich nicht nachvollziehbar ist, ist, dass diese abweichenden Untersuchungen – und mit Sicherheit sind nicht alle abweichenden Ergebnisse publiziert und zugänglich – nicht zum Ausgangspunkt der Erforschung kultureller Bedeutungssysteme für das Bindungskonzept genommen wurden. Im Gegenteil wurde im Nachhinein nach Gründen gesucht, die diese abweichenden Ergebnisse mehr oder weniger neutralisierten, ungewöhnliche Lebensumstände, wie das kommunale Schlafen mit nicht vertrauten Aufsichtspersonen im Kibbuz, spezifische Erziehungsmethoden in Bielefeld oder methodische Schwächen in der japanischen Untersuchung.

Die methodischen Schwächen wiederum werden in erster Linie darin gesehen, dass die Fremde Situation nicht buchstabengetreu durchgeführt wird und/oder das Kodieren von ungenügend trainierten (lokalen) MitarbeiterInnen gemacht wird, was die Qualität der Klassifikationen nach Mesman et al. (2016) einschränke. Auch hier vergibt man die Chance, Verhalten aus der Sicht von Einheimischen zu verstehen, was die Gültigkeit von westlich generierten Annahmen nicht beeinträchtigen, sondern in den notwendigen Kontext rücken würde. So würden es die basalen Standards einer kulturvergleichenden Methodologie zwingend erfordern. Die BindungsforscherInnen stellen sich in ihrem Vorgehen und ihrer Definition von Qualität außerhalb der üblichen wissenschaftlichen Standards.

Trotz einer raschen Verbreitung der Bindungstheorie und ihrer Methoden in dem engeren Kreis von SchülerInnen und MitarbeiterInnen und einiger Folgeuntersuchungen, auch Längsschnittstudien wie die Minnesota-Studie (Sroufe, 1989), blieben die Bindungstheorie und der Fremde Situation Test zunächst kontrovers und nicht weit verbreitet. Die Breitenwirkung setzte zeitverzögert ein, wie Marga Vicedo gezeigt hat (s. Kapitel 1).

Es wird deutlich, dass das methodische Fundament der Bindungstheorie weniger stabil ist, als es von BindungsforscherInnen vermittelt wird und den Diskurs in Wissenschaft und Praxis bestimmt. Dies betrifft auch die konzeptionelle bzw. theoretische Basis, wie es in den folgenden Kapiteln gezeigt werden wird.

MASITA

3. Die Bindungstheorie des 21. Jahrhunderts

BindungsforscherInnen sagen, dass sich die Bindungstheorie seit den Anfängen erheblich weiterentwickelt habe. Um dies genauer abzuklären, haben wir auf dem Ernst-Strüngmann-Forum 2015 in Frankfurt den US-amerikanischen Entwicklungspsychologen und Bindungsforscher Ross Thompson gebeten, darüber ein Kapitel für den Tagungsband zu schreiben, den ich zusammen mit meiner englisch-amerikanischen Kollegin Kim Bard herauszugeben plante. Die Publikation erschien 2017 mit dem Titel »The Cultural Nature of Attachment. Contextualizing Relationships and Development« (Die kulturelle Natur von Bindung. Kontextualisierung von Beziehungen und Entwicklung).

3.1 Hierarchie der Wenigen

Ross Thompson hatten wir insbesondere deshalb als Autor über die Weiterentwicklung der Bindungstheorie für unseren Tagungsband ausgewählt, weil wir seine reflektierte Haltung schätzten, die er z.B. als Mitautor des in Kapitel 2.2 erwähnten ersten Artikels, der sich kritisch mit der Bindungstheorie auseinandersetzt (Lamb et al., 1984), zeigte. Zudem hat er an einer der legendären Dahlem-Konferenzen in Berlin – den Vorläufern der Ernst-Strüngmann-Foren[1] – teilgenommen. Auf dieser, von Sue Carter und KollegInnen organisierten Konferenz mit dem Titel »Attachment and Bonding« wurde Bindung aus verschiedenen Perspektiven thematisiert. Er war der Rapporteur einer Arbeitsgruppe und hatte den Gruppenreport geschrieben, in dem er auch die evolutionären und kulturellen Argumente einiger TeilnehmerInnen berücksichtigte (Thompson et al., 2005).

1 Initiiert von dem Neurophysiologen Wolf Singer und finanziell unterstützt von Andreas und Thomas Strüngmann wurde das Ernst-Strüngmann-Forum 2006 ins Leben gerufen, um den Informationsfluss zwischen WissenschaftlerInnen verschiedener Fachrichtungen zu fördern und neue Forschungsperspektiven zu formulieren. Unter der Direktion von Julia Lupp werden auf jedem der jährlich mehrmals stattfindenden Foren, fachübergreifende Themen (z.B. aus der Neurowissenschaft, Klimaforschung oder Kognitionswissenschaft) intensiv analysiert, um »Wissenslücken« aufzudecken und innovative Lösungswege zu ermitteln.
Die TeilnehmerInnen der Foren sind ausgewählte internationale SpitzenforscherInnen, die von einem wissenschaftlichen Beirat ausgewählt werden, um die wissenschaftliche Unabhängigkeit und Integrität der Veranstaltungen zu gewährleisten. In den entstehenden Dialogen werden existierende Paradigmen kritisch betrachtet, umfassende Konzepte neu entwickelt, Kooperationspotenzial ausgebaut und Synergien zwischen unterschiedlichen Forschungsgebieten hergestellt. Die Ergebnisse werden in Zusammenarbeit mit MIT-Press publiziert.

Des Kaisers neue Kleider?

In seinem, von uns angefragten Beitrag (Thompson, 2017) äußert Thompson sich zu Beginn der Bindungstheorie gegenüber durchaus kritisch. Er benennt von Anfang an bestehende Lücken und Schwachstellen wie z.B., dass Bowlby's Theorie nicht an allen Stellen klar und eindeutig sei und manche Konzepte nicht gut definiert seien. Das betrifft in besonderem Maße das innere Arbeitsmodell. Er fragt, ob es so etwas wie das psychoanalytische Konzept eines dynamischen Unbewussten sei, ein Kognitions-Wahrnehmungsschema, ein Wahrnehmungsbias, der sich besonders auf emotionale Lagen bezieht usw. Er nennt auch das Sensitivitätskonzept als eines der unklaren Konzepte und diskutiert eine Reihe von Befunden, warum das von Ainsworth definierte Sensitivitätskonzept nicht für alle Familien zutreffend ist. Thompson geht ebenfalls auf die – seit 1997 aufgrund einer Metaanalyse (de Wolff & van IJzendoorn, 1997) bekannten –, schwachen empirischen Zusammenhänge zwischen der mütterlichen Sensitivität und der kindlichen Bindungssicherheit ein. Die starken Zusammenhänge, die Mary Ainsworth in ihrer Baltimore-Studie gefunden hat, wurden nie repliziert, d.h. wiederholt. Thompson benennt weiter auch die problematische Verwendung der evolutionären Theorien und den Fehler, nur sichere Bindung als adaptiv zu bezeichnen (s. dazu auch Kapitel 4.6).

Thompson sieht, dass man sich in der Hierarchie der Wenigen – also hinsichtlich der Annahme, dass ein Kind nur wenige Beziehungen eingehen kann und diese in einer Bedeutungshierarchie organisiert sind – weiterhin auf eine primäre Bezugsperson, fast ausschließlich die Mutter, bezieht, obwohl durchaus auch andere Familienkonstellationen und Betreuungsarrangements gesehen werden. Es überrascht das Festhalten an der Stabilität der Bindungsklassifikation, obwohl selbst über kürzere Zeiträume (ein halbes Jahr) die ersten enthusiastischen Einschätzungen nicht aufrechterhalten werden konnten, sodass Thompson bereits im Jahr 2000 (S. 146) zu dem Schluss kam: »Manchmal bleiben frühe Bindungsbeziehungen stabil und manchmal verändern sie sich.«[2] Dabei scheint das sichere Muster eine höhere Stabilität aufzuweisen als die unsicheren Muster, aber auch das ist bislang nur eine Vermutung.

Hinsichtlich jüngerer Erkenntnisse, dass Bindungssicherheit mit vielen späteren Entwicklungsmaßen des Kindes in Zusammenhang zu stehen scheint – von der sozialen Kompetenz mit Gleichaltrigen bis zu mathematischen Leistungen –, vermutet Thompson, dass hier eine Reihe von Mediationseffekten, also vermittelte Zusammenhänge, wirksam sind. Bindungssichere Kinder könnten z.B. bessere Beziehungen zu ihren LehrerInnen haben als bindungsunsichere Kinder und deshalb mehr Beachtung und Unterstützung erfahren, oder sie könnten zuhause mehr Hilfe bekommen usw., und diese Dimensionen könnten sich letztendlich auch auf die Mathematikleistungen auswirken. Das schließt aber nicht aus, dass es auch ganz anders sein könnte.

---

2 »Sometimes early attachment relationships remain consistent over time, and sometimes they change.« (Übersetzung HK)

In Thompsons Überlegungen spielt kulturelle Diversität eine Rolle und er fordert dementsprechend mehr kulturinformierte Bindungsforschung. Er scheint der ethnografischen Erforschung von Beziehungsmustern in verschiedenen Kulturen offener gegenüberzustehen als viele seiner KollegInnen, wie z.B. Mesman, van IJzendoorn & Sagi-Schwartz, die 2016 unter Bindungsforschung ausschließlich Untersuchungen verstehen, die mit dem Instrumentarium der Bindungstheorie arbeiten, also z.B. dem Fremde Situation Test, dem Q Sort Verfahren oder der Sensitivitätsskala.

Thompson argumentiert u.a. damit, dass Bowlby viele Erkenntnisse der letzten 50 Jahre, z.B. aus Persönlichkeitsentwicklung und kognitiver Entwicklung, Verhaltensgenetik und Neurowissenschaften noch nicht kennen konnte. Dies hat seiner Meinung nach zu unterschiedlichen Auslegungen der Bindungstheorie unter den nachfolgenden BindungsforscherInnen geführt. Er sieht die Bindungstheorie des 21. Jahrhunderts als ein Dach, unter dem sich eine Reihe Mini-Bindungstheorien etabliert haben, z.B. zur Bindungsrepräsentation Erwachsener, zur Rolle des Vaters, zu romantischen Beziehungen, zur intergenerationalen Transmission, zur Psychopathologie, zur Neurophysiologie und Neurokognition usw. (für einen Überblick zu der Themenvielfalt s. Handbook of Attachment, 3. Auflage 2016).

Unterschiedliche Sichtweisen

Meine KollegInnen aus dem Ernst-Strüngmann-Forum und mich hat Thompsons Argumentation hinsichtlich der Fragen, ob sich die Bindungstheorie über die Jahrzehnte verändert habe und ob sie sich heute von Bowlby's ursprünglichen Formulierungen wesentlich unterscheide, nicht überzeugt, da die Grundannahmen nicht verändert wurden. Trotz der von ihm benannten weiterhin bestehenden konzeptionellen Schwachstellen vertritt Thompson – das überraschte uns wirklich sehr – letztlich die Ansicht, dass sich die Bindungstheorie weiterhin Bestand habe und sich zudem sehr verändert habe.

3.2 Dem Kanon treu bleiben

Es sind zwar viele neue Themen, wie z.B. die Mini-Bindungstheorien, von denen Ross Thompson spricht, dazugekommen, diese werden jedoch mit dem traditionellen Kanon der Bindungsforschung behandelt. Insgesamt zeigt Thompson's Analyse, dass etliche Defizite, die seit Bowlby's Zeiten hinlänglich bekannt sind, nach wie vor bestehen. Insofern kann man zu keinem anderen Schluss kommen, als dass die Bindungstheorie des 21. Jahrhunderts weitgehend identisch mit der Bindungstheorie der 1950er und 1960er Jahre ist. Thompson bekräftigte seine Sicht kürzlich noch einmal in einem Artikel in der Zeitschrift Attachment and Human Development. Dort berichtet er über das Ernst-Strüngmann-Forum: »Ich war überrascht, wie WissenschaftlerInnen aus anderen Bereichen die Bindungstheorie sehen. In manchen Fällen zeigte sich ein völlig veraltetes Bild davon, was zeitgenössische BindungsforscherInnen glaubten (...). Während KulturforscherInnen mehr kulturinformierte Bindungsforschung fordern, fragen sich die BindungsforscherInnen wo sie mehr bindungsinformierte kulturelle Studien finden.« (2018, S. 1, Übersetzung HK)

In diesem Zitat zeigt sich das ganze Dilemma: BindungsforscherInnen integrieren Forschungsergebnisse und Konzepte, die ihnen durchaus zumindest z.T. bekannt sein müssten, nicht in ihre Konzeptionen, weil sie nicht im Kanon der Bindungsforschung generiert wurden. KulturforscherInnen finden – zu Recht wie ich meine – den Universalitätsanspruch der Bindungstheorie und ihrer Methoden unzutreffend (s. Kapitel 5).

Umgang mit Kritik

Mein Eindruck ist, dass BindungsforscherInnen sich in der Abwehr der Kritik ebenso konsistent verhalten wie in der Verteidigung ihrer Annahmen – dabei aber widersprüchlich vorgehen. In einem kritischen Kommentar zu dem Artikel »Putting attachment in its place« von Marga Vicedo im European Journal of Developmental Psychology (2017) z.B. werfen Robbie Duschinsky und KollegInnen (2018) Vicedo vor, dass ihre Sicht der Bindungstheorie ebenfalls »outdated« (überholt) sei. Erstaunlicherweise stimmen sie jedoch Vicedo's Kritik in fast allen Fällen zu. Sie sprechen sogar von den »messy origins«, also den unordentlichen, chaotischen Ursprüngen der Vorstellungen Bowlby's, argumentieren jedoch, vergleichbar mit Thompson, dass sich die Theorie seit Bowlby bedeutsam verändert habe. Weil aber auch sie nicht zeigen, wodurch genau sich die Bindungstheorie des 21. Jahrhunderts auszeichnet und wie sich die Grundannahmen seit Bowlby verändert haben, schließt Vicedo ihre Replik mit der Frage: »Und, was ist die Bindungstheorie heute?«[3]

Andererseits kommt Marinus van IJzendoorn, einer der Ko-Autoren Duschinsky's, 2016 zusammen mit Mesman und Sagi in dem Handbuchkapitel doch noch zu dem Schluss, dass die klassischen bindungstheoretischen Annahmen weiterhin gültig seien. Auch Jude Cassidy, eine Herausgeberin dieses Handbuchs schließt: »Bowlby's und Ainsworth's ursprüngliche Ideen haben sich gut gehalten« und weiter »... die Tausenden von Studien, die in den letzten 40 Jahren produziert wurden, haben nichts ergeben, was die Kerntheorie ernsthaft infrage stellen würde« (2016, S. 17, Übersetzung HK). Auf diesem Hintergrund kann man Marga Vicedo's Frage nur wiederholen: Was ist die Bindungstheorie des 21. Jahrhunderts? Solange interkulturelle Entwicklungspsychologie, kuturelle Anthropologie und Familienforschung von BindungsforscherInnen nicht berücksichtigt werden, kann die Bindungstheorie nicht an den Wissensstand des 21. Jahrhunderts herangeführt werden. Dazu kommen muss allerdings auch die Bereitschaft zur konsequenten Umsetzung der Erkenntnisse in Theorie und Praxis. Diese ist derzeit nicht erkennbar.

In den nächsten Abschnitten gehe ich zunächst weiter auf die allgemeinen ungelösten Probleme ein.

3 »And, what is attachment theory today?« (Übersetzung HK)

Bauch
Leseecke
Du und
Sprechen
Hören
Sehen
mit viel Herz
Halt
Hilfe

4. Ungelöste Probleme

Kritik an der Bindungstheorie und ihren Methoden wurden von Anfang an formuliert, zuerst in dem erwähnten Artikel von Michael Lamb und KollegInnen von 1984. Ihre Intention war nicht, die Bindungstheorie infrage zu stellen, sondern sie zu verbessern. Ihre Kritik und Anregungen sind auf keinen fruchtbaren Boden gefallen: Mary Ainsworth und ihre engeren MitarbeiterInnen reagierten sehr empfindlich auf diese Publikation und schlossen Michael Lamb fortan aus ihren Kreisen aus (s. Näheres dazu in dem Buch von Robert Karen, 1994).

Zunächst werden im Folgenden einige ungelöste Probleme der Bindungstheorie angesprochen und diskutiert. Das zentrale Problem der Universalität bzw. kulturellen Spezifität von Bindung wird im Kapitel 5 gesondert behandelt.

4.1 Was ist Bindung?

Das erste ungelöste Problem der Bindungstheorie stellt sich bereits bei der Definition von Bindung. Bowlby und Ainsworth sprachen von einem emotionalen Band. Damit können vielfältige Vorstellungen verbunden sein. Einige ErzieherInnen haben auf meine Bitte hin Bindung als emotionales Band gezeichnet und gemalt. Eine Auswahl dieser Bilder ist im Kapiteleingangsbild zusammengestellt.

In den Bildern zeigt sich, dass sogar Personen, denen der Bindungsbegriff vertraut sein sollte, sehr verschiedene Vorstellungen mit diesem Konzept verbinden. Manche Darstellungen sind abstrakt – wie z.B. die ineinander verschachtelten Ringe –, andere sind figürlich – ein Baum, zwei Personen oder mehr, Hände – der Fantasie sind sprichwörtlich keine Grenzen gesetzt. Steckt in all diesen verschiedenen Ausdrucksformen dasselbe Verständnis von Bindung als emotionalem Band? Offen bleibt, ob Bindung etwas anderes ist als Beziehung, eine Subkategorie von Beziehung, eine besondere Qualität von Beziehung (»Bindungsbeziehung«) oder eben eine von verschiedenen Beziehungen, die Menschen eingehen (s. dazu ausführlicher Morelli et al., 2017).

Eng verknüpft mit der Definitionsfrage, ist der Geltungsbereich: Ist der Bindungsbegriff auf die gesamte Lebensspanne anwendbar – wie es z.B. im von Cassidy und Shaver herausgegebenen »Handbook of Attachment« gehandhabt wird – oder ist der Begriff auf die erste Beziehung bzw. die ersten Beziehungen beschränkt und sollte auf die ersten Lebensjahre begrenzt bleiben (s. dazu Morelli et al., 2017)? Diese definitorischen Unklarheiten äußern sich virulent im Anwendungsfeld der Elementar- und Frühpädagogik und zeigen insbesondere in der Frage, ob ErzieherInnen eine Bindung mit oder eine Beziehung zu Kindern eingehen und was genau der Unterschied wäre (s. dazu ausführlicher Kapitel 7.1).

4.2 Was ist ein inneres Arbeitsmodell?

Bindung ist ein Konstrukt und kann somit nicht unmittelbar, sondern lediglich durch die Beobachtung der im Kapitel 2.1 beschriebenen Bindungs- und Signalverhaltensweisen erschlossen werden. Zum Bindungskonzept gehört darüber hinaus das innere, bzw. internale Arbeitsmodell, das die individuelle Repräsentation von Bindung, als Ergebnis der Bindungsentwicklung beschreibt. Bei all den bereits erwähnten Schwierigkeiten, Bindung zu definieren, ist es nicht verwunderlich, dass auch die Definition des inneren Arbeitsmodells im Nebulösen verbleibt. Beim inneren Arbeitsmodell handelt sich ebenfalls um ein Konstrukt, das nicht unmittelbar beobachtbar ist – es ist sogar noch schwieriger erschließbar als Bindung, da ihm keine direkten Verhaltensweisen zugeordnet sind. Auch Ross Thompson hat dies als eine der konzeptionellen Unklarheiten, die seit Bowlby bestehen, benannt (s. Kapitel 3.1).

Bowlby sprach von einem System von Gedanken, Überzeugungen, Erwartungen, Emotionen und Verhaltensweisen über das Selbst und Andere, das sich aus den sozialen Erfahrungen des ersten Lebensjahres herausbildet. Dieses System konsolidiert sich seiner Ansicht nach in den ersten drei bis vier Lebensjahren. Es ermöglicht dem Kind, mit neuen sozialen Erfahrungen umzugehen und kann sich auch nach dem 4. Lebensjahr noch weiter verändern. Dieses Konzept bietet derart viel Raum für verschiedene Interpretationen und Spekulationen, dass Inge Bretherton und Kristine A. Munholland in ihrem 2016 erschienenen Kapitel in dem Attachment Handbuch zum Schluss kommen, dass Bowlby trotz der Zentralität, die Bindungsrepräsentationen in seinem Denken einnahmen, weder ein systematisches, noch ein umfassendes Konzept entwickelte, aus dem heraus sich schlüssig erklärt, wie es funktioniert und wie es von Generation zu Generation weitergegeben wird. Seine Sichtweisen sind zudem lediglich verstreut in seinen verschiedenen Werken zu finden (für eine umfassende Diskussion s. Bretherton & Munholland, 2016).

Wissenschaftlich derart unklare und vielschichtige Konzepte wie Bindung oder inneres Arbeitsmodell in die Praxis umzusetzen, wirft zwangsläufig Probleme auf. Im Zusammenhang mit der Diskussion der Kulturspezifität sozialer Beziehungen (s. Kapitel 5.2.3) könnten BindungsforscherInnen neue Perspektiven gewinnen, die durch Pluralität von Beziehungsmustern einen neuen Bedeutungsraum eröffnen.

4.3 Was ist Exploration?

Definitorische Unklarheiten finden sich ebenfalls beim Konzept der Exploration. In der Welt der Bindungstheorie versteht man unter Exploration die Deaktivierung des Bindungssystems – es wird keine Nähe zur Bindungsperson gesucht – und Hinwendung zur äußeren Welt, die sogenannte Bindungs-Explorations-Balance. Mit »äußerer Welt« sind eher keine anderen Personen gemeint, sondern die physische, materiale Welt. Im Fremde Situation Test wird diese nicht soziale Welt von Spielzeugen repräsentiert. Der Auswahl der Spielzeuge wird wenig Beachtung geschenkt. Wie ich in verschiedenen entwicklungspsychologischen Labors beobachtet habe, verwendet man altersadäquate Spielzeuge mit Aufforderungscharakter für beide Geschlechter, also z.B. ein Spielzeugtelefon, einen Teddybären oder Bauklötzchen. Eine individuelle Prüfung, ob diese Objekte die Neugier der Kinder wecken könnten, eine Bedingung für das Auftreten explorativen Verhaltens etwa durch Befragung der Mütter bzw. Bezugspersonen, wird nicht vorgenommen. Diese Anordnung entspricht weniger einem Szenario, das dafür geeignet ist, Explorationsverhalten auszulösen und aufrecht zu erhalten, sondern einem, welches möglicherweise Anreize zum Spiel setzt. Spiel und Exploration sind allerdings unterschiedliche Prozesse mit unterschiedlichen Dynamiken (s.u.).

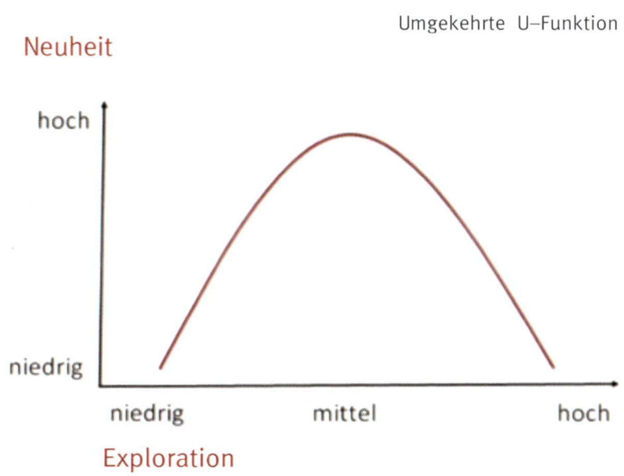

Seit den 1950er Jahren existiert umfassende Literatur zu Neugier und zum Explorationsverhalten, z.B. das Standardwerk »Conflict, Arousal and Curiosity« von David E. Berlyne, einem kanadischen Psychologen aus dem Jahre 1960. Bowlby und Ainsworth hätten es durchaus kennen und rezipieren können. Berlyne betrachtet Neugier als ein Motiv, das durch Neuheit ausgelöst wird und hat herausgefunden, dass exploratives Verhalten am besten durch eine mittlere Ausprägung von Neuheit, d.h. einem mittleren Abweichungsgrad von Vertrautem ausgelöst wird. Dieser Zusammenhang kann in einer umgekehrten U-Funktion ausgedrückt werden.

Es braucht also einen gewissen, am besten mittleren Grad an Neuheit, um Explorationsverhalten auszulösen, der zudem ausschließlich individuell feststellbar ist. Exploration heißt Erkunden und kann auf vielerlei Arten geschehen: beim ganz kleinen Kind kann sich Exploration oral äußern – etwas in den Mund nehmen und mit den Sensoren im Mundraum erkunden –, in aufmerksamem Betrachten und/oder Zuhören (= distale Exploration) und/oder manipulativ (=manipulative Exploration) in Form von zupackendem Verhalten und/oder Ausprobieren.

Exploration kann mit fortschreitender Entwicklung auch epistemisch sein, d.h. gedanklich, Nachdenken, mentales Probieren. Die Verhaltensweisen können länger oder kürzer sein, intensiver oder oberflächlicher, einzeln auftreten oder kombiniert werden. Es gibt eine Entwicklungsabfolge des Explorationsverhaltens, das mit der generellen kognitiven Entwicklung zusammenhängt, die natürlich, wie die Äußerung des Explorationsverhaltens auch, kulturspezifisch variiert. Darauf komme ich in Kapitel 5.3.5 zurück. Wenn der Neuheitsgrad für das betreffende Kind zu gering ist und das schon Bekannte überwiegt, langweilt es sich und wird in der Regel kein Explorationsverhalten zeigen. Bei andauernder Langeweile kann aber auch diese ein Motiv darstellen, aus eigenem Antrieb und nicht reaktiv auf eine Situation, auf Reizsuche zu gehen, um sich Abwechslung zu verschaffen. Wenn die Neuheit allerdings zu sehr von dem Vertrauten abweicht, wird Furcht und Abwehr/Abkehr ausgelöst und es kommt zu Vermeidungsverhalten bis hin zu Äußerungen von Erregung und Angst.

Hat ein Kind seine Neugier befriedigt und ein Objekt für seine Bedürfnisse ausreichend exploriert, wird es eine Weile damit spielen, d.h. Verhaltensroutinen wiederholen und konsolidieren: Immer, wenn ich auf den Knopf drücke, klingelt es, kann ich das Klingeln variieren, lauter, leiser, schneller. Corinne Hutt, eine englische Psychologin, hat (1981) die Unterscheidung zwischen Neugier und Spiel folgendermaßen charakterisiert:

- Die Neugier möchte wissen: was tut das Objekt?
- Das Spiel fragt: was kann ich mit dem Objekt tun?

Kann in der Fremde Situation also überhaupt Exploration stattfinden? Ich denke, die Frage kann man getrost mit »nein« beantworten. Kinder mögen sich mit den unattraktiven, ihnen hinlänglich bekannten Spielzeugen langweilen und daher nicht explorieren, sie mögen aus dem gleichen Grund mechanische Handlungen ausführen, vielleicht sogar aggressiv auf die Spielzeuge reagieren. Ihre Reaktionen können jedoch nicht unbedingt in Zusammenhang mit der Bindungsdynamik und der Bindungsstrategie gebracht werden.

Bindungs-Explorations-Balance

Die vorgenannten Überlegungen haben ebenfalls Auswirkungen auf die Konzeption der Bindungs-Explorations-Balance. Exploration ist ein Verhalten, Bindung ist ein Konstrukt, das emotionale Band – somit sind hier zwei definitorische und konzeptionelle Ebenen angesprochen. Zudem hat Bowlby argumentiert, dass Bindung ein Instinkt sei, Neugier wird aber generell als ein Motiv verstanden. Ohne weiter auf die vielfältige Fachliteratur zur Differenzierung von Bedürfnis, Trieb, Wunsch, Instinkt, Neigung, Motiv einzugehen, kann man sagen, dass

- Bindung im internen Arbeitsmodell repräsentiert sein soll und damit immer vorhanden ist, ob nun Bindungsverhalten aktiviert wird oder nicht. Mary Main, eine Schülerin und enge Mitarbeiterin von Mary Ainsworth über viele Jahre und wesentliche Autorin des Adult Attachment Interview (einem halbstandardisierten Interview zu den Bindungserfahrungen und Bindungsrepräsentationen von Erwachsenen) hatte (s. eine persönliche Bilanzierung in Main, 1990) sogar argumentiert, dass das Bindungssystem als Verhaltenssystem ständig aktiv und kontextsensitiv sei, und

- Exploration nur so lange anhält, wie das Kind nach Informationen sucht. Ob das Explorationsystem, ebenso wie das Bindungssystem, im Hintergrund aktiviert bleibt, ist fraglich. Zudem wird in der Literatur Neugier als Motiv für Exploration(sverhalten) betrachtet.

Die Bindungs-Explorations-Balance ist damit ein weiteres unklares Konzept im Gesamtkontext der Bindungstheorie. Die Bindungs-Explorations-Balance wird unter kulturspezifischen Aspekten (Kapitel 5.3.5) noch genauer unter die Lupe genommen.

4.4 Neuheit, Fremdenfurcht oder Trennungsangst?

Auch wenn es unterschiedliche Interpretationen der Entstehung des Fremde Situation Tests gibt, ist unzweifelhaft, dass mit der Abfolge von Episoden zunehmend Stress auf das Kind ausgeübt werden soll, damit Bindungsverhalten aktiviert und die Bindungsstrategie, d.h. die Qualität der Beziehung zur primären Bezugsperson sichtbar wird. Die Abfolge der Episoden dieses Tests, der im eigentlichen Sinne kein Test ist, sondern eine standardisierte Beobachtungssituation mit einem Kind in einem ihm fremden Raum, sind:

1. Die Mutter setzt ihr Kleinkind bei dem Spielzeug ab (bis 30 Sek.).
2. Die Mutter setzt sich auf einen Stuhl und liest eine Zeitschrift (30 Sek.).
3. Nach spätestens 2 Minuten erfolgt ein Klopfsignal, woraufhin ihr Kind zum Spielen animiert werden soll, wenn es noch nicht spielt.
4. Die fremde Frau betritt den Raum, setzt sich auf einen Stuhl und schweigt (1 Min.).
5. Danach erfolgt ein Gespräch zwischen ihr und der Mutter (1 Min.).
6. Die fremde Frau beschäftigt sich mit dem Kind (3 Min.).
7. Die Mutter verlässt den Raum und lässt ihre Handtasche zurück (an dieser Stelle wird beobachtet, wie das Kind auf die Fremde reagiert und ob Trennungsprotest eintritt).
8. Sollte das Kind weinen, beschäftigt sich die fremde Frau mit ihm, ansonsten bleibt sie auf dem Stuhl sitzen.
9. Die Mutter spricht vor der Tür.
10. Dann kommt sie herein, nimmt ihr Kind hoch und begrüßt es.
11. Die Mutter setzt ihr Kind zum Spielzeug und versucht es zum Spielen zu animieren.
12. Die fremde Frau verlässt den Raum.
13. Nach 3 Min. verlässt die Mutter den Raum, lässt jedoch die Handtasche zurück.
14. Das Kind ist für 3 Min. allein.
15. Die fremde Frau spricht vor der Tür.
16. Die fremde Frau betritt den Raum und passt ihr Verhalten dem des Kleinkindes an (z.B. trösten oder mitspielen).
17. Die Mutter öffnet die Tür, bleibt kurz stehen und hebt ihr Kind hoch.
18. Die fremde Frau verlässt den Raum.

In diesem Szenario spielen drei unterschiedliche Verhaltenssysteme eine Rolle: Neuheit, Fremdenfurcht und Trennungsangst.

Zunächst wird das Kind aus dem vertrauten häuslichen Umfeld herausgenommen und betritt einen fremden bzw. neuen Raum. Die Mutter – manchmal alternativ auch der Vater – ist anwesend. Spielzeug soll den Raum für das Kind attraktiv machen und das Explorationsverhalten aktivieren wie im vorigen Abschnitt aufgewiesen. Allerdings soll damit bereits auch schon Stress induziert werden, sonst hätte man die Beobachtung ja auch zuhause machen können. Nach 3 Minuten betritt eine fremde Frau den Raum. Nach 2 Minuten beginnt sie mit dem Kind zu interagieren, worauf die Mutter den Raum verlässt (1. Trennungsepisode) – die Fremde als weiterer potentieller Stressor wird hier mit der Trennung von der Mutter gekoppelt. Dieser Aufbau erlaubt nicht abzuklären, welche Faktoren wirksam sind und wie sie zusammenspielen.

In der 2. Trennungsepisode ist das Kind zunächst ganz allein im Raum. Als die Mutter zurückkommt, ist die Fremde im Raum. Genau da wird das kritische Wiedervereinigungsverhalten beobachtet, das über die Bindungssicherheit Auskunft geben soll. Die Anwesenheit der Fremden kann mit dem Verhalten des Kindes interferieren – das Kind hat die Fremde zu dem Zeitpunkt 5 Minuten sehen und davon 2 bis 3 Minuten mit ihr interagieren können. Was bedeutet diese Zeit auf einem Kontinuum »fremd« und »vertraut« und ist das Ergebnis für alle Kinder gleich? Junge Kinder zeigen zuweilen verschämt schüchternes Verhalten gegenüber Fremden, die in ihnen keine Angst auslösen (Reddy, 2000). Ob dieses Verhalten auch gegenüber der Mutter in Anwesenheit einer Fremden gezeigt wird, ist meines Wissens nicht untersucht worden, weist aber durchaus eine gewisse Plausibilität auf. In jedem Fall haben wir keine Kenntnis über die Interaktion, d.h. das Zusammenspiel und die gegenseitige Beeinflussung der drei Dimensionen Neuheit, Fremdenfurcht und Trennungsangst.

Ethische Bedenken

Eine aus meiner Sicht zentrale Dimension zur Beurteilung des Fremde Situation Tests spielt allerdings im öffentlichen Diskurs überhaupt keine Rolle: die ethische Frage und die moralische Vertretbarkeit dieses Verfahrens. Es ist mir persönlich immer ein Rätsel gewesen, wie Ethikkommissionen und Institutional Review Boards (IRB) in den USA, die durchaus sehr harten Prüfungen im Sinne des Personenschutzes von VersuchsteilnehmerInnen durchführen, dieses Verfahren immer wieder mehr oder weniger durchwinken, während z.B. die Frage nach den Schlafarrangements von großen Familien mit vielen Kindern – wo schlafen die Kinder und mit wem in einem Raum und bzw. oder Bett – als zu intim betrachtet wird, wie wir gerade vom IRB einer US-amerikanischen Universität gehört haben. Meiner Meinung nach ist der Fremde Situation Test eine Intervention, ein Eingriff in die familiäre Dynamik. Die Mütter beobachten die Kinder in der Regel durch einen Einwegspiegel, wie sie sich in ihrer Abwesenheit in dem »Spielzimmer« verhalten. Mütter reagieren darauf sehr unterschiedlich. Von wohlwollender Betrachtung bis peinlicher Berührtheit über das Weinen und Schreien ihres Kindes habe ich in verschiedenen Labors alles beobachtet. Manche Kinder sind sehr verstört und haben in der folgenden Nacht kaum in den Schlaf finden können, wie Eltern berichteten.

Die BindungsforscherInnen sind allerdings taub auf diesem Ohr und tun die Irritationen mit der kindlichen Plastizität ab – schließlich erlebten die Kinder ja zuhause auch kurze Trennungssituationen. Aber ist man nicht gerade deshalb ins Labor gewechselt, um den Stress zu erhöhen? In meinem Labor an der Universität Osnabrück war der Fremde Situation Test tabu. Auf die ethischen Fragen, auch im Zusammenhang mit der Anwendung des Fremde Situation Tests, insbesondere auch in anderen als westlichen Mittelschichtfamilien, werde ich in Kapitel 9 ausführlicher zurückkommen. Schließlich wird der Fremde Situation Test in seiner in Baltimore in den späten 1950er Jahren entwickelten Version bis heute in alle Welt exportiert.

4.5 Theorie oder Methode?

Inge Bretherton schreibt in ihrem informativen Artikel von 1992, dass es ihr oft so vorkommt, als seien die Bindungstheorie und der Fremde Situation Test eins (synonym) geworden. Offen bleibt, ob sie sich damit auf deren konzeptionelle Problematik bezieht oder »lediglich« auf die weite Verbreitung und Anwendung des Fremde Situation Tests. BindungsforscherInnen akzeptieren als Bindungsforschung bzw. Bindungsmessung nur das, was mit den von ihnen selbst entwickelten Methoden erfasst wurde – und zwar möglichst buchstabengetreu (s. dazu Judi Mesman et al. im Handbook of Attachment sowie Ross Thompson's Anmerkung in Kapitel 3.1). Ich habe selbst oft von BindungsforscherInnen zu hören bekommen, dass das, was ich mache, keine Bindungsforschung sei, da ich nicht die üblichen Methoden verwenden würde. Die Untersuchung der Beziehungsentwicklung im sozioökologischen Kontext gilt nicht als Bindungsforschung. Gilt dann, streng genommen, Mary Ainsworth auch nicht als Bindungsforscherin, weil sie in Uganda versuchte, Beobachtungen im natürlichen Lebensumfeld von Kindern zu machen – statt im Labor –, selbstverständlich mit einem bestimmten konzeptionellen Rüstzeug, aber offen für das, was sie fand? Und hat sie nicht selbst beklagt, dass die Aufgabe der Feldforschung und die Konzentration auf den Fremde Situation Test, ihrer Meinung nach, ein Fehler sei? (s. dazu auch Kapitel 2.2)

Mit dieser verfahrensgebundenen Vorgehensweise sind wir auf einem Stand, den die Intelligenzforschung z.B. lange hinter sich gelassen hat: Intelligenz ist das, was der Intelligenztest misst. Intelligenzforscher haben längst erkannt, dass dies in offenem Widerspruch zur Definition von Intelligenz als flexible Anpassung an die jeweilige Umwelt steht. Muss Bindung und Beziehung nicht auch notwendigerweise an eine bestimmte Umwelt angepasst sein, um die intendierte Schutzfunktion erfüllen zu können? Das war die Intention der Diskussionen von Belsky und Kollegen, Chisholm und anderen bezüglich der Adaptivität auch unsicherer Bindung (s. Kapitel 4.6).

Darüber hinaus gibt es selbst bei BindungsforscherInnen geteilte Meinungen zur Qualität ihrer Verfahren. Ross Thompson (persönliche Kommunikation, 2015) verwahrte sich geradezu gegen eine Diskussion des Fremde Situation Tests auf dem Ernst-Strüngmann-Forum (2015), da niemand mehr mit diesem Verfahren arbeite. Das entspricht, wenn man die publizierten Forschungsartikel betrachtet, ganz offensichtlich nicht der Realität und auch nicht der Meinung etlicher seiner KollegInnen (z.B. Mesman und Kollegen). Nach seiner Meinung sei das inzwischen auch in verschiedenen deutschen Versionen verfügbare Q Sort das bessere und geeignetere Verfahren.

Q Sort Verfahren

Das Q Sort Verfahren wurde 1985 von den Bindungsforschern Everett Waters und Kathleen Deane entwickelt. Es ermöglicht die Einschätzung der Bindungsqualität von Vorschulkindern, eingeteilt nach sicher und unsicher – also ohne Differenzierung von Unsicherheit –, aufgrund von Beobachtungen im häuslichen Umfeld. Anders als im Fremde Situation Test basiert das Verfahren auf Beobachtungen im natürlichen Umfeld des Kindes. Es sind aber keine freien Beobachtungen, sondern es gibt 90 Karten mit vorgegebenen Bindungsverhaltensweisen – z.B., »wenn das Kind vom Spielen zur Mutter kommt, ist es ohne ersichtlichen Grund unruhig« oder »Kind lächelt oder lacht mit vielen Personen« –, die in 9 gleich große Stapel von sehr zutreffend bis gar nicht zutreffend sortiert werden sollen. Die Einschätzungen können von Müttern oder VersuchsleiterInnen vorgenommen werden. Es gibt sogar eine eigene Version für ErzieherInnen und LehrerInnen. Das Verfahren ist weniger intrusiv als der Fremde Situation Test, allerdings sind die Items selbstverständlich auf dem Hintergrund der bindungstheoretischen Annahmen entwickelt worden und werden entsprechend bewertet. Das Verfahren ist daher im gleichen kulturellen Modell beheimatet wie der Fremde Situation Test. Allerdings scheinen der Fremde Situation Test und das Q Sort Verfahren offensichtlich unterschiedliche Dinge zu erfassen, wie die Entwicklungspsychologin Lieselotte Ahnert und MitarbeiterInnen berichtet haben.

In der Forschungspraxis, wie auch in der praktischen Anwendung spielt der Fremde Situation Test, wenn auch vielleicht nicht die bestimmende, so doch nach wie vor eine große Rolle. Und das trotz der mahnenden Worte von Mary Ainsworth und Kolleginnen von 1978, die darauf hinwiesen, dass Unterschiede zwischen den Kindern im Fremde Situation Test zwar beobachtbar, aber nicht ohne Informationen aus anderen Situationen und insbesondere die natürlichen Beobachtungen aus dem häuslichen Umfeld während des ersten Lebensjahres interpretierbar gewesen seien (a.a.O., S. 321f) (s. dazu auch Suzanne Gaskins, 2003). Warum sind ihre Einsichten verloren gegangen?

4.6 Evolutionäre Annahmen und Bindungstheorie

Bowlby war durch seine Kontakte zu Ethologen – wie Konrad Lorenz oder Robert Hinde – mit dem Werk von Charles Darwin bekannt geworden. Dieses brachte ihn auf die Idee, dass Bindung in der Menschheitsgeschichte als adaptives System entstanden sein könnte, um das Überleben des Säuglings und Kleinkindes zu sichern. Die vielfältigen Gefahren, die in der von ihm angenommenen Wiege der Menschheit, der EEA (Environment of Evolutionary Adaptedness) lauerten (Angreifer, Beutefeinde, Temperaturschwankungen, physische Gefahren) konnten durch Nähe zu einer schützenden und beschützenden Bezugsperson, wenn auch nicht ausgeschlossen, so doch erheblich gemildert werden.

Weil die Bezugspersonen, die Mütter, auch andere Verpflichtungen hatten, denen sie nachgehen mussten, wie z.B. Nahrung beschaffen – durch Sammeln oder zuweilen auch Jagen, obwohl das häufiger die Domäne der Männer war –, argumentierte Sarah Hrdy, eine US-amerikanische Anthropologin, Evolutionäre Biologin und Primatologin in ihrem Bestseller »Mothers and Others« (Mütter und andere, deutsche Übersetzung 2009) jedoch, dass die Menschheit nicht überlebt hätte, wäre das Aufziehen der Kinder alleinige Aufgabe der Mütter gewesen. Die extrem lange Abhängigkeit eines Kindes von anderen zum Überleben und zur Entwicklung erfordere einen derart hohen Einsatz, den weder die Mutter alleine, noch Mutter oder Vater gemeinsam aufbringen könnten. Für diese Argumentation bezieht sie sich auf den Anthropologen Hillard Kaplan, der aufgewiesen hatte, dass ein Mensch von der Geburt bis er in der Lage ist, sich alleine zu ernähren, durchschnittlich 13 Millionen Kalorien verbraucht. Bei diesem Aufwand könne nur ein soziales System Erfolg garantieren. Besonders Großmütter, also verwandte Frauen jenseits der eigenen Reproduktion, hätten dabei immer schon eine wichtige Rolle eingenommen, aber z.B. auch Geschwister, Tanten oder Onkel und auch Nicht-Verwandte.

Eine oder mehrere Bindungspersonen?

Sarah Hrdy distanzierte sich von der Mutterzentriertheit Bowlby's, obwohl sie vermutet, dass auch er seine Sicht später relativiert habe, was Marga Vicedo (2018) allerdings bezweifelt. Die sogenannte Monotropieannahme – dass das Kind Bindung nur mit einer Person, in der Regel die Mutter, leben kann –, ein Grundpfeiler der Bindungstheorie, wurde in der Folge etwas zurückgenommen. Vereinzelt wurde Bindung auch mit Vätern untersucht und es gibt eine Bindungsliteratur mit ErzieherInnen. Es gibt jedoch bis heute nur sehr wenige Bindungsuntersuchungen mit Geschwistern und keine einzige Untersuchung mit multiplen Netzwerken und deren nicht dyadischen Kommunikationsstrukturen. Darauf wird ausführlich in Kapitel 5.3.3 eingegangen.

Heute besteht weitgehend Konsens unter den BindungsforscherInnen, dass Kinder zwar mehrere Bindungspersonen haben können, wenn auch nicht viele – was auch bereits Bowlby gesagt hat –, und weil diese hierarchisch organisiert sind, gibt es eine primäre Bindungsperson. Schaut man sich die empirische Literatur zur Feststellung von Bindungssicherheit an, erscheint die Abkehr von der Monotropieannahme nicht mehr zu sein als ein Lippenbekenntnis, sind doch die Bindungsuntersuchungen zu mindestens 80 bis 90 Prozent auf die Mutter als Bindungsperson ausgerichtet (s. z.B. die gängigen entwicklungspsychologischen Zeitschriften wie Child Development und Developmental Psychology und auch Vicedo, 2018). In der Bindungszeitschrift Attachment and Human Development sind in letzter Zeit weniger Artikel zu kindlicher Bindungssicherheit zu finden. Stattdessen stehen klinische Themen und Fragestellungen rund um Mentalisierungsprozesse im Vordergrund.

Das Mentalisierungskonzept

Mentalisierung bedeutet die Interpretation des eigenen Verhaltens und das anderer Personen durch Zuschreiben mentaler Zustände. Das Verhalten – eigenes und fremdes – wird durch die Zuschreibung von Intentionen, Wünschen, Motiven und anderen inneren Befindlichkeiten mit Bedeutung versehen.

Das Mentalisierungskonzept hängt mit der Theory-of-Mind zusammen, d.h. der Vorstellung von uns selbst und anderen als Träger von inneren, gedanklichen Welten, die wir durch kommunikatives Verhalten interpretieren. Der, der Bindungsforschung nahestehende britische Psychologe Peter Fonagy hat sich intensiv mit diesem Konzept als einer psychischen Aktivität befasst. Mentalisierung als Interpretation der kindlichen inneren Welt aus Kognitionen, Gefühlen und Intentionen wird inzwischen als wesentliche Dimension sensitiven Elternverhaltens verstanden. Darauf komme ich in Kapitel 5.2.5 zurück. Mentalisierung in dieser Form beruht auf der Annahme psychologischer Autonomie. Daher ist das Mentalisierungskonzept, ebenso wie das Bindungskonzept, kulturspezifisch. Auch Peter Fonagy hat seinen Blick inzwischen modifiziert, wie er auf einer Tagung zur Mentalisieung im letzten Jahr in Ludwigsburg erklärte (Organisatioren der Tagung waren Stephan Gingelmaier und Holger Kirsch).

Reflexionsfrage

- Welche Rolle spielt Mentalisierung in Ihrer Arbeit mit Kindern?

Die Lokalisierung der Bindungsentstehung in die Jäger-und-Sammler-Gesellschaft der EEA ist eine Annahme, die nicht geprüft werden kann. Sie ist – wie alle evolutionären Annahmen – eine »Als ob«-Annahme, da aus verständlichen Gründen Beweisführungen in vielen Fällen nicht möglich sind. So wird z.B. von vielen evolutionären Wissenschaftlern bestritten, dass die EEA die Wiege der gesamten Menschheit darstelle, da es immer schon unterschiedliche ökologische Nischen gegeben habe (s. dazu Johow & Voland, 2014). Ein Tübinger Forscherteam hat dazu neue Befunde vorgelegt, wonach die Abstammungslinien von Schimpansen und Menschen sich möglicherweise in Osteuropa trennten (Böhme et al., 2017) und somit die Wiege des modernen Menschen in Europa stehen könnte.

Erfahrungserwartend oder erfahrungsabhängig?

Ebenso ist das Entstehen von Bindung im Laufe der Menschheitsgeschichte eine Annahme, die, auch wenn sie eine gewisse Plausibilität hat, unbeweisbar ist. Marga Vicedo z.B. meldet erhebliche Zweifel an dieser Annahme an (s. dazu Vicedo, 2013). Eine evolutionäre Sichtweise bezieht die Umwelt, den Kontext maßgeblich in die Definition der Adaptivität, d.h. Angepasstheit eines Verhaltens ein. Bowlby hat aber, ebenso wie Konrad Lorenz, offensichtlich der Umwelt lediglich eine Rolle im Entschlüsseln der bereits im Genom vorhandenen Information zugeschrieben. Hier spielt die Unterscheidung in erfahrungserwartende und erfahrungsabhängige Prozesse eine Rolle.

Erfahrungserwartende Prozesse sind artspezifisch. Sie treffen für alle Angehörigen einer Art zu. Zum Beispiel brauchen alle Menschen Licht und Nahrung. Dieses erfahrungserwartende Konzept scheint das zu sein, was Bowlby der Umwelt zuschreibt. Daneben spielen aber auch erfahrungsabhängige Prozesse in der Entwicklung des Menschen eine große Rolle. Diese sind einzigartige Prozesse, die jedes Individuum ganz spezifisch macht. Diese individuellen Erfahrungen präzisieren die Hirnreifung und damit die Entwicklung als ein individuelles Geschehen (s. genauer Greenough, Black & Wallace, 1987). Diese Annahme findet ihre Entsprechung in der Verhaltensgenetik in den Konzepten der gemeinsamen und geteilten Umwelt. So erleben z.B. Geschwister in einer Familie eine gemeinsame Umwelt, etwa die Wohnung, das materielle Umfeld usw., aber auch jedes Geschwister erlebt eine ungeteilte Umwelt. Zum Beispiel verhalten sich Eltern trotz gegenteiliger Beteuerungen unterschiedlich zu ihren verschiedenen Kindern (s. dazu ausführlicher Borkenau, 1993).

Bowlby hat also die Rolle der Umwelt bzw. des Kontextes aus einer erfahrungserwartenden Perspektive gesehen. Die wichtige Rolle der individuellen Entwicklung jedes einzelnen Kindes in Interaktion mit der jeweils spezifischen Umwelt berücksichtigte er nicht.

Auch die primatologischen Befunde an Schimpansen zur Bedeutung des Körperkontaktes, (contact comfort) von denen der Psychologe und Verhaltensforscher Harry Harlow' berichtete und die Bowlby zum weiteren Beleg der phylogenetischen Entwicklungsgeschichte von Bindung heranzog, sind in diesem Sinne überinterpretiert. Abgesehen davon, dass man eine solche kontinuierliche Entwicklungslinie zwischen verschiedenen Arten nicht herstellen kann, hat Harlow selbst die Beziehungen eines Kleinkindes zu Gleichaltrigen als wichtiger erachtet als die Beziehungen zur Mutter (s. dazu Blum, 2010).

Wohlbefinden oder Fortpflanzung?

Im evolutionären Sinne kann nicht ein Konzept einem anderen Konzept überlegen sein, und es geht in den Evolutionstheorien auch nicht um Wohlbefinden, psychische Sicherheit oder Glück. Es geht um den Reproduktionserfolg, d.h. die optimale Weitergabe der Gene. Ob ein Individuum dabei glücklich oder unglücklich ist, es ihm gut geht oder nicht, sicher gebunden ist oder nicht, spielt aus evolutionärer Sicht keine Rolle. Bereits der britische Verhaltensforscher Robert Hinde (1982) hatte sich kritisch dazu geäußert, dass die natürliche Selektion eine bestimmte mütterliche Strategie, nämlich die der sensitiv responsiven Mutter, als notwendigerweise beste begünstigt haben soll. Eine Gruppe aus Anthropologen und Psychologen (Belsky, Steinberg & Draper, 1991; Chisholm, 1999) hat unterschiedliche Entwicklungspfade zum reproduktiven Erfolg ausgewiesen, die mit einer quantitativen und einer qualitativen Reproduktionsstrategie einhergehen. Die eher quantitative Strategie beschreibt Kinder, die in einem unvorhersagbaren, unsicheren und mit wenigen Ressourcen ausgestatteten familiären Umfeld aufwachsen, unsichere Bindungen entwickeln, früh und wechselnde sexuelle Partner haben, früh Eltern werden und selbst ein eher geringes elterliches Investment zeigen. Die qualitative Strategie beschreibt Kinder, die aus einem stabilen Elternhaus kommen, sichere Bindungen entwickelt haben, vergleichsweise spät und dann dauerhafte sexuelle Beziehungen eingehen, relativ spät mit der eigenen Reproduktion beginnen und hoch investierende Eltern werden. Beide Strategien, so zeigte es sich, sind evolutionär gleichwertig, weil in verschiedenen Umwelten verschiedene Strategien den Reproduktionserfolg begünstigen.

Ein Gen für Nähesuchen?

Dennoch werden die Gültigkeit der Bindungstheorie und insbesondere ihre Universalität in Wissenschaft und Praxis immer noch mit der evolutionär hergeleiteten Adaptivität begründet. Marga Vicedo diskutiert und artikuliert ausführlich die fehlenden Bausteine zum Beleg der evolutionären Fundierung der Bindungstheorie (2013; 2016; 2017 a, b). Sie argumentiert, dass die Behauptung, dass Bindung eine Adaptation sei, eine historische Aussage wäre, die impliziert, dass Bindung das Ergebnis des Prozesses der natürlichen Selektion ist. Viele BindungsforscherInnen gehen sogar noch weiter und sagen, dass das sichere Bindungsmuster die Adaptation sei, die sich in der EEA herausgebildet habe.

Natürliche Selektion wählt aber immer zwischen Alternativen und kann nur zu Veränderungen führen, wenn das Verhalten eine genetische Basis hat. Es müsste also Gene geben für »Nähesuchen« des Kindes und »Sensitivität« der Mutter. Die natürliche Selektion müsste dann die Träger dieser Gene bevorzugt haben, wenn sie den höheren Reproduktionserfolg aufwiesen. Untersuchungen, die dies nachweisen würden, gibt es nicht. Bei genauerer Betrachtung ist die Lage noch viel komplizierter. Ein Verhalten, das möglicherweise in der Vergangenheit adaptiv war, muss es heute, in einer veränderten Umwelt, nicht mehr sein – oder haben wir immer noch eine steinzeitliche Psyche, wie der Humanethologe Irenäus Eibl-Eibesfeldt noch in den 1980er Jahren behauptete (s. Eibl-Eibesfeldt, 2004). Genetische Veränderungen können innerhalb von wenigen Jahrzehnten auftreten. So haben sich z.B. Körper und Schnabelgröße bei Finken auf Galapagos mit verändertem Nahrungsangebot innerhalb kurzer Zeit verändert.

Adaptation ist nicht notwendigerweise universell!

Und selbst wenn etwas eine Adaptation ist, muss es nicht universell sein. Das zeigt das Beispiel der Sichelzellenanämie. Von Sichelzellenanämie betroffene Menschen bilden ein abnormes Hämoglobin, das bei Sauerstoffmangel zur Verformung von roten Blutzellen zu sichelförmigen Gebilden führt, diese verklumpen miteinander und verstopfen kleine Blutgefäße, die sich entzünden. Dies führt zu anfallsartigen schmerzhaften, z.T. lebensbedrohlichen Durchblutungsstörungen (Sichelzellkrisen). Die Zerstörung roter Blutkörperchen führt zu einer schweren chronischen Blutarmut. Trotz schwerwiegender Folgen für Betroffene haben diese in Gebieten mit Malaria einen Vorteil, da Sichelzellen vor einer Infektion schützen, indem die Malariaerreger zusammen mit den Sichelzellen von spezialisierten Zellen unschädlich gemacht werden. SichelzellenträgerInnen haben nur in Malariagebieten einen Fitnessvorteil, in anderen Gebieten nicht. Trotzdem behaupten Judi Mesman et al. (2017), dass, wenn etwas eine Anpassung ist, es universell sei. Suzanne Gaskins diskutiert denselben Sachverhalt als ein Puzzle. Sie fragt: Wie kann ein Prozess universell sein, wenn er durch Erfahrung strukturiert wird, da Erfahrung bekanntlich variiert und vergleicht Mesman's Argumentation mit Eschers Treppe, auf der man nur scheinbar vorankomme, letztlich aber immer wieder am Ausgangspunkt lande?

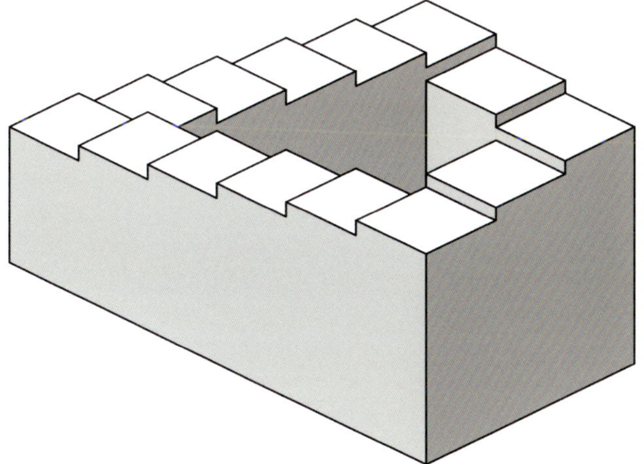

Gaskins formuliert drei Optionen:

1. Bindung kann erfahrungsbasiert sein, selbst wenn Erfahrungen variieren, wenn kein Universalitätsanspruch erhoben wird.
2. Bindung könnte universell sein, selbst bei kultureller Variation kindlicher Erfahrungen, wenn Bindung nicht erfahrungsabhängig ist.
3. Bindung kann universell und erfahrungsabhängig sein, wenn Erfahrungsunterschiede keine wichtige Rolle spielen.

Die erste und zweite Option würden sicherlich von BindungsforscherInnen abgelehnt. Die dritte Option ist aufgrund vielfacher Evidenz der Wirksamkeit von unterschiedlichen Erfahrungen auf die kindliche Entwicklung (Gaskins, 2013) nicht haltbar.

Es ist erstaunlich, dass die Unklarheiten, Fehler und falschen Schlussfolgerungen seit Bowlby's Schriften nicht revidiert wurden. In fast 50 Jahren sind die evolutionären Theorien substantiell weiterentwickelt worden (s. z.B. Voland, 2007). Aber auch Bowlby hätte sich zu seiner Zeit schon ein zutreffenderes Bild der evolutionären Theorien machen können. So ist z.B. das grundlegende Werk »Sociobiology. A new synthesis« (Soziobiologie. Eine neue Synthese) des Biologen Edward Osborne Wilson 1975 erschienen. Wilson selbst hat seine Theorie später zwar grundlegend infrage gestellt, was jedoch nichts an Annahme der differentiellen Umweltabhängigkeit elterlichen Verhaltens ändert. Bowlby ist mit vorhandener Information sehr selektiv umgegangen, was im folgenden Kapitel aus kulturvergleichender Perspektive näher beleuchtet wird.

5. Die kulturelle Blindheit der Bindungstheorie

John Bowlby definierte den Universalitätsanspruch der Bindungstheorie aus ihrem evolutionären Ursprung. Auf die Fragwürdigkeit dieser Annahmen bin ich im vorigen Kapitel eingegangen. Geradezu vermeidend verhielt er sich gegenüber der Vorstellung, dass die Erziehung von Kindern und damit die Bindung(en) kulturell variierten. Die US-amerikanische Anthropologin Margret Mead, die an den Seminaren in der Tavistock-Klinik in London teilgenommen hatte, versuchte, ihm kulturelle Unterschiede zu verdeutlichen. Sie war nicht irgendwer. Durch ihre Feldstudien in Samoa war Mead eine anerkannte Expertin im Bereich der Kindheitsforschung geworden und eine führende Vertreterin der Culture and Personality School, einer anthropologische Bewegung, die sich mit der Entwicklung unterschiedlicher Persönlichkeiten in unterschiedlichen Kulturen beschäftigte.

Nicht nur die Mutter!

Mead kritisierte Bowlby's Vorgehen, ein paar ethnozentrische Beobachtungen der eigenen Kultur – in der Absicht, daraus einen Satz von Universalien abzuleiten – mit der Annahme biologischer Notwendigkeiten verbunden zu haben (Mead 1961, S. 57f). Sie warnte auch explizit vor der ausschließlichen Konzentration auf die Mutter als bedeutsam für die kindliche Entwicklung (Mead, 1954). Bowlby wies ihre Kritik ab. In einer Fußnote (1969, S. 303) bemerkte er, sie hätte ihn falsch verstanden. An anderer Stelle (1969, S. 303) schrieb er unter Verweis auf Mead, dass ihm manchmal unterstellt würde, dass »... mothering cannot be safely distributed among several figures (Mead, 1961). No such views have been expressed by me.« (Mütterliche Fürsorge kann nicht auf verschiedene Personen verteilt werden (Mead, 1961). Ich habe eine solche Ansicht nicht geäußert. Übersetzung HK)

Auf eine Auseinandersetzung mit Mead's Argumenten ließ er sich nicht weiter ein. Mary Ainsworth übernimmt seine Verteidigung im zweiten WHO Bericht von 1952, verwickelt sich aber in Widersprüche. Zunächst räumt sie dort ein, Bowlby würde die Monotropieannahme nicht verteidigen, weil auch eine andere als die leibliche Mutter die Bindungsperson sein könne, führt dann aber weiter aus, dass Monotropie wahrscheinlich die Norm in »primitiven Gemeinschaften« und Monotropie dem Kind vermutlich angeboren sei. Schließlich würden Bindungsstörungen zur leiblichen Mutter zu Pathologie führen.

Die Mead-Freeman-Kontroverse

In der Psychologie – anders als in der Anthropologie – wird Margret Mead noch häufig mit der Mead-Freeman-Kontroverse in Verbindung gebracht. Sie wurde eine Zeitlang von dem neuseeländischen Anthropologen Derek Freeman attackiert, der ihre Beobachtungen in Samoa als unseriös und unzutreffend charakterisierte. Der Anthropologe Paul Shankman (1996) identifizierte später Unzulänglichkeiten in Freeman's Berichten. In weiten Kreisen der Anthropologie und Wissenschaftstheorie gilt Margret Mead als rehabilitiert. In jedem Fall ist ihre Betonung der Variabilität kindlicher Betreuungsarrangements und unterschiedlicher Mutterrollen inzwischen in vielen Kulturen aufgewiesen worden (s. Keller & Chaudhary, 2017).

Es mangelt nicht an Information

BindungsforscherInnen argumentieren, dass die Bindungstheorie kulturinklusiv sei, da die empirischen Arbeiten schließlich in Uganda ihren Anfang genommen hätten. Tatsächlich ist aber die Baltimore-Studie von Mary Ainsworth und KollegInnen die Wiege der empirischen Bindungsforschung. Die ihr zugrunde liegenden Konzepte – z.B. die Operationalisierung von Sensitivität – und Methoden – z.B. der Fremde Situation Test – wurden in Baltimore, angepasst an die euroamerikanische Mittelschichtfamilie, entwickelt und dann unverändert in alle Welt exportiert. Bei genauer Betrachtung kann die »Erfindung« des Fremde Situation Test als kulturelle Anpassung verstanden werden, da sich die Baltimore-Kinder in der häuslichen Situation durch kurze Trennungen von der Mutter weniger gestresst gezeigt hätten als die Kinder in Uganda (Ainsworth et al., 1978). BindungsforscherInnen bestehen bis heute aber auf der genauen Befolgung des Untersuchungsprotokolls, unabhängig davon, wo die Fremde Situation durchgeführt wird (s. Mesman et al., 2016). Diese Widersprüche werden in der Bindungsliteratur bis heute nicht erwähnt und diskutiert und auch auf die Fülle an jüngeren anthropologischen und psychologischen Publikationen, die sich explizit mit kulturellen Konzeptionen von Bindung und Beziehung in den unterschiedlichsten Kontexten beschäftigten, wird nicht eingegangen. Dazu gehören insbesondere

- die Publikationen des Harvard-Psychologen Robert LeVine, der lange Zeit zusammen mit seiner Frau Sarah in Kenya, Mexiko, Nigeria, Japan, Neuguinea, Tibet und Japan lebte und arbeitete und die Entwicklung von Kindern und ihre Beziehungsgeschichten untersuchte. Zuletzt hat das Ehepaar LeVine das vielbeachtete Buch »Do parents matter?« (Spielen Eltern eine Rolle?) veröffentlicht (2016). Sie bewerten die Bindungstheorie als moralisches Statement zugunsten von elterlichem, meist mütterlichem Verhalten, das in der westlichen Erziehungsideologie begründet ist und andere kulturelle Vorstellungen häufig abwertet;

- die Studie der Psychologinnen Robin Harwood, Joan Miller und Nydia Lucca Irizarry von 1995 zu Bindungsvorstellungen puertoricanischer Einwanderer in den USA. Es wurde im Wesentlichen gezeigt, dass die mütterlichen Vorstellungen adäquaten kindlichen Verhaltens in neuen Räumen und mit fremden Personen sehr verschieden von den, der Bindungstheorie zugrunde liegenden Annahmen waren;
- die Sammelbände zu Bindung aus kultureller Perspektive der Anthropologinnen Naomi Quinn und Jeannette Mageo (2013) und der Psychologinnen Hiltrud Otto und Heidi Keller (2014) mit jeweils einer Vielzahl kulturpsychologischer und anthropologischer Forschungsbefunde;
- die historische Analyse der Bindungstheorie der Wissenschaftshistorikerin Marga Vicedo von 2013;
- die Monografie des Anthropologen David Lancy (2015, 2. Auflage von »Anthropology of Childhood«) und die populäre Version dieses Buches (»Raising Children«, 2017);
- der von der Anthropologin Alma Gottlieb zusammen mit der Psychologin Judy de Loache herausgegebene Sammelband – die 1. Auflage von 2000 und die 2. Auflage von 2017 sind sehr unterschiedlich und jeweils sehr lesenswert – »A World of Babies. Imagined Childcare Guides for Eight Societies« mit wichtigen Einsichten in historische und kulturelle Konzeptionen kindlicher Entwicklung im Allgemeinen und Beziehungsentwicklung im Speziellen;
- der von mir und Kim Bard 2017 – auf der Grundlage eines Ernst-Strüngmann-Forums in Frankfurt am Main – herausgegebene Sammelband »The Cultural Nature of Attachment«, in dem sich eine internationale und interdisziplinäre Gruppe von WissenschaftlerInnen 2015 kritisch mit der Bindungstheorie und insbesondere deren kultureller Ausrichtung, evolutionären Grundlagen, neurowissenschaftlicher und primatologischer Verankerung und nicht zuletzt auch mit ihrer Forschungspraxis und Anwendung auseinandersetzt (s. dazu auch kommentierte Literaturliste).

Dies ist bei weitem keine vollständige Übersicht der Literatur zu Bindung und Kultur im weitesten Sinn. Sie soll lediglich verdeutlichen, dass ausreichend Information vorhanden ist, um Bindung tatsächlich wissenschaftlich zu verankern und kulturelle Bindungsmuster zu identifizieren.

Unreflektierte Folgen

BindungsforscherInnen beziehen sich in aller Regel nicht auf Forschungsergebnisse anderer Disziplinen, sondern – wenn überhaupt – auf kulturvergleichende Untersuchungen, die von ihnen selbst seit einiger Zeit durchgeführt werden. Die Problematik dieser Untersuchungen (z.B. Posada et al., 2013) und Überblicksartikel (z.B. die Kapitel in den verschiedenen Ausgaben des »Handbook auf Attachment« von van IJzendoorn & Sagi, 2008 und zuletzt von Mesman, van IJzendoorn und Sagi, 2016) ist vielfältig. Zum einen liegt ihren Untersuchungen kein Konzept von Kultur zugrunde – z.B. werden Länder mit Kultur gleichgesetzt – und zum anderen variieren die Stichproben hinsichtlich ethnischer und sozialer Merkmale, die ihrerseits wiederum unterschiedliche Bindungskonzeptionen vermuten lassen. Die Anwendung der Bindungsmethodologie – und das möglichst buchstabengetreu (s. Mesman et al., 2016) – führt zu gravierenden Problemen der Gültigkeit der erhobenen Befunde.

Zudem wirft die Forschungsethik ernsthafte Fragen auf, wenn z.B. das Hand geben von Dogon-Kindern – in Mali ist das ein alltägliches Höflichkeitsritual – als Zeichen sicherer Bindung zur Mutter in der Wiedervereinigungssituation des Fremde Situation Tests interpretiert wird (z.B. True et al., 2001). Die Fremde Situation ist darüber hinaus in vielen kulturellen Kontexten dieser Welt – z.B. dort, wo junge Kinder niemals alleine gelassen werden – eine unentschuldbare Zumutung, die gravierende ethische Probleme aufwirft (mehr dazu in Kapitel 9).

Dies verhält sich auch bei dem Q Sort Verfahren nicht anders. Auch dieses thematisiert Situationen und bewertet sie auf der Grundlage der Vorstellungen sicherer (oder eben unsicherer) Bindung, die im westlichen Mittelschichtdenken verankert sind, und auf viele kulturelle Kontexte – wie z.B. die Rolle der Mutter, die dyadische Interaktion mit Erwachsenen, Emotionsausdruck usw. – nicht zutreffen (mehr zu diesen Dimensionen in Kapitel 5.3).

Dyade: ein Kommunikationsmodell unter anderen

Judi Mesman ist eine Bindungsforscherin, die sich derzeit intensiv mit kulturellen Unterschieden auseinandersetzt – allerdings ausschließlich auf der Grundlage der klassischen bindungstheoretischen Annahmen. Zusammen mit zwei KollegInnen (Mesman, Minter & Angnged, 2016) hat sie in der löblichen Absicht, kulturelle Realitäten zu berücksichtigen, Videoclips von Interaktionssituationen auf die vom Baby jeweils empfangene Sensitivität hin untersucht, d.h., die Autorinnen haben die Ereignisse sensitiver dyadischer Reaktionen verschiedener Personen zusammengefasst. Eine Vielzahl von dyadischen Interaktionen ist jedoch etwas anderes als ein polyadisches vielschichtiges Kommunikations- und Beziehungsnetzwerk, wie es in vielen Kulturen praktiziert wird (vgl. Kapitel 5.3.2).

Welches Kommunikationsmuster in den untersuchten Kulturen jeweils vorherrscht, wurde aber nicht geprüft und berücksichtigt. Ohne genaue Kenntnis der Kultur und ihrer Deutungs- und Bedeutungssysteme sind Verhaltensanalysen jedoch bedeutungslos (s. dazu u.a. Gaskins et al., 2017).

Polyadisch

Polyadisch meint hier nicht die Definition aus dem Bereich der Zahlensysteme, sondern soll zum Ausdruck bringen, dass mehrere Kommunikationspartner gleichzeitig interagieren. Dies soll die Abgrenzung zu »dyadisch« markieren, wo zwei Kommunikationspartner miteinander kommunizieren.

Insbesondere in den Arbeiten Mesman's, die sich selbst offensichtlich als Brückenbauerin zwischen den BindungsforscherInnen und den KulturforscherInnen versteht (s. Mesman, 2018) wird deutlich, dass die Betrachtung anderer Kulturen nicht auf deren Verständnis ausgerichtet ist, sondern dazu dient, Universalität zu demonstrieren. Anders lässt sich ihre Schlussfolgerung, dass die kulturvergleichende Literatur mit der (klassischen) Bindungstheorie bemerkenswert konsistent sei, nicht verstehen (Mesman et al., 2016, S. 871). Das Ziel, Universalität von Verhaltensmustern durch Kulturvergleich nachzuweisen, findet man durchaus auch in einer frühen Phase der kulturvergleichenden Psychologie. Meine eigene wissenschaftliche Biografie bildet da keine Ausnahme. Noch 1988 schlussfolgerte ich zusammen mit dem Psychologen Axel Schölmerich und dem kürzlich verstorbenen Humanethologen Irenäus Eibl-Eibesfeld aufgrund von Analysen von Eibl-Eibesfelds wunderbarem Filmmaterial von den Trobriandern aus der Südsee und den Eipo in Westneuguinea, dass Blickkontakt zwischen Erwachsenen und Babys sowohl bei diesen »Naturvölkern« als auch bei deutschen Mittelschichtfamilien vorkommt. Diese Untersuchung, in der wir uns ausschließlich für Gemeinsamkeiten interessierten und Unterschiede negierten, ist ein gutes Beispiel für die Selektivität in der Wahrnehmung von WissenschaftlerInnen, die ausführlicher in Kapitel 9 thematisiert wird.

Wozu Kulturvergleich?

Unsere Schlussfolgerung war nicht vollkommen falsch, wir hatten jedoch außer Acht gelassen, dass sich das Ausmaß an Blickkontakt in verschiedenen Kulturen erheblich unterscheidet und damit auch die Erfahrungsfolie der Kinder. Verhaltensweisen wie z.B. Blickkontakt können je nach Kontext, in denen sie auftreten, etwas sehr Unterschiedliches bedeuten. Das interessiert Universalisten aber nicht. Sie haben zumeist einen biologisch bzw. ethologischen Hintergrund und wollen demonstrieren, dass es ein gemeinsames menschliches Repertoire gibt. Ihr Anliegen ist durchaus berechtigt, doch jenes Repertoire ist lediglich angelegt und wird spätestens ab dem Zeitpunkt der Geburt durch – kulturelle – Erfahrung aktiviert, ausgebaut und konsolidiert. Dabei spielt auch die Menge an Erfahrungen eine große Rolle. Und selbstverständlich ist auch Kultur selbst im Menschen angelegt, bzw. die Fähigkeit, Kultur zu erwerben. Die Kulturpädagogin Barbara Rogoff z.B. macht das explizit und bezeichnet Kultur als Natur des Menschen (2003). Kultur und Natur, Biologie und Kultur sind nicht trennbar, beides ist 100-prozentig angeboren und 100-prozentig erworben, wie der deutsche Evolutionsbiologe und -philosoph Eckart Voland es einmal formulierte (1993).

Im folgenden Kapitel werden zunächst die zentralen Annahmen der Bindungstheorie vorgestellt, bevor sie kulturspezifisch evaluiert werden.

5.1 Die zentralen Annahmen der Bindungstheorie

Van IJzendoorn hat 1990 einige zentrale Annahmen vorgeschlagen, die Eingang in die Bindungsliteratur gefunden haben und heute zum Standardrepertoire gehören. Dabei gehen manche BindungsforscherInnen von vier und andere, wie z.B. Klaus und Karin Grossmann, von fünf grundlegenden Annahmen aus. Ich orientiere mich im Folgenden an den vier Annahmen aus der Darstellung von Mesman, van IJzendoorn & Sagi (2016, S. 854). Diese Annahmen haben den Anspruch allgemeingültig zu sein, d.h. uneingeschränkten Geltungsbereich aufzuweisen. Mesman und Kollegen haben ihr Kapitel so aufgebaut, als würden sie die Annahmen anhand der kulturellen und kulturvergleichenden Literatur »testen« und sprechen deshalb von Hypothesen. Sie kommen – nicht unerwartet – zu dem Schluss, dass die berichtete Evidenz dem Grundgerüst der Bindungstheorie nicht widerspricht und somit bis auf Weiteres aufrecht erhalten werden könne. Die vier zentralen Annahmen sind:

A. Die Universalitätsannahme

Diese Annahme besagt, dass sich Kinder an eine oder mehrere spezifische Personen binden, wenn die Gelegenheit dazu vorhanden ist, und wenn keine neurophysiologischen Schädigungen vorliegen. Der Universalitätsannahme könnte man in dieser allgemeinen Form als kulturinformierte Forscherin zustimmen, wenn nicht implizite Annahmen – wer sind die spezifischen Personen? bzw. Was heißt Bindung? – in der Hypothese versteckt wären. Auf diese impliziten Annahmen der Bindungstheorie gehe ich in Kapitel 5.2 ausführlich ein, da sie zentral für das Verständnis des kulturbewussten Ansatzes sind.

B. Die Normativitätsannahme

Diese Annahme besagt, dass die Mehrheit der Kinder sicher gebunden ist, wenn die Lebenskontexte nicht grundsätzlich das Überleben und die Gesundheit der Menschen bedrohen und gefährden. Mit der Normativitätsannahme wird die evolutionsbiologisch bzw. psychologisch nicht haltbare These der Normativität sicherer Bindung auf einem Umweg wieder eingeführt. Nicht sichere Bindungsmuster finden sich demnach dort, wo Armut herrscht, die formale Bildung niedrig ist, die Familien groß sind (s. z.B. Mooya, Sichimba & Bakermans-Kranenburg, 2016). Auch in dieser Hypothese sind implizite Annahmen verborgen, z.B., dass die genannten soziodemografischen Merkmale grundsätzlich Risikofaktoren für die kindliche Entwicklung darstellen. Natürlich wird auch hier vorausgesetzt, dass die Definitionen sicherer und unsicherer Bindung inklusive ihrer Verhaltensäußerungen aus der Bindungstheorie kulturübergreifend gültig sind. Besonders die Gleichsetzung von Armut und eher niedriger formaler Bildung mit defizitärem Elternverhalten wird zunehmend als problematisch erkannt. Dazu fand im November 2020 sein online Seminar statt, das von der indischen Psychologin Nandita Chaudhary geleitet wurde. Auf diese Annahmen komme ich ausführlicher zurück.

C. Die Sensitivitätsannahme

Diese Annahme besagt, dass Bindungssicherheit vom vorausgehenden Erziehungs- und Pflegeverhalten (childrearing antecedents), insbesondere sensitive und prompte Reaktionen auf kindliche Bindungssignale, abhängig ist. Die Sensitivitätsannahme steht im Gegensatz zu der offenen Haltung und kritischen Distanz, die Ross Thompson formulierte (s. Kapitel 3.1) und zeigt, dass er mit seiner Einschätzung ziemlich alleine steht. Die Aufrechterhaltung der universellen Gültigkeit der Sensitivitätsannahme – und genau zu diesem Schluss kommen Mesman et al. (2016) – weist auf, dass vorhandene Literatur, wie z.B. sogar die von Mitgliedern dieses Autorenkollektivs selbst stammenden Sekundäranalysen, kaum Berücksichtigung finden. Ainsworth' Definition von Sensitivität wird als allgemeingültig erklärt (s. Mesman et al., 2017). In Kapitel 5.2.4 werde ich zeigen, dass dies eine unhaltbare Annahme ist, da sie auf falschen Voraussetzungen beruht.

D. Die Kompetenzannahme

Diese Hypothese besagt, dass sichere Bindung zu positiven Entwicklungsergebnissen in verschiedenen Entwicklungsbereichen führt. Auch hinsichtlich der Kompetenzannahme drückt sich Ross Thompson vorsichtiger als seine KollegInnen aus. Er hinterfragt – zurecht – die vorliegenden Befunde, weil sie sich z.T. nicht aus der Theorie ableiten lassen, z.T. vermutlich über andere Bedingungspfade vermittelt werden und z.T. korrelativ sind, d.h., zwei Ereignisse treten gleichzeitig auf, sind aber nicht kausal miteinander verknüpft. Dazu kommt, dass es so gut wie keine Untersuchungen zur Kompetenzhypothese aus nicht westlichen Ländern gibt. Damit bleibt die nicht unwesentliche Frage, was Kompetenz in verschiedenen Kulturen bedeutet – und das variiert erheblich, wie wir aus der kulturvergleichenden Literatur wissen u.a. in Bezug auf Intelligenz, Gedächtnis, Wahrnehmung, Informationsverarbeitung, emotionale Kontrolle usw. (s. dazu verschiedene Handbücher, z.B. Kitayama & Cohen) (s. auch Helfrich, 2013) –, unbeantwortet.

Manche BindungsforscherInnen gehen, wie bereits angedeutet, von einer fünften Kernannahme, der Bindungs-Explorations-Balance aus. Diese Annahme postuliert die allgemeine Gültigkeit einer exklusiven Beziehung zwischen Bindung und Explorationsverhalten. Ist das Bindungssystem aktiv, d.h. das Kind mit Bindungsverhaltensweisen beschäftigt, ist das Explorationssystem inaktiv und umgekehrt – exploriert das Kind, ist das Bindungssystem inaktiv (s. Kapitel 4.3 und 5.3.5).

In Bezug auf die vier Annahmen kommen Mesman et al. zu folgendem Schluss: »In unserem Kapitel dieser 3. Ausgabe (des Handbuchs, Anm. HK) haben wir im Vergleich zur vorigen Ausgabe (van IJzendoorn & Sagi-Schwartz, 2008) Daten von fünf neuen Ländern oder Kulturen aufgenommen. Wir haben unsere Aufmerksamkeit auf kulturvergleichende Überzeugungen von Bindung und Sensitivität gerichtet und wir berichten mehr Details zu Bindung und Sensitivität in Lateinamerika und von Arabern, die in Israel leben. Was sich seit 2008 nicht verändert hat, ist, dass die vorhandenen kulturvergleichenden Untersuchungen die gewagten Annahmen der Bindungstheorie bezüglich der Universalität von Bindung, der Normativität der sicheren Bindung, der Beziehung zwischen dem sensitiven Umgang und der Bindungssicherheit und den späteren Kompetenzen des sicher gebundenen Kindes nicht widerlegen. Tatsächlich und als Ganzes betrachtet sind die Untersuchungen in erstaunlicher Übereinstimmung mit der Theorie. Bis auf Weiteres gehen wir daher von kulturübergreifender Gültigkeit aus.« (ebd., S. 492, Übersetzung HK)

Dies ist, wie ich finde, eine mutige und verblüffende Schlussfolgerung, die aus der Qualität der herangezogenen Untersuchungen nicht abgeleitet werden kann, zumindest wenn man die methodischen Ansprüche an solide kulturvergleichende Forschung ernst nimmt (s. Gaskins et al., 2017). In den von Mesman et al. zitierten kulturvergleichenden Untersuchungen von Anthropologen und Kulturpsychologen wird aus kulturvergleichender Perspektive vielmehr ein völlig anderes Bild früher Sozialisations- und Erziehungsmuster gezeichnet, als dies die Bindungstheorie annimmt. Wie Mesman et al. zu der Schlussfolgerung kommen, dass diese dennoch die Bindungstheorie bestätigten, erscheint mir rätselhaft.

Reflexionsfragen

- Können Sie Schlussfolgerungen der BindungsforscherInnen zur Gültigkeit der Universalitätsannahme der Bindungstheorie aufgrund der vorigen Diskussion nachvollziehen?
- Hat sich die Bindungstheorie Ihrer Meinung nach seit Bowlby weiterentwickelt?

5.2 Die impliziten Annahmen der Bindungstheorie

Die Bindungstheorie inklusive ihrer zentralen Annahmen ist in einem Menschenbild verortet, das von einer bestimmten Kultur und ihrer Historie, nämlich den sozialen Eliten der Nachkriegszeit in der westlichen Welt geprägt ist. Dieses Menschenbild geht zum Teil explizit in die Annahmen der Bindungstheorie ein, z.B. wenn Mary Ainsworth in den Sensitivitätsskalen vom freien Willen des Säuglings als einem intentionalen Wesen spricht. Viele Annahmen bleiben jedoch implizit, da sie als selbstverständlich erachtet und in ihren Auswirkungen auf die Theorie nicht reflektiert werden. Dabei werden bestimmte Dinge in das Wahrnehmungsfeld gerückt und andere nicht konturiert. Das wäre nicht weiter schlimm, wenn die Bindungstheorie als (mono-)kulturelle Theorie gekennzeichnet wäre und keinen Allgemeingültigkeitsanspruch (Universalitätsannahme) erheben würde.

Nicht nur Wahrnehmung ist kulturabhängig

In der Gestaltpsychologie spricht man von dem Figur-Grund Phänomen, wenn bestimmte Aspekte, Dimensionen eines Bildes, einer Konfiguration in den Vordergrund treten und andere im Hintergrund verblassen. David Nisbett, Shinobu Kitayama und KollegInnen von der Michigan Universität in den USA haben sich ausgiebig mit solchen Wahrnehmungsphänomenen beschäftigt und fanden eindringliche Unterschiede zwischen euroamerikanischen und südostasiatischen jungen Erwachsenen. Die Euroamerikaner folgen dem Figur-Grund Phänomen, das ja auch in Europa entdeckt wurde und nehmen primär prägnante, große Elemente einer Reizkonfiguration wahr, während der Hintergrund mit seinen Details sprichwörtlich im Hintergrund verschwindet. Diese Wahrnehmung nennt man analytisch, weil sie das gesamte Wahrnehmungsfeld in Teile zerlegt, Teile aus dem Ganzen herauslöst

Holistische und analytische Wahrnehmung

Takahiko Masuda und Richard Nisbett (2001) haben eine berühmt gewordene Untersuchung durchgeführt. Sie zeigten euroamerikanischen und japanischen Studierenden für 20 Sekunden einen Videoclip mit einer Aquariumsszenerie.

Danach fragten sie die Studierenden, was sie gesehen hatten. Die euroamerikanischen Studierenden sprachen über große, bunte und sich schnell bewegende Fische, also die großen Fische im Vordergrund. Die japanischen Studierenden sprachen über den Hintergrund und Details, wie z.B. den Frosch in der linken unteren Bildhälfte. Sie sprachen auch über die Beziehungen der verschiedenen Komponenten untereinander.

und voneinander trennt. Südostasiaten – und viele andere Menschen dieser Erde – nehmen bevorzugt holistisch wahr, d.h., sie erfassen das Wahrnehmungsfeld als Ganzes, die Figur, den Hintergrund und die Details.

Reflexionsaufgabe

Erin Meyer berichtet 2014 im Harvard Business Review von folgendem Erlebnis: Es war Freitag Nachmittag in Paris und er hatte den ganzen Vormittag chinesische Geschäftsleute im Umgang mit Europäern trainiert. Er fragte sie: Was sollte ein Gruppenleiter bei unterschiedlichen Einstellungen in einem Team in Bezug auf Konfrontation machen? Eine sehr freundliche Frau, die seit zwei Jahren in Ungarn Geschäfte betrieb, meldete sich und sagte: »Vertrauen war eine große Herausforderung für uns, denn Ungarn nehmen sich nicht die Zeit für Beziehungsbildung, wie wir das in China tun.« Herr Meyer wunderte sich, weil das offensichtlich keine Antwort auf seine Frage war. Erst dachte er, er hätte die Übersetzung nicht verstanden, aber die junge Frau sprach einige Minuten lang weiter über Vertrauen, Hierarchie und ihre Erfahrungen in Ungarn. Die anderen TeilnehmerInnen hörten sehr aufmerksam zu und machten Kommentare. Nach einer ihm ewig erscheinenden Zeit, kam sie auf seine Frage zurück: »Wenn der Gruppenleiter das Team mehr darin unterstützt hätte, Beziehungen auch außerhalb der Meetings zu bilden, hätten sie weniger Probleme mit direkter Konfrontation.« Dieses Diskussionsmuster wiederholte sich über den Nachmittag, die TeilnehmerInnen sprachen eine Weile über scheinbar Nebensächliches, bevor sie auf den Punkt kamen. Soweit der Bericht von Erin Meyer.

Können Sie diese Geschichte zu Ihren Gesprächen mit manchen Familien in Zusammenhang bringen?

Diese – kulturellen – Unterschiede spielen neben vielen anderen Wahrnehmungs- und Informationsverarbeitungstendenzen auch bei der Rezeption von Fachliteratur eine Rolle. In unserem Zusammenhang ist zudem die Bestätigungsfunktion wichtig: Wir glauben eher das, was in unser Weltbild und bestehende Wissensbestände passt. Andere Informationen werden nicht zur Kenntnis genommen oder abgewehrt, z.B. indem methodische Mängel geltend gemacht werden, die in Untersuchungen, die in das Weltbild passen, nicht moniert werden.

Das Weltbild der westlichen Mittelschichtgesellschaft wurde zunehmend durch die Autonomie des Menschen geprägt, Autonomie im Sinne der individuellen Unabhängigkeit, der Willens- und Entscheidungsfreiheit. Dazu kommt der Trend nach innen, zum Selbstbezug, zur inneren Welt, wie sie Charles Taylor (1992) als die moderne Identität beschrieben hat. Mit zunehmender Selbstreflexion und der Auflösung fester Rollenbilder war der Mensch mehr auf sich selbst gestellt. Zu dieser Mentalisierung tragen eine hohe formale Bildung bei, die es erlaubt, umfassend zu verbalisieren und zu reflektieren. Für diese Form von Autonomie habe ich den Begriff der psychologischen Autonomie vorgeschlagen (s. z.B. Keller, 2011). Dieser Begriff macht deutlich, dass es sich hierbei um eine bestimmte Form der Autonomie handelt und dass es daneben andere gibt. Autonomie ist nämlich, ebenso wie Bezogenheit oder Relationalität, ein menschliches Grundbedürfnis und folglich für alle Menschen bedeutsam. Je nach kulturellem Kontext, kann Autonomie jedoch unterschiedliche Gesichter annehmen und in sehr unterschiedlichen Gewändern auftreten – ebenso wie Bezogenheit und Beziehungen (s. ausführlicher Keller, 2011; Keller & Kärtner, 2013).

Psychologische Autonomie

Psychologische Autonomie bedeutet, die Umwelt aus der eigenen, individuellen Perspektive zu sehen und zu bewerten. Das beinhaltet auch das Bedürfnis, die eigenen Chancen und Möglichkeiten im Blick zu haben und – soweit die innerpsychische Dynamik dies zulässt und fördert – individuelle Kontrolle über die Umwelt auszuüben und eigene Wünsche und Intentionen zu realisieren. Dazu gehört das Recht, Meinungen und eigene Bedürfnisse frei zu äußern und (mit) zu entscheiden, wenn es um die eigenen Belange geht. Es besteht ein Recht darauf, die eigenen Gefühle zu äußern und individuell zu regulieren. So entsteht ein individuelles Gefühl der Selbstwirksamkeit, das als Grundlage einer gesunden Persönlichkeit verstanden wird. Dieses Verständnis von Autonomie hat Konsequenzen für das Verständnis sozialer Beziehungen. Eigenständig denkende und fühlende Individuen respektieren die Ich-Grenzen der anderen und verhandeln die Bedürfnisse und Wünsche anderer auf dem Hintergrund der eigenen Interessen. Dazu gehört Durchsetzungsfähigkeit als soziale Kompetenz. Individuen sind abgegrenzt von anderen. Häufig werden enge Beziehungen mit Objekten eingegangen. Sprache und Verbalisationsfähigkeit von Gedanken und Gefühlen werden als soziale Kompetenzen wahrgenommen. Psychologische Autonomie ist gekennzeichnet durch:

- Individualität bzw. Einzigartigkeit
- Fokus auf das innere Erleben (Wünsche, Meinungen, Intentionen)
- Objektbezogenheit
- verbale Elaboriertheit
- positive Emotionalität als Grundstimmung

Die Sozialisations- und Erziehungsstrategien in der westlichen Mittelschichtwelt sind an der Kultur der psychologischen Autonomie orientiert und das ist auch genau das Menschenbild der Bindungstheorie. Dieses kulturelle Modell spezifiziert ein Skript zur Bindungsentwicklung, das im Folgenden näher ausgeführt ist.

5.2.1 Bindungspersonen sind Erwachsene

Die Bindungstheorie in Bowlby's Formulierungen ebenso wie aus der Sicht Ainsworth' und der vielen aus dieser Schule hervorgegangenen ForscherInnen und PraktikerInnen gehen wie selbstverständlich davon aus, dass junge Kinder Bindung an erwachsene Bezugspersonen entwickeln. Trotz aller Relativierungen in der Literatur ist das in erster Linie die biologische Mutter. So wurde z.B. in 83 Prozent von 59 Untersuchungen in der nicht westlichen Welt zur Erfassung der Bindungsqualität mit dem Fremde Situation Test oder dem Q sort Verfahren die Mutter als Bindungsperson eingesetzt, ohne vorher zu prüfen, ob dies der Betreuungsrealität des jeweiligen Kindes entsprach. Diese Praxis ist auch in der Anwendung, z.B. Interventionsstudien, zu finden. Falls der Vater, oder eine andere Person, z.B. die Großmutter berücksichtigt werden, ist dies fast ausschließlich der Fall, wenn die Mutter nicht verfügbar ist, physisch wie emotional. Der Fall, das mehrere Bindungspersonen gleichzeitig verantwortloch sind, wird garnicht erst in Erwägung gezogen. Eine Bindungsperson muß in der möglichen Hierarchie dominieren.

Diese implizite Annahme findet sich – z.B. im Konzept und der Praxis der BezugserzieherIn – auch in unseren Kitas wieder. Der Philosophie der Bindungstheorie konsequent folgend, sind ausschließlich Erwachsene BildungspartnerInnen von Kindern, mit der Folge, dass der Kitaalltag weitgehend auf Interaktionen zwischen Erwachsenen und einem oder wenigen Kindern abgestimmt ist. Darauf gehe ich in Kapitel 7.2 näher ein. Die Haltung, dass nur Erwachsene sich gut um junge Kindern kümmern könnten, ist in Deutschland sogar – z.B. in der Festlegung, dass die Aufsichtspflicht über kleine Kinder von Erwachsenen wahrgenommen werden muss – gesetzlich verankert. Das zeigt, dass kulturelle Modelle nicht nur in den Köpfen von uns Menschen, sondern auch in staatlichen und kommunalen Institutionen repräsentiert sind. Diese Praxis steht im Widerspruch zu den Vorstellungen von guter Erziehung und Bildungschancen in vielen anderen Kulturen. Darauf werde ich in Kapitel 5.3 umfassender eingehen.

5.2.2 Ein Kind kann nur wenige Bindungen eingehen

Eine weitere implizite Annahme der Bindungstheorie ist, dass diese intensiven Bindungen nur mit wenigen Personen eingegangen werden können, da zu viele Bezugspersonen junge Kinder überforderten. Junge Kinder sollen nicht zu vielen Eindrücken ausgesetzt sein, sodass sie vom Alltagsgeschehen weitgehend abgeschirmt werden. Eine Berliner Mutter aus der Mittelschicht hat uns einmal in einem Interview erläutert, dass Babys durch die Anwesenheit zu vieler Personen unruhig und quengelig würden.

Bindungen seien zudem, wie gesagt, hierarchisch organisiert, d.h., eine Person ist die primäre Bindungsperson, die zentral für die Emotionsregulation des Kindes ist. Wenn diese Person nicht verfügbar ist, könnte möglicherweise eine andere Bezugsperson »einspringen«. Bindungen zu verschiedenen Personen könnten unterschiedliche Qualitäten aufweisen, da sie ja immer das Ergebnis von Beziehungsgeschichten seien. Unterschiedliche Bindungsmuster mit Müttern und Vätern hatte bereits Michael Lamb (1977) aufgewiesen. Haatembo Mooya, Francis Sichimba & Marian Bakermans-Kranenburg (2016) haben in einer neueren Untersuchung gezeigt, dass die Bindung von sambischen Kindern zu ihren Müttern und der an ein Geschwister voneinander unabhängig sind. Die Frage nach einer oder mehreren möglichen Bindungen ist seit Bowlby bzw. Ainsworth nicht abschließend beantwortet. In den Schriften werden die Fragen »Ist nur die Mutter bedeutsam?«, »Spielt der Vater eine Rolle und wenn ja, welche?«, »Welche Rolle spielt die Familie?« zwar mehrfach angesprochen, betrachtet und berücksichtigt wird letztlich jedoch immer die biologische Mutter (s. z.B. die Interventionsstudie von Weber et al., 2017, Kapitel 9.2).

Diese Annahmen sind allerdings nicht nur problematisch aus kulturbewußter Perspektive. Auch Mütter der westlichen Mittelschicht haben hohe Kosten zu tragen, wie die belgische Psychologin Isabelle Roskam mit ihrem Forschungsprogramm zum parental burnout aufgewiesen. hat. Sie hat zeigen können, dass Eltern, besonders Mütter in einen Zustand der totalen körperlichen und psychischen Erschöpfung geraten bis hin zu psychiatrischen Symptombildern, wenn sie den Ansprüchen an optimale Versorgung von Säuglingen und kleinen Kindern, wie es in der Bindungstheorie mit dem Sensitivitätskonzept festgelegt ist, nachkommen wollen (Roskam & Mikolajczak, 2019).

5.2.3 Interaktionen sind exklusiv dyadisch und dialogisch

Wie gerade aufgezeigt, sind in der Bindungstheorie die bedeutungsvollen Interaktionen mit erwachsenen Bezugspersonen konzipiert. Dieser Aspekt ist noch weiter zu spezifizieren, denn aus ihm folgt, dass der Erwachsene, wenn er den Anforderungen für eine sichere Bindungsentwicklung gerecht werden möchte, seine bzw. ihre ungeteilte Aufmerksamkeit auf das eine Baby ausrichten muss. Der Fokus auf distale Interaktionen, d.h. Blickkontakt und verbal bzw. vokale Konversationen, also Kommunikation mit den Distanzsinnen, bezieht zudem lediglich einen Teil des Körpers ein, nämlich den Kopf bzw., genau genommen, nur das Gesicht. Der Erwachsene forscht sozusagen im Gesicht des Babys nach Signalen – seien sie auch noch so klein –, die es zu beantworten gilt. Indem die Bezugsperson die Signale des Babys – mimische und/oder vokale Äußerungen – als intentionale Kommunikationsbeiträge interpretiert und entsprechende Sequenzen von Handlung und Pausen simuliert, wird eine quasi gleichberechtigte dialogische Struktur praktiziert. Neben der Erforschung des kindlichen Gesichts muss der Blick der Bezugsperson auch den Blick des Kindes begleiten, um seine Wünsche, Präferenzen usw. wahrzunehmen und in Sprache umzusetzen, zu verbalisieren und interpretieren. Dieses dyadische Einszu-eins-Muster der Interaktion, das zwischen Säugling und Bezugsperson eingeübt wird, ist das übliche Modell kommunikativen Verhaltens in der westlichen MIttelschichtgesellschaft. Nach ihm sind auch die zukünftigen Kommunikationen aufgebaut. Selbst wenn mehrere Personen anwesend sind, besteht die Kommunikationsstruktur aus dyadischen Sequenzen.

5.2.4 Die Perspektive des Säuglings hat Priorität

Das gerade beschriebene kommunikative Design besteht darin, dass die Bezugsperson, die den Signalen des Säuglings folgt, responsiv ist, also reagiert, und nicht mit eigenen Aktionen, oder gar eigenen Befindlichkeiten und Bedürfnissen die kommunikative Führung übernimmt. Diese Annahmen sind in den vier Skalen zur Beurteilung der Qualität elterlichen Verhaltens genauer spezifiziert.

Sensitivität messbar gemacht

Die Sensitivitätsskala[4] definiert anhand einer Ratingskala von 1 bis 9 vollständig sensitiv bis völlig insensitiv. Dabei ist jeder zweite Skalenpunkt, also 1, 3, 5, 7 und 9 definiert. Den höchsten Sensitivitätswert (also eine 9) bekommt eine Bezugsperson, wenn sie in den Augen von BeobachterIn und BeurteilerIn folgendes Verhaltensprofil zeigt – dabei überrascht es nicht, dass wieder nur von der Mutter die Rede ist: »Diese Mutter ist ausgezeichnet auf die Signale des Babys ausgerichtet (exquisitely attuned); sie reagiert prompt und angemessen darauf. Sie kann die Dinge aus der Sicht des Babys betrachten; ihre Wahrnehmung seiner Signale und Kommunikationen sind nicht durch eigene Bedürfnisse und Abwehrhaltungen verzerrt. Sie »liest« B's Signale und Kommunikationen geschickt und weiß, was selbst die subtilsten, minimalsten und unauffälligsten Zeichen bedeuten. Sie gibt dem Baby durchgängig was dieses wünscht, allerdings nicht ohne Variation. Wenn sie fühlt, dass es für das Baby am besten ist, auf seine Forderungen nicht einzugehen, z.B., wenn er bzw. sie zu unruhig ist,

4 Alle vier Skalen können auf www.psychology.sunysb.edu/attachment/measures/content/ainsworth_scales.html (24.10.2018) herunter geladen werden. Eine deutsche Übersetzung findet sich in Grossmann (1977).

zu herrisch oder etwas möchte, das er bzw. sie nicht haben sollte, bestätigt sie seine Kommunikation taktvoll und bietet eine annehmbare Alternative an. Ihre Interaktion mit dem Baby ist »rund«, sodass Abläufe sanft zu Ende gebracht werden und beide, sie und das Baby sich zufrieden fühlen. Schließlich folgen ihre Reaktionen zeitlich schnell auf Babys Signale und Kommunikationen.«[5]

Der geringste Sensitivitätswert (1) wird bei folgendem Verhaltensprofil vergeben: »Die extrem insensitive Mutter scheint fast ausschließlich von ihren eigenen Wünschen, Stimmungen und Aktivitäten bestimmt zu sein. Die Interventionen und Interaktionsvorschläge sind weitgehend durch ihre inneren Signale bestimmt; wenn sie mit denen des Babys übereinstimmen, ist das meist Zufall. Das heißt nicht, dass die Mutter nie auf die Signale des Baby's reagiert; sie tut es, wenn die Signale deutlich genug sind, lange genug oder oft genug wiederholt werden. Diese Reaktionsverzögerung an sich ist schon insensitiv. Darüber hinaus ignoriert oder verzerrt die Mutter, die aus eigenen Antrieben handelt, routinemäßig die Bedeutung der kindlichen Signale, weil die mütterlichen und kindlichen Wünsche und Aktivitäten nicht aufeinander abgestimmt sind. Wenn die Mutter also auf die kindlichen Signale antwortet, ist ihre Reaktion unangemessen, fragmentiert und unvollständig.«[6]

Die drei anderen Skalen sind im Prinzip weitere Spezifizierungen dieses Grundkonzeptes der Sensitivität: Die 2. Skala betrifft Kooperation vs. Unterbrechung des kindlichen Verhaltens. Dabei geht es darum, wie sehr die Mutter selbst strukturiert, anstelle sich vom kindlichen Verhaltenszustand (wach, schläfrig usw.), seiner Stimmung oder seinen Interessen leiten zu lassen. Interessant ist hier die moralische Bewertung des mütterlichen Verhaltens. Die hoch interferierende Mutter wird nämlich so charakterisiert, dass sie keinen Respekt für ihr Baby als eine eigene, aktive und autonome Person habe, deren Wünsche und Aktivitäten grundsätzlich berechtigt sind. Eine solche Mutter handelt nach Ainsworth aus Antrieben, die in den Bereich der Psychopathologie oder Psychiatrie fallen, z.B. aus einer zwanghaften Symptomatik heraus, Kontrolle über andere auszuüben, um eigene Ängste im Griff zu haben; oder die Mutter betrachtet das Baby als narzisstische Selbsterweiterung, als persönlichen Besitz, da ja Teil von ihr. Unter kulturbewussten Aspekten ist besonders der zuletzt genannte Aspekt interessant: die Mutter, die ihr Baby als persönlichen Besitz betrachtet und trainiert, um ihren Vorstellungen zu entsprechen, indem sie erwünschtes Verhalten verstärkt und unerwünschtes bestraft – genau das entspricht dem Bild einer guten Mutter bzw. Betreuungsperson, wie in Kapitel 5.3.3 ausgeführt wird. Es ist vielleicht nicht uninteressant, dass Ainsworth selbst keine Kinder hatte und daher vielleicht ein unrealistisches Bild mütterlicher Verfügbarkeit entworfen haben mag.

Die 3. Skala betrifft physische und psychische Verfügbarkeit vs. Ignorieren und Vernachlässigen. Verfügbarkeit bedeutet, die Signale des Babys nicht nur zur Kenntnis zu nehmen, sondern auch jeweils zu bestätigen und darauf zu reagieren. Verfügbarkeit ist also Teil der

---

5 ebd. (Übersetzung HK)
6 ebd. (Übersetzung HK)

Responsivität. Die 4. Skala schließlich betrifft Akzeptanz vs. Zurückweisung der kindlichen Bedürfnisse. Dabei geht es explizit um die positiven und negativen Gefühle der Mutter gegenüber ihrem Baby. Die Geburt eines Kindes wird aus Sicht der Bindungstheorie grundsätzlich als potentiell ambivalente Situation betrachtet, während derer alle Mütter positive und negative Aspekte erfahren. In der Skala geht es darum, ob die Mutter den Konflikt lösen kann und die positiven Gefühle überwiegen oder ob es zu offener Ablehnung kommt.

Sensitivität ist das basale Konzept, das die anderen Aspekte im Prinzip beinhaltet, bzw. einzelne Aspekte daraus genauer spezifiziert. Mary Main hat noch zwei weitere Skalen hinzugefügt, die sich ebenfalls mit emotionalen Aspekten befassen. Neuere Reformulierungen des Sensitivitätskonzeptes gehen nicht mehr von unterschiedlichen Skalen aus, sondern verwenden die Sensitivitätsskala mit einer expliziten emotionalen Dimension. Dennoch ist Emotionalität implizit auch in der ursprünglichen Version der Sensitivitätsskala enthalten. Wie sonst könnte eine angemessene Reaktion nicht gleichzeitig empathisch und damit emotional fundiert sein?

In den letzten Jahren ist von BindungsforscherInnen die mentalistische Dimension der Kindzentriertheit zunehmend betont worden. Dabei geht es um die interpretierende Verbalisierung der kindlichen inneren Welt, also das, was das Baby denkt, fühlt, möchte, intendiert. Damit sind Konversationsbeiträge in Interaktionensituationen wie z.B. die drei folgenden Beispiele, gemeint, die von deutschen Mittelschichtmüttern in Spielsituationen mit ihren dreimonatigen Babys geäußert wurden:

- Das passt dir jetzt nicht mehr, ne?
- Das ist jetzt langweilig hier im Moment hier, ne Maus? Hm?
- Was möchste denn jetzt machen? Hm? Hm?

Die englische Bindungsforscherin Elisabeth Meins von der York Universität hat Studien durchgeführt, in denen sie die Mentalisierungsfähigkeit der Mutter untersuchte. Sie und ihre KollegInnen berichteten Zusammenhänge zwischen angemessenen mentalen Kommentaren bezüglich der inneren Prozesse und Zustände des Kindes im Alter von 6 Monaten und der Bindungssicherheit mit einem Jahr. Elisabeth Meins scheint jedoch die Bindungstheorie bzw. deren Vorhersagen aller möglichen Entwicklungsergebnisse von der Gehirnentwicklung bis zu Verhaltensauffälligkeiten inzwischen kritisch zu sehen. In einer Stellungnahme in The Psychologist, einem Organ der britischen Psychologengesellschaft diskutiert sie die Überschätzung der Bindungstheorie sehr kritisch und fundiert (Meins, 2017).

Ob Sensitivität gegenüber kindlichen Signalen oder Mentalisierung der inneren Befindlichkeiten des Babys – beides ist nur bei einer ultimativen Kindzentriertheit möglich: Um die gesunde Entwicklung seines Babys nicht zu gefährden, wird keinerlei Ablenkung von diesem Aufmerksamkeitsfokus geduldet.

5.2.5 Verhalten wird durch Emotionen reguliert

Bereits die Definition von Bindung als emotionalem Band verweist auf den zentralen Stellenwert von Emotionen für die Bindungsregulation. Insbesondere die emotionale Haltung der Mutter ist explizit und implizit in der Beurteilung der Qualität des elterlichen Verhaltens enthalten. Feinfühliges Reagieren – eine der wesentlichen Voraussetzungen für sichere Bindung – setzt Empathie voraus, also eine mitschwingende Gefühlslage. Die Verbalisierung der inneren Befindlichkeit des Kindes inklusive seiner Emotionen ist zentraler Bestandteil des Konzeptes der Mentalisierung. Der emotionale Ausdruck des Kindes ist für die Mutter verhaltenssteuernd. Sie spiegelt sein Lächeln und seine positiven Vokalisationen und strukturiert daraus dialogische Konversationen. Sie versucht ihr Baby durch unterschiedliche Maßnahmen zu beruhigen, wenn es unruhig oder quengelig ist oder gar schreit. Das Schreien von Babys hat einen intensiven Appellcharakter. Es ist übrigens eines der wenigen Geräusche, an die wir nicht adaptieren – d.h. uns mit der Zeit daran gewöhnen und es überhören –, deshalb ist es einer der Hauptstressoren junger Eltern bzw. Mütter.

Emotionsäußerungen sind bedeutsame Informanten für unsere Verhaltensbeurteilungen, im professionellen bzw. wissenschaftlichen Kontext, ebenso wie in unseren Laientheorien, die bewusst oder unbewusst bzw. nicht bewusst in unsere Beurteilungen von Kindern z.B. in der Kita eingehen.

Das emotionale Ausdrucksgeschehen des Kindes ist zentral für die Beurteilung der Bindungssicherheit in der Fremde Situation. Nähert sich das Kind der Mutter nach der Trennungssituation freudig zugewandt, ist es eher sicher gebunden, zeigt es keine Emotionen und hantiert sozusagen ausdruckslos mit den Spielzeugen weiter, wenn die Mutter nach der Trennung zurückkehrt, ist es vermutlich unsicher gebunden. In diesen Bewertungen kommt weiterhin die Primarität positiver Emotionen im westlichen Mittelschichtdenken zum Ausdruck: Positive Emotionen werden als Ausdruck von Individualität betrachtet (Shweder & Bourne, 1984). Kinder, die keine Emotionen zeigen, haben ein Problem.

Es gibt eine interessante Szene in einem Film von Donata Elschenbroich und Otto Schweitzer (1995), wo der Übergang in die Kita in einer japanischen Einrichtung gezeigt wird: Ein Kind wird von seiner Mutter in die Einrichtung gebracht und übergangslos einem Erzieher übergeben, der ohne weitere Verabschiedungs- oder Übergangsrituale mit dem Kind in einen Raum geht, in dem schon andere neu aufgenommene Kinder mit jeweils einer ErzieherIn sind. Alle Kinder weinen bitterlich. Die japanischen ErzieherInnen kümmern sich liebevoll um die Kinder, z.B. durch körperliche Nähe, versuchen aber nicht, das Weinen zu beenden. Für sie ist das Weinen, wie sie erklären, eine gesunde Reaktion, die erstens zeigt, dass das Kind sicher an seine Mutter gebunden ist und Trennungsschmerz erlebt, und zweitens den ErzieherInnen ermöglicht, die Kinder – durch ihr Weinen – kennenzulernen. Sie lesen die negative Emotion u.a. im Hinblick darauf, wie sich das Kind beruhigt und wie sie ihre Beziehung zu dem Kind gestalten können, dass diese gut wird. Sie sind zunächst so etwas wie BezugserzieherInnen für das jeweilige Baby und verbringen mit ihm die nächsten Tage. Deutsche ErzieherInnen sind in aller Regel entsetzt, wenn sie die im Film jämmerlich weinenden Kinder sehen. Dieses Beispiel macht deutlich, dass Emotionserleben und Emotionsausdruck in unterschiedlichen Kulturen sehr unterschiedlich gestaltet ist. Darauf werde ich in Kapitel 5.3.4 ausführlicher eingehen.

In den Kernannahmen der Bindungstheorie stecken also eine Reihe von impliziten Annahmen, die ebenso wie die zentralen Annahmen als universell erachtet werden. Jede einzelne dieser Dimensionen weist unterschiedliche kulturelle Profile auf. Diese Unterschiedlichkeiten dürfen insbesondere dann nicht übersehen oder neutralisiert werden, wenn kulturelle Sensitivität Bestandteil von Orientierungsplänen und Kitakonzepten ist. Auf die kulturelle Variabilität der verschiedenen impliziten Annahmen wird im nächsten Kapitel eingegangen, bevor dann ein Fazit gezogen wird, was die Bindungstheorie wirklich kann.

5.3 Andere kulturelle Realitäten

Kulturelle Realitäten sind kontextgebunden. Das bedeutet, dass die impliziten Annahmen der Bindungstheorie an die ökologischen, ökonomischen und sozialen Realitäten der westlichen Mittelschichtswelt gekoppelt sind und für andere kulturelle Kontexte andere explizite und implizite Annahmen existieren. In den folgenden Abschnitten werden die impliziten Annahmen der Bindungstheorie aufgegriffen und mit anderen kulturellen Realitäten kontrastiert. Dabei wird deutlich werden, dass keine der vorher genannten impliziten Annahmen Bestand über den Tellerrand der westlichen Mittelschicht hinaus hat.

5.3.1 Bindungspersonen sind Kinder und Erwachsene

In vielen Kulturen werden Säuglinge und Kleinkinder in Beziehungsnetzwerken betreut, in denen verschiedene Personen, Erwachsene und Kinder, agieren. Das gilt insbesondere für die dörflichen Kulturen in der nicht-westlichen Welt. Dabei sind Rollen, Zuständigkeiten und Verantwortlichkeiten aufgeteilt. Gabriel Scheidecker, ein junger Anthropologe an der Freien Universität Berlin, hat in Dörfern im Süden Madagaskars minutiös beobachtet, mit wem Kinder während der ersten vier Lebensjahre Zeit verbringen und was sie mit diesen Personen tun. In seinem bemerkenswerten Buch »Kindheit, Kultur und moralische Emotionen: Zur Sozialisation von Furcht und Wut im ländlichen Madagaskar« (2017) stellt er seine Ergebnisse auch in anschaulicher grafischer Übersetzung vor. Die folgenden Grafiken hat er mir freundlicherweise zur Verfügung gestellt. In der folgenden Abbildung ist Körperkontakt von Kindern in den ersten Lebensjahren in unterschiedlicher Altersabschnitten mit den verschiedenen sozialen PartnerInnen dargestellt.

Es zeigt sich, dass während der ersten beiden Lebensjahre die Mutter den größten Einzelanteil an Körperkontakt hat. Allerdings spielen auch andere Personen eine wichtige Rolle. Körperkontakt beinhaltet auf dem Schoß halten, auf dem Rücken oder der Hüfte

Abb. 1: Soziale Partner beim Körperkontakt »am Körper«

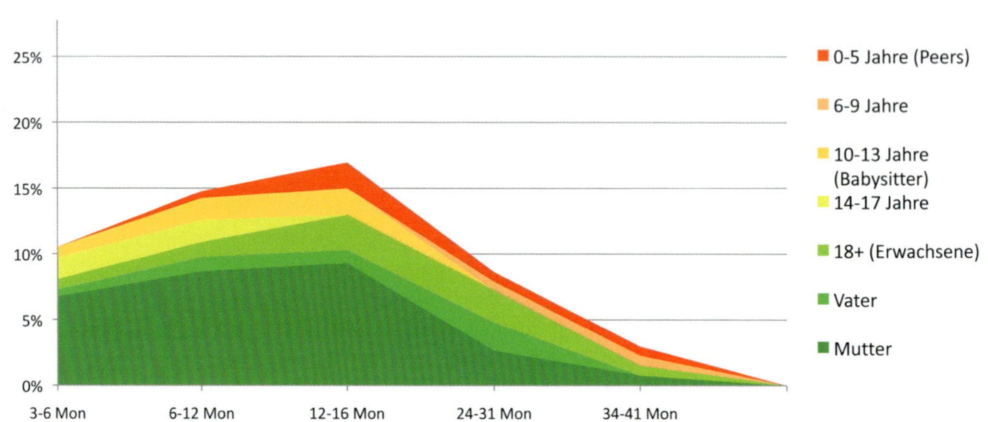

Abb. 2: Soziale Partner bei face-to-face-Interaktionen und Blickkontakt

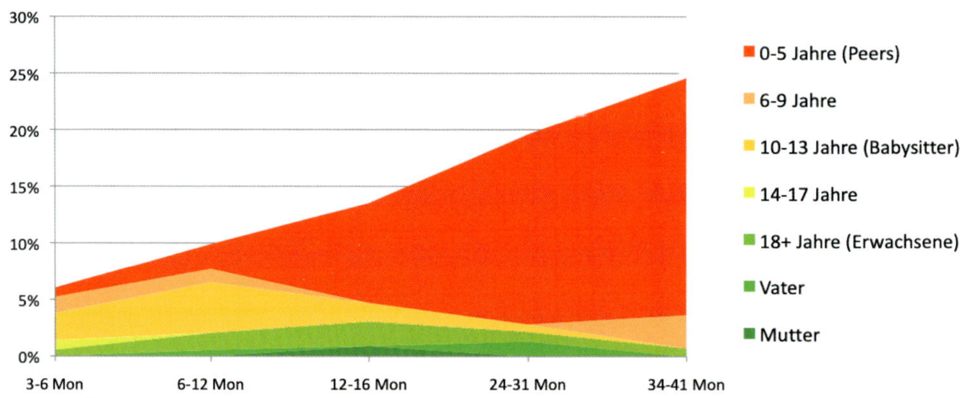

tragen oder mit den Händen berühren. Schaut man genauer auf die sozialen Interaktionsprozesse, ergibt sich jedoch ein anderes Bild als das uns gewohnte: Blickkontakt mit der Mutter z.B. findet so gut wie überhaupt nicht statt. (Abb. 1, S. 72)

In den ersten Lebensmonaten sind es in erster Linie die etwas älteren Kinder, die Babysitter, wie Scheidecker sie nennt, die hier den größten Austausch haben, aber auch jüngere Kinder kommen zunehmend ins Spiel. Beim Lächeln sieht es ähnlich aus. (Abb. 2, S. 72)

Lächeln spielt im gesamten 1. Lebensjahr kaum eine Rolle. Objektpräsentation und -kontakt ist ebenfalls nicht häufig, und wenn es vorkommt, dann mit anderen Kindern. (Abb. 3)

Abb. 3: Soziale Partner beim Lächeln oder Lachen

Abb. 4: Initiatoren und Partner der Beschäftigung mit Objekten (mihisa)

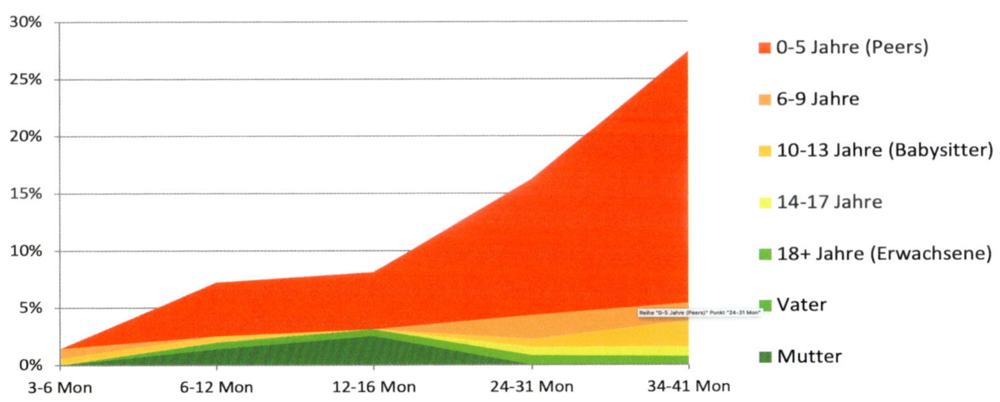

Hier wird ganz deutlich, dass die bis 5-jährigen Kinder die wichtigen sozialen PartnerInnen für Kinder in den ersten Lebensjahren sind. Gabriel Scheidecker hat mit seiner Forschung ein anderes Bild der Beziehungsentwicklung in den ersten Lebensjahren gezeichnet, als dies die westliche Psychologie und die Bindungstheorie annehmen. (Abb. 4)

Ähnliche Konstellationen können wir in vielen anderen dörflichen Kulturen der nicht-westlichen Welt beobachten. Kinder sind dort die Hauptbezugspersonen von Kindern. Sozialer Austausch findet in vielen Kulturen im Wesentlichen zwischen Kindern statt. Beziehungen zwischen Erwachsenen und Kindern sind häufig durch Regeln und Normen festgelegt und unterliegen Tabus. Zum Beispiel dürfen Kinder der Nso in den Dörfern Nordwest Kameruns

den Erwachsenen nicht ins Gesicht sehen. Damit wird Respekt zum Ausdruck gebracht; das gilt im Übrigen auch für soziale Situationen zwischen Erwachsenen mit unterschiedlichem Status. Wenn wir bei dem König der Nso eine Audienz haben, dürfen wir ihn, den Fon, nicht anschauen, müssen beim Sprechen den Mund mit den Händen bedecken und dürfen auch nicht direkt zu ihm sprechen, sondern zunächst zu einem als Mittler dienenden in der lokalen Hierarchie hochstehenden Würdenträger, der das Privileg hat, mit dem Fon sprechen zu dürfen.

Kindergruppen sind auch häufig die wesentlichen Sozialisationsagenten z.B. im ländlichen Nordwesten Kameruns bei den Nso oder im ländlichen Indien.

Aus Sicht der Bindungstheorie wären solche Arrangements höchst bedenklich. Auch aus der Perspektive westlicher Familienberatung oder Kindeswohlbeurteilungen käme man sicherlich zu dem Schluss, dass dies eine Vernachlässigungsbedingung mit Handlungsbedarf sei. In diesen diskrepanten Sichtweisen liegt gro-ßes soziales Konfliktpotenzial, etwa wenn in der Kita Familien aus anderen kulturellen Milieus und das deutsche Bildungssystem zusammentreffen. Eine wirkliche Problematik liegt vor allem dann vor, wenn sich Familien mit jungen Kindern, die kommunale Lebensformen gewohnt sind, plötzlich in fremder Umgebung und mehr oder weniger ohne ihr stützendes soziales System wiederfinden. Diese Sichtweise auf Migration haben Alma Gottlieb und Judy de Loache in ihrem wichtigen Buch »A World of Babies« (2017) eindringlich beschrieben. Hier wären Maßnahmen, wie z.B. Netzwerkbildung, Aufbau von Bezugsgruppen erforderlich, die das soziale System gegenwärtig nicht vorsieht. Diese Problematik wird in Kapitel 9 aufgegriffen.

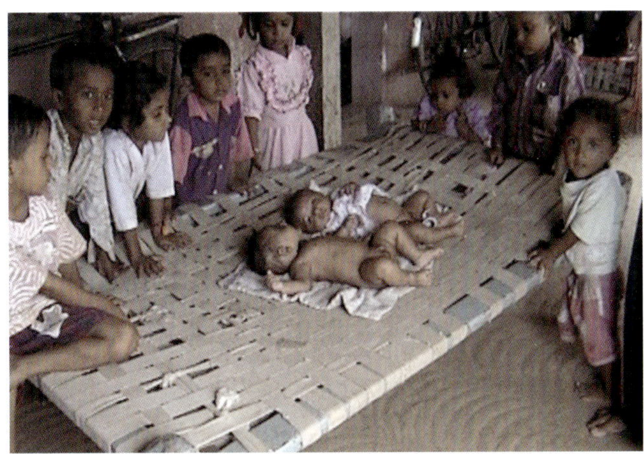

Reflexionsfrage

- Wenn Sie an Ihre frühe Kindheit denken, welche Rolle haben andere Kinder für Sie gespielt?

Babys und junge Kinder werden in der Lebenswelt nicht westlicher Dörfer in der Regel von Netzwerken betreut, die wenige bis viele Personen umfassen können. Zum Beispiel bei den Aka, einem Volk von Sammlern und Jägern in der Zentralafrikanischen Republik, wurden die Betreuungsnetzwerke von der Anthropologin Courtney Meehan und ihrem Kollegen Sean Hawks (2013) gut dokumentiert. Die Babys der Aka wurden pro Stunde im Schnitt von 7 bis 20 Uhr während eines Tages – bzw. während der etwa 8 Stunden Tageslicht – von 7 bis 14 verschiedenen Personen gehalten. Nicht mit allen ihren Betreuungspersonen haben die Aka-Kinder Bindungsbeziehungen. Bindungsverhaltensweisen wurden im Schnitt gegenüber 6 von insgesamt 20 involvierten Personen geäußert. Multiple Betreuungsnetzwerke oder »alloparenting« können, so argumentiert Sarah Hrdy (2009) – wie in Kapitel 4.6 bereits ausgeführt –, als menschliche Grundbedingung verstanden werden, weil die Menschheit nicht überlebt hätte, wenn allein die Mutter für das Aufwachsen der Nachkommen verantwortlich gewesen wäre.

Die Anzahl der Personen in Betreuungsnetzwerken variiert

Die Hypothese der kooperativen Aufzucht bzw. Erziehung (the cooperative breeding hypothesis) schreibt multiplen Betreuungsnetzwerken eine große Bedeutung in der Geschichte der Menschheit zu. Es gibt sie wahrscheinlich, seit der Mensch aufrecht gehen kann. Sie hatten neben die Gesundheit und das Überleben fördernden Funktionen auch Bedeutung für die Entwicklung kognitiver und sozialer Kompetenzen (Burkart & van Schaik, 2010).

Wahrscheinlich hat die Komplexität des sozialen Lebens nicht unwesentlich zur Gehirnentwicklung beigetragen. Kinder, die in multiplen Betreuungsnetzwerken aufgewachsen sind, erhalten mehr physische, soziale und emotionale Aufmerksamkeit als Kinder, die hauptsächlich von einer Person betreut werden. Die Kinder entwickeln Vertrauen in die Verlässlichkeit ihres sozialen Netzwerkes und damit ein Gefühl von (subjektiver) Sicherheit (Meehan & Hawks, 2013).

Bowlby hat sich mit den evolutionären Grundlagen der Entwicklung des Sozialverhaltens nicht befasst, sondern hat Rhesusaffen, die sein Freund, der Ethologe Robert Hinde studierte, als Modell für die Beziehungsentwicklung genommen und fälschlicherweise als repräsentativ für alle Primaten betrachtet (s. Kapitel 4.6). Sozialverhalten, inklusive der Mutter-Kind-Beziehung, sieht bei den über 300 Primatenarten ebenfalls sehr unterschiedlich aus (Fairbanks, 2000). Bei den Lisztaffen aus der Familie der Krallenaffen z.B. gibt es multiple Betreuungssysteme (Blum, 2010). Der langjährige Direktor des Vergleichenden Ethologischen Labors am National Institute of Child Health and Human Development in Bethesda, ML, Steven Suomi, hat einmal bemerkt: »Man kann sich fragen, wie Bowlby's Bindungstheorie ausgesehen hätte, wenn Hinde Kapuzineraffen anstelle von Rhesusaffen untersucht hätte!«[7] (Suomi, 2008, S. 177)

Es braucht ein ganzes Dorf ...

Die indische Kulturpsychologin Nandita Chaudhary hat in einer groß angelegten ethnologisch bzw. anthropologischen Untersuchung von 58 Familien, die unterschiedlichen Bevölkerungsgruppen in und um Delhi/Indien angehören, vier unterschiedliche Formate (s. folgende Tabelle sozialer Beziehungen) unterschieden. Diese vier Modelle sind dynamisch angelegt, sodass ein Kind mehrere Formate nacheinander, z.T. auch gleichzeitig, in unterschiedlichen Zusammenhängen erfahren kann. Dabei handelt es sich um soziale Konstellationen, in denen sich Säuglinge und Kinder befinden können.

	Ein Kind	Viele Kinder
Ein Erwachsener		
Viele Erwachsene		

Das Format »Ein Kind – Ein Erwachsener«, also das Modell der Bindungstheorie, war ausschließlich in städtischen Mittelschichtfamilien auffindbar. »Ein Kind – Viele Erwachsene« charakterisierte die Lebenssituation erstgeborener Kinder in Großfamilien mit vielen Älteren, die an der Versorgung und Betreuung teilnahmen. Die Konstellation »Viele Kinder –

7 »One wonders how Bowlby's attachment theory would have looked if Hinde had been studying capuchin rather than rhesus monkeys!« (Übersetzung HK)

Ein Erwachsener« war insgesamt sehr selten zu beobachten und konnte z.B. auftreten, wenn eine Mutter oder Tante vorübergehend mit mehreren Kindern alleine war. »Viele Erwachsene – Viele Kinder« war die am häufigsten zu beobachtende Konstellation und charakterisierte ein multiples Netzwerk an Verpflichtungen mit fluiden Übergängen zwischen den Personen.

Häufig treten – außer in den städtischen Mittelschichtfamilien – reine Kindergruppen auf, die in ihrer Größe erheblich variieren können. Insgesamt ist die Anzahl der Kinder in einer Familie oder einem Haushalt entscheidend für deren Rollen in dem sozialen Gefüge. In Untersuchungen mit ultraorthodoxen Familien in Jerusalem, die etwa zwischen 7 und 15 Kinder haben, haben wir beobachtet, dass die Kinder sich unterschiedlichen Subsystemen zusammen schließen, die unterschiedliche Funktionen füreinander übernehmen, z.B. die Gruppe der älteren Jungs, der jüngeren Mädchen usw. (s. dazu ausführlich Bartl et al., 2020).

Es ist offensichtlich, dass nicht nur die personale Konstellation variiert, sondern auch die damit verknüpften Kommunikationsprozesse und die darin implizierten Beziehungsstrukturen. Damit sind spezifische Entwicklungsprozesse verknüpft – z.B. der Wahrnehmung, der Informationsverarbeitung, der Aufmerksamkeit oder des Lernens –, die in unterschiedliche Kompetenzen münden. Diese Forschungsergebnisse sprechen gegen die Universalität der Kompetenzhypothese – sichere Bindung (zu einer Hauptbezugsperson) führt zu positiven Entwicklungsergebnissen in verschiedenen Entwicklungsbereichen (s. Kapitel 5.1) –, wenn das, was positive Entwicklungsergebnisse sind, in verschiedenen kulturellen Kontexten unterschiedlich definiert wird (s. auch Kapitel 5.1).

Reflexionsfrage

- Wenn Sie an Ihre frühe Kindheit denken, welche Personen waren für Sie am wichtigsten?

5.3.2 Vielfalt interaktionaler Formate: multipel, polyadisch und mehr

Multiple Lebensformate sind durch eine Vielzahl von Interaktionsformen gekennzeichnet. Das dyadische Interaktionsmodell mag auftreten, ist aber immer eingebettet in eine Vielzahl gleichzeitig stattfindender sozialer Prozesse. Das ist allein schon durch das räumliche Lebensarrangement vorgegeben. Weil es keine individuellen Räume oder abgeschlossene Wohneinheiten vorsieht, finden unterschiedliche soziale Prozesse gleichzeitig in einem überschaubaren Raum statt. Häufig findet Kommunikation in einem Format statt, in dem mehr als zwei Personen gleichzeitig interagieren und sich gegenseitig abstimmen.

Die kommunikativen Erfahrungen haben Implikationen für die Organisation der Aufmerksamkeit. In manchen Kulturen können z.B. sehr viel größere Informationsmengen gleichzeitig verarbeitet werden als in der westlichen Mittelschichtwelt. Der japanisch-kanadische Psychologe Takahiko Masuda hat die Verarbeitung von Informationsmengen japanischer und kanadischer Studierender in verschiedenen Studien untersucht und zuverlässig festgestellt, dass die japanischen Studierenden eine größere Informationsmenge aufnehmen können als die kanadischen. Es konnte auch gezeigt werden, dass sie sich mit größeren Informationsmengen wohler fühlen als mit reduziertem Input. Bei den kanadischen Studierenden war es umgekehrt.

Im bäuerlichen Haushalt sind Kinder ins Alltagsleben integriert und nehmen – ohne dabei in den Vordergrund zu treten – gleichzeitig an unterschiedlichen sozialen Prozessen teil. Dabei spielt nonverbale Kommunikation eine große Rolle: Kinder beobachten mit konzentrierter Aufmerksamkeit, was um sie herum vorgeht und fügen sich flexibel ein. Damit sind völlig andere Kommunikationsstrukturen wirksam, als dyadisch bzw. dialogische Modelle. Von daher ist es auch eine problematische Herangehensweise, multiple Interaktionen als eine Aufeinanderfolge dyadischer Formate zu verstehen, wie das BindungsforscherInnen tun. (Mesman et al., 2017).

Reflexionsfragen

- Wie gehen Sie mit Informationen um? Versuchen Sie zuerst sich einen Überblick zu verschaffen? Versuchen Sie neue Informationen zu gliedern? Oder haben Sie eine andere Zugangsweise?

5.3.3 Wie kann ein Baby wissen, was gut für es ist?

Die Bindungstheorie stellt das Kind in den Mittelpunkt und ordnet die soziale und materielle Umwelt den interpretierten Wünschen, Bedürfnissen und Präferenzen des Babys unter. Diese Haltung ist auch als Recht des Kindes in der UN-Kinderrechtskonvention festgelegt (s. Kapitel 9.2 und 9.3). In kulturellen Kontexten, in denen das Individuum nicht in seiner Getrenntheit und Verschiedenheit von anderen gesehen wird, sondern als Teil eines sozialen Systems, stehen natürlich auch die Bedürfnisse des sozialen Systems im Vordergrund. Das bedeutet aber nicht, dass die Bedürfnisse des Babys nicht wahrgenommen oder gar ignoriert werden. Bedürfnisse werden natürlich auch auf dem Hintergrund kultureller Modelle diskutiert und sind immer soziale Konstruktionen. Selbst bei vitalen Bedürfnissen, wie Hunger variieren kulturelle Zuschreibungen. Während z.B. für Nso Bäuerinnen die sofortige Nahrungsaufnahme das »Bedürfnis« des Kindes ist, gehen deutsche Mittelschichtmütter mit einer Vielzahl von Hypothesen an die Situation. Müdigkeit, Langeweile bis hin zu Mama ärgern werden zunächst Optionen verbal durchgespielt, bevor gestillt oder gefüttert wird. Nso Bäuerinnen stehen diesen langen Verbalisationen ungläubig gegenüber, wie sie in ihren Reaktionen auf Videoclips äußerten. Für sie war es schlicht unfaßbar, nicht sofort zu stillen (s. ausführlicher Keller, 2007).

Viele westliche Mittelschichteltern glauben, dass nur wenige Wochen alte Babys schon Zeit für sich alleine brauchen, da sie sonst, wie uns Berliner Mittelschichtmütter verschiedentlich erklärt haben, quengelig und weinerlich würden. Zu viele Menschen um sie herum würden sie von sich selbst ablenken und schließlich ginge es doch erst einmal darum, eine Beziehung mit sich selbst zu entwickeln.

Auch mal allein sein müssen?

Es ist unschwer zu erkennen, dass diese Sicht im Menschenbild der psychologischen Autonomie ruht. Dort, wo das Kind als Teil einer gemeinschaftlichen Organisation gesehen wird, kann man diese Haltung nicht nachvollziehen, sondern geht – gespeist aus dem entsprechenden Menschenbild der hierarchischen Relationalität – davon aus, dass es für Babys am besten ist, immer in körperlicher Nähe mit anderen zu sein, im Wachen und im Schlafen. Die Betreuungspersonen sind sich darin sicher und müssen nicht in das Baby hineinhorchen und es fragen, ob es jetzt lieber mit der Mama spielen oder lieber alleine sein möchte. Fragen nach dem Befinden oder den Wünschen des Babys, wie sie westliche Mittelschichtmütter permanent stellen, werden von Betreuungspersonen in hierarchisch relationalen Kulturen als Hilflosigkeit und Inkompetenz wahrgenommen – und dementsprechend auch die Fragen der ErzieherIn, was das Kind denn tun möchte, als pädagogische Inkompetenz und nicht als Teil eines offenen kindzentrierten pädagogischen Ansatzes. Darauf gehe ich in Kapitel 7.2 und 8 ausführlicher ein. Der Eindruck der Hilflosigkeit ist jedenfalls nicht ganz aus der Luft gegriffen. In der Tat sind viele Mittelschichtmütter sehr unsicher im Umgang mit ihrem Baby, oft ist es ja das erste Baby, das sie überhaupt jemals auf dem Arm halten. Die Situation ist natürlich eine andere, wenn man schon mit zwei oder drei Jahren Verantwortung für ein Baby übernommen hat und im konkreten Umgang selbstverständliche Sicherheit erwerben konnte. Auch diese Unterschiede haben Auswirkungen auf die Kompetenzhypothese. Kinder werden nämlich mit kulturell kongruenten Erfahrungen am besten gefördert und nicht mit den Erfahrungen, die die Entwicklung von westlichen Mittelschichtkindern am besten unterstützten.

Wer folgt wem?

Die Psychologin Lisa Schröder und KollegInnen haben 2012 in einer Längsschnittuntersuchung mit Mittelschichtfamilien in Berlin und Delhi/Indien untersucht, wie das kindliche Konversations- und Sprachverhalten am besten unterstützt werden kann. In der Literatur kann man nachlesen, dass ein mütterlicher elaborativer Stil – viele offene Fragen, Bewertungen und die direkte Ansprache – förderlich für die kindliche Beteiligung an Konversationen sind. Eine solche Fragestellung kann man natürlich nur dann untersuchen, wenn sprachliche Interaktion ein vertrautes familiäres Format ist, wie in Mittelschichtfamilien in vielen Teilen der Welt. In ihrer Untersuchung wurden Mutter-Kind-Unterhaltungen über Ereignisse, die in den letzten vier Wochen stattgefunden und an denen beide teilgenommen haben, im Alter der Kinder von drei Jahren untersucht. Die Mütter in Berlin und Delhi unterschieden sich in ihrem Konversationsverhalten nicht voneinander, sie gehören ja alle der – gehobenen – Mittelschicht an.

Im Alter der Kinder von 18 Monaten hatten wir bereits Spielinteraktionen zwischen den Müttern und ihren Kindern im häuslichen Umfeld beobachtet und danach analysiert, ob die Mütter den Initiativen des Kindes folgten oder das Kind den Initiativen der Mutter. Aus der westlichen Mittelschichtperspektive ist die Variante, dass die Mutter den Initiativen des Kindes folgt, entwicklungsfördernd und wird auch z.B. in der Elternberatung empfohlen. Mütterliches Strukturieren wird als intrusiv verstanden (s. Sensitivitätsskalen Kapitel 5.2.4). Das kindliche Sprachverhalten wurde durch den elaborativen Stil in Berlin und Delhi gleichermaßen unterstützt, allerdings war das mütterliche Befolgen der kindlichen Signale nur in Berlin förderlich, in Delhi dagegen das kindliche Befolgen der mütterlichen Signale. Das bedeutet, dass das, was die beste Strategie zur Unterstützung kindlicher Entwicklung ist, kulturell variiert – und hier handelt es sich zudem um zwei städtische Stichproben, die ja auch Gemeinsamkeiten – die Wirkung des elaborativen Sprachstils – aufwiesen. Größere Unterschiede sind in Bezug auf dörfliche Gruppen zu erwarten. Kurz gesagt, wenn wir Kinder gleichermaßen fördern möchten, dürfen wir nicht dieselbe Me-thode verwenden.

Die dem jungen Kind zugeschriebene Autonomie in der westlichen Mittelschichtwelt ist allerdings nicht wörtlich zu nehmen, ist sie doch das Ergebnis einer sozialen Inszenierung. Die Mutter – in der Regel ist sie ja die Hauptbetreuungsperson in der westlichen Mittel-schicht-familie – hält die Fäden in der Hand. Sie interpretiert die kindlichen Signale, sie eröffnet die Möglichkeitsräume, sie definiert die Alternativen, sie entscheidet letztlich. Das bedeutet, dass

Säuglinge und Kleinkinder in einer Autonomieillusion aufwachsen (s. dazu Keller, 2012), in einem Szenario, in dem andere die Rahmenbedingungen definieren. Das traditionelle Bauernkind wächst in expliziten und offensichtlichen Entscheidungsstruktu-ren auf und entwickelt dabei möglicherweise ein realistischeres Selbstbild über seine Handlungsmöglichkeiten?

So oder so ist es wichtig, im Auge zu behalten, dass alle Familien das Beste für ihre Kinder wollen und davon überzeugt sind, mit ihrem Erziehungsverhalten die Entwicklung der Kinder bestmöglich zu unterstützen. Der irische Menschenrechtsaktivist Joe Burns hat in einem Artikel im indischen Sunday Guardian vom 10. Dezember 2017 formuliert, dass Tausende Jahre Menschheitsgeschichte die Familie als das ultimate Kinderschutzsystem hervorgebracht hätte. Die große Mehrheit aller Kinder sei durch ihre Familie und Gemeinschaft gut beschützt und nur, was eine Familie ist, würde in verschiedenen Kulturen unterschiedlich verstanden.

Reflexionsfragen

- Wenn Sie einmal tief in sich hineinhorchen: Liegt Ihnen die responsive bzw. sensitive Haltung näher oder würden Sie lieber strukturieren?
- Wenn Kinder Fehler machen oder mit einer Situation nicht zurechtkommen, würden Sie gerne gleich helfen oder fällt es Ihnen leicht, abzuwarten?

5.3.4 Emotionale Kontrolle ist ein Zeichen von Reife und gutem Benehmen

Der Ausdruck und das Ausleben von Emotionen werden in der entsprechenden Fachliteratur mit der Definition und Unterstützung von Individualität (s. Kapitel 5.2.5) in Zusammenhang gebracht. In Kulturen, die gemeinschaftlich organisiert sind, ist dagegen emotionale Zurückhaltung und Neutralität die Norm. Kinder werden vom ersten Tag an in diese unterschiedlichen kulturellen Realitäten sozialisiert und zeigen diese Erfahrungen auch sehr früh im Verhalten. So äußern z.B. wenige Monate alte europäische Babys im Vergleich zu japanischen mehr Gefühle. Sie lächeln öfter und sind insgesamt positiver gestimmt. Sie reagieren auch mit deutlich mehr Unmut, z.B. wenn etwas nicht so klappt, wie sie das erwarten oder wünschen. In unterschiedlichen Analysen haben wir festgestellt, dass deutsche Babys aus Mittelschichtfamilien mit der größeren Wachheit um den 2. Lebensmonat herum auch deutlich mehr Blickkontakt und Lächeln zeigen, ebenso wie ihre Mütter. Bei den Nso-Bauern zeigen Babys mit ungefähr zwei Monaten ebenfalls den Anstieg in der Wachheit. Am Interaktionsverhalten ändert sich jedoch nichts. Weder Blickkontakt noch Lächeln werden mehr. Diese Unterschiede spiegeln die Betonung unterschiedlicher Kommunikationskanäle. Ihr soziales Ideal besteht darin, so wie die anderen zu sein und nicht hervorzustechen.

Die US-amerikanische Sozialpsychologin Hazel Markus hat einmal einen interessanten Versuch mit Studierenden kalifornischer Universitäten gemacht. Die Studierenden wurden

Emotionssozialisation

Die italienische Psychologin Manuela Lavelli von der Universität Verona hat sich zusammen mit KollegInnen diese frühen Interaktionsregulationen ganz genau angesehen, und zwar die von italienischen Mittelschichtmüttern in norditalienischen Städten (Verona und Mantua) von Nso-Bauern in Nordwest Kamerun und von Migranten aus Westafrika in Norditalien. Die Ergebnisse zeigen sehr unterschiedliche Regulationen in unterschiedlichen Verhaltenskanälen. Die Babys in allen drei Gruppen zeigen mit 6 bis 8 Wochen den Anstieg in Wachheit – was ein Hinweis für eine Universalie sein könnte. Die norditalienischen Mutter-Kind-Paare zeigten erwartungsgemäß den gleichzeitigen Anstieg an emotionalem Ausdruck, insbesondere positive Emotionen im Face-to-Face-Kontext. Mütterliches Affektspiegeln des kindlichen Verhaltens verstärkt die kindliche Freude am Emotionsausdruck und intensiviert ihn.

Bei den Mutter-Kind-Paaren der Nso fand der Verhaltensaustausch bevorzugt in proximalen Kanälen statt. Face-to-Face-Verhalten spielt dabei faktisch keine Rolle. Säuglinge erleben durch rhythmische motorische Stimulation zusammen mit rhythmischem Sprechen bzw. Vokalisieren die Einheit und Synchronizität, die die Wir-Identität der Nso-Bauern vorbereitet. Dabei ist die Mutter bzw. die Betreuungsperson diejenige, die das Verhalten steuert, während das Baby lernt, sich einzuklinken. Diese Steuerung und aufmerksame Begleitung des Kindes erfolgt auf körperlicher Ebene, mit körperlichen Signalen. Dabei spielt – wortwörtlich – Wärme durch die körperliche Nähe eine wichtige Rolle.

Die westafrikanischen Migranten wiederum zeigen eine interessante Kombination dieser beiden Strategien. Der Emotionsausdruck auf distalem Wege – Sprechen, Schauen, Lächeln – ist deutlich mehr als bei den Nso-Bauern, aber auch deutlich weniger als in den italienischen Familien. Die körperliche, motorische Interaktion behält jedoch ihren hohen Stellenwert.

Die Ergebnisse machen deutlich, dass es sich um drei unterschiedliche Strategien handelt, die nicht nach einem Standard beurteilt werden können. Dabei ist wichtig festzuhalten, dass die hier gezeigte Strategie der Migrantenfamilien eine Möglichkeit unter vielen darstellt, die nicht ohne weiteres auf andere Migrantengruppen übertragen werden kann.

gebeten sich vorzustellen, ein Auto einer bestimmten Marke und Farbe gekauft zu haben. Dann gab es eine Testbedingung, nämlich die Information, dass der beste Freund genau das gleiche Auto gekauft hat. Die euroamerikanischen Studierenden reagierten verärgert auf diese Nachricht, hatten sie doch den Anspruch, ein Auto zu haben, dass sonst niemand hat. Studierende lateinamerikanischer Herkunft dagegen reagierten hoch erfreut. Sie waren glücklich, nun das gleiche Auto wie ihr bester Freund zu haben.

Emotionen werden in vielen Kulturen als störend und disruptiv für reibungslose soziale Regulationen gehalten. Emotionen machen Verhalten und Abläufe unvorhersehbar. Deshalb besteht in vielen Kulturen eine soziale Konvention darin, keine Emotionen zu zeigen und einen neutralen Gesichtsausdruck, insbesondere, wenn unterschiedliche Generationen in einem Sozialraum agieren, wie z.B. bei den Familienfotos in den folgenden Abbildungen.

Das Bild links ist ein Familienfoto einer deutschen Mittelschichtfamilie. Auf diesem Foto sind viele kulturelle Merkmale zu finden, u.a. und besonders deutlich das strahlende Lächeln mit dem alle Familienmitglieder in die Kamera schauen.

Ganz anders das Foto der Nso-Familie aus dem Nordwesten Kameruns (Bild rechts). Neben ebenfalls vielen kulturellen Besonderheiten ist es hier insbesondere der neutrale Gesichtsausdruck, den alle zeigen. In die Kamera, bzw. nach vorne schauen nur die Erwachsenen, während Kinder – wie es die Höflichkeit gebietet – zu Boden schauen. Emotionale Neutralität wird sehr früh ausgebildet und kennzeichnet natürlich auch das Emotionserleben. Obwohl sicher keine Eins-zu-eins-Beziehung zwischen Ausdruck und Erleben besteht, haben doch viele kulturvergleichende Untersuchungen gezeigt, dass auch die Intensität des Emotionserlebens kulturell variiert.

Für uns kaum vorstellbar, aber vielen chinesischen Kindern erscheinen viele Situationen nicht als »Ärgersituationen« – z.B. wenn einem Kind etwas weggenommen wird. Einfach deswegen, weil persönlicher Besitz nicht diesen hohen Stellenwert hat und daher kein Grund zum Ärgern besteht. Das ist im zugrundeliegenden Selbstkonzept begründet und der darin ausgedrückten Bedeutung des eigenen subjektiven Erlebens. Wenn die Situation für chinesische Kinder doch einmal zu viel wird, reagieren sie nicht mit Ärger, sondern eher mit Jammern.

Das Auftreten von Emotionen im Verhaltensrepertoire ist an kontextuelle Bedingungen gebunden. Verhaltensweisen, die üblicherweise als Ergebnis biologischer Reifungsvorgänge betrachtet werden wie die Fremdenfurcht (s. Kapitel 2.2 und 4.4) gegen Ende des ersten Lebensjahres, sind hiervon nicht ausgenommen. Fremdenfurcht ist ein Ergebnis früher

Sozialisationserfahrungen, wie Beobachtungen von Alma Gottlieb bei den Beng an der Elfenbeinküste und Hiltrud Otto bei den Nso gezeigt haben. In kleinen überschaubaren Dorfgemeinschaften sind Fremde selten und in der Regel Teil des verzweigten Verwandtschaftssystems. Sie kommen also nicht in böser Absicht. Kinder sind multiple Betreuungsnetzwerke gewohnt und von daher ist der Kontakt auch mit fremden Personen primär nicht angstauslösend.

Auch die sogenannte Trotzphase, neuerdings auch Autonomiephase genannt, ist kulturspezifisch. Die heftigen Gefühlsausbrüche werden als Teil reifungsbedingter Veränderungen und als notwendiger Entwicklungsprozess in der allgemeinen Autonomieentwicklung betrachtet. Tatsächlich ist sie das Ergebnis der Sozialisationsstrategien der ersten Lebensjahre in der westlichen Mittelschichtwelt, denn nur dort tritt sie auf (s. dazu Keller, 2015).

Wo Fremdes keine Angst macht

Ein weiteres Merkmal vieler nicht westlicher Sozialisationsstrategien besteht darin, dass über Emotionen nicht gesprochen wird. Sprachliche Diskurse betreffen das handlungsbezogene Hier und Jetzt. Es wird auch nicht über Vergangenes oder Zukünftiges gesprochen, ebenso wenig wie über innere Zustände wie Intentionen, Wünsche, Präferenzen, und eben Emotionen. Diese Strategie ist in einem anderen Verständnis des Selbst und der Persönlichkeit verankert. Der euroamerikanische Anthropologe Alessandro Duranti spricht 2008 von geistiger Undurchsichtigkeit (opacity doctrine), d.h. der Vorstellung des Geistes als einem System, in das man nicht hineinschauen kann und auch nicht sollte. Das ist das Gegenteil von Mentalisierung, dem Ansprechen und Besprechen von inneren Befindlichkeiten als Erfordernis einer guten Beziehung und bedeutsam für die psychische Gesundheit.

Das kulturelle Verständnis von Liebe, Wärme und den entsprechenden Ausdrucksmöglichkeiten ist handlungsrelevant für die klinische und pädagogische Praxis in Einwanderungsgesellschaften. Die Beurteilung von Menschen mit einem System ist nicht möglich, leider aber üblich und sogar normativ. Ich habe verschiedentlich im Kontext solcher klinischen Beurteilungen gehört und gelesen, dass Menschen aus anderen Kulturen, die eine andere Emotionsgrammatik haben, als emotional flach, uninteressiert oder gar emotional gestört beurteilt werden. Die Ethnologin und Anthropologin Birgitt Röttger-Rössler von der Freien Universität Berlin untersucht mit ihrem Team die Emotionsgrammatik und die emotionalen Regulationen insbesondere von in Berlin lebenden VietnamesInnen. Die gravierenden Unterschiede zwischen dem emotionalen Verhalten in der Herkunftskultur und der deutschen Hauptstadt scheinen Ursache vieler psychischer Probleme zu sein und auch zu intergenerationalen Spannungen in den vietnamesischen Familien zu führen (s. Sonderforschungsbereich »Affective Societies« an der FU Berlin). In diesem Kontext entstehen viele drängende Fragen mit bedeutsamen ethischen Implikationen. In Kapitel 9 wird auf diese ethischen Aspekte genauer eingegangen.

Kulturelle Konzepte von Liebe und Zuneigung

Liebe, Wärme, Zuneigung wird in unterschiedlichen Kulturen sehr unterschiedlich ausgedrückt. Der verbale, distale Ausdruck ist in vielen Kulturen nicht üblich und löst Unverständnis und Ablehnung aus. In vielen Kulturen wird Zuneigung und Wärme dadurch gezeigt, dass man etwas für füreinander tut – und das ist häufig mit Nahrung und Essen verbunden. Zum Beispiel gilt in vielen asiatischen und südamerikanischen Kulturen und auch in vielen türkischen Familien Essen zubereiten und Füttern auch bereits älterer Kinder als Zeichen von Sorge und Zuneigung. Daher stehen viele Familien dem in der Kita üblichen Bestehen auf selbstständigem Essen sehr skeptisch gegenüber und halten es für Desinteresse und mangelnde Sorge der ErzieherIn (s. dazu Keller, 2017).

Auf Bento las ich 2017 in einer Rubrik, woran man asiatisch-stämmige Deutsche erkenne: »Es kommt dir unglaublich seltsam vor, wenn jemand zu seinen Eltern ›Ich hab' euch lieb‹ sagt oder sie sogar umarmt. Sobald du dein Elternhaus betrittst, fragen deine Eltern, ob du hungrig bist und etwas essen willst und setzen dir fünf verschiedene Gerichte vor.«

Auf einer indischen Geburtstagsparty für ein 2-jähriges Kind in einem Restaurant habe ich im Januar 2018 selbst beobachtet, wie der Vater aus der Geburtstagstorte kleine Brocken mit den Fingern herausgebrochen und jedem der Gäste ein Stückchen in den Mund geschoben hat, worauf die jeweilige Person umgekehrt das Gleiche tat. Jedes Paar wurde fotografiert. Gegenseitiges Füttern war integraler Bestandteil der Feier.

Meine indische Kollegin Nandita Chaudhary, der ich meine Beobachtung erzählte, kommentierte sie folgendermaßen: »Ich vermute, dass dies eine ›moderne‹ Familie ist, denn traditionell findet solches Füttern nur zwischen Eltern und Kindern und vielleicht Mann und Frau in intimen Momenten statt, sicher jedoch nicht zwischen Eltern und Großeltern oder anderen Verwandten. Eine Schwiegertochter darf ihren Schwiegervater niemals füttern, es sei denn, er ist behindert. Füttern ist immer etwas sehr Emotionales und sehr üblich, besonders auch auf solchen Geburtstagspartys. Es spricht auch ein wenig die Tradition von Prasad an, d.h., Nahrung aus dem Tempel wird verteilt und gilt als Segnung. Im berichteten Beispiel wird die westliche Sitte der Geburtstagsparty mit Prasad verknüpft.«

5.3.5 Exploration aus kultureller Perspektive

Explorationsverhalten ist ein Zugang zur Informationsgewinnung und damit ein Zugang zur Welt. Es wird als Teil der stammesgeschichtlichen Entwicklung des Menschen betrachtet, da es einen Selektionsvorteil besitzt. Objektbezogene Verhaltensweisen sind bei Kindern und anderen Primaten ähnlich, z.B. anfassen, untersuchen, in Beziehung setzen, transformieren (s. Power, 2000). Neugierige Jungtiere erwerben viele Informationen, die ihnen in ihrer Entwicklung nützlich sind. Exploration erhöht die Wahrscheinlichkeit des Überlebens durch Identifikation von Ressourcen, die dem körperlichen Schutz und der Nahrungsaufnahme dienen sowie Gefahr abwehren.

Exploration reduziert Unsicherheit über die Umgebung durch Information. Explorationsverhalten birgt aber auch Risiken, da sich herumtollende Jungtiere möglicherweise Gefahren aussetzen – z.B. Felsen herunterstürzen oder sich nähernde Raubfeinde nicht wahrnehmen. Es verbraucht viel Energie und nimmt die Zeit für andere Tätigkeiten. Aber offensichtlich haben die Vorteile die Nachteile übertroffen, sonst hätte sich das Verhalten nicht durchgesetzt und bis heute bewahrt. Explorationsverhalten ist universell, tritt jedoch nicht zwangsläufig im Verhaltensrepertoire auf und muss sich auch nicht überall in gleicher Weise äußern. Hier kommen wieder Kontext und Kultur ins Spiel. Wenn die Umwelt für junge Kinder zu gefährlich ist, werden Familien darauf achten, dass Kinder diese Gefahren vermeiden. Bei den Aché-Indianern in den Urwäldern Paraguays z.B. werden Kinder bis zum zweiten Lebensjahr getragen und haben überhaupt keinen Kontakt mit dem Boden, auf dem giftige Tiere und Feuerstellen lauern (Hill & Hurtado, 1996). Diese Kinder explorieren also weder den Raum durch Krabbeln noch manipulieren sie Gegenstände. Manipulatives Explorationsverhalten mit Objekten findet man bei vielen afrikanischen und asiatischen ethnischen Gruppen kaum. Die Kinder sind mehr an anderen Menschen interessiert als an physischen Objekten.

Mehr an Menschen interessiert

Eine Nso-Bäuerin aus dem Nordwesten Kameruns hat uns das folgendermaßen erklärt: »Es ist nicht gut, wenn ein Kind allein mit Spielzeug spielt; es ist besser, wenn andere Menschen dabei sind. Wenn andere da sind, ist die Atmosphäre friedlicher. Das Kind spürt die Anwesenheit anderer, die an ihm interessiert sind. Kinder sollten nicht mit Spielsachen alleine gelassen werden. Je mehr Leute da sind, um so sicherer fühlt sich das Kind. Wenn ein Kind die anderen sieht, ist es glücklich.«

In diesem kleinen Gesprächsausschnitt wird deutlich, dass kindliche Exploration als Selbstzweck kulturell nicht geschätzt wird und viele Personen für das Sicherheitserleben eines kleinen Kindes gut sind (s. Kapitel 5.2.2 und 5.3.2).

Viele Familien in traditionell lebenden Kulturen halten dementsprechend Exploration und Spiel für völlig unbedeutend für die kindliche Entwicklung. Das ist wichtig im Zusammenhang mit der Reaktion von vielen Familien mit anderem kulturellen Hintergrund auf freies Spiel in der Kita. Das bedeutet natürlich nicht, dass Kinder keine Informationen aus der Umwelt erwerben und verarbeiten – es geschieht auf anderem Wege, z.B. durch aufmerksames Beobachten. Barbara Rogoff und MitarbeiterInnen haben aus ihren Forschungen mit den guatemaltekischen Maya ein interessantes Lernmodell entwickelt, das LOPI Modell.

LOPI heißt »Learning by Observing and Piching In«, also Lernen durch Beobachtung und Mitmachen.[8] Diese Form der Umwelterkundung und des Lernens trifft auf viele Kinder aus traditionell lebenden Kulturen zu.

Auch Beobachtung ist Exploration

Was bedeutet das für die Gültigkeit der Bindungs-Explorations-Balance? Es bedeutet, dass Exploration in dem Sinne, wie die Bindungstheorie das Konzept benutzt, nämlich als Manipulation von Gegenständen bzw. Spielzeugen, in vielen kulturellen Kontexten kein Gegenspieler von Bindung sein kann. Darauf haben bereits vor etlichen Jahren der Psychologe Fred Rothbaum und KollegInnen in einer Publikationen hingewiesen, mit der sie seitens der BindungsforscherInnen viel Unmut auf sich gezogen haben (Rothbaum et al., 2000). Diese Forschergruppe hat sich insbesondere mit der Entwicklung von Kindern in Japan beschäftigt, wo aufgefallen war, dass die Kinder in der Fremde Situation kaum mit Spielzeug manipulieren, wenn sie alleine waren. Rothbaum und KollegInnen haben daher vorgeschlagen, Exploration für japanische Kinder durch Anpassung (accomodation) zu ersetzen und damit Empathie mit anderen, Konformität und Korrektheit zu betonen. Diese unterschiedlichen Schwerpunktsetzungen sind nach Ansicht der AutorInnen in unterschiedlichen Entwicklungspfaden mit unterschiedlichen Entwicklungszielen begründet. Sie bezeichnen den japanischen Entwicklungspfad als den zu symbiotischer Harmonie, während sie den euroamerikanischen Entwicklungspfad an, durch unterschiedliche Selbstkonzeptionen begründeter, generativer Spannung – also Spannung zwischen den Generationen – ausgerichtet sehen.

Das bedeutet, dass auch die Bindungs-Explorations-Balance keine universelle Gültigkeit aufweist und die Beurteilung kindlichen explorativen Verhaltens in der Fremde Situation nach den westlichen Standards nicht zulässig ist.

8 s. z.B. http://stemforall2016.videohall.com/presentations/693 (13.10.2018) und https://learningbyobservingand-pitchingin.sites.ucsc.edu (13.10.2018)

6. Fazit: Was kann die Bindungstheorie wirklich?

Die vorangegangene Diskussion hat deutlich gemacht, dass die Bindungstheorie kein konsistentes und widerspruchsfreies Konzept ist, das aktuellen Befunden der Wissenschaft verschiedener Teildisziplinen belastbar standhält. Es ist vielmehr ein Konglomerat an Versatzstücken, zusammengehalten durch eine bestimmte Erziehungsideologie, deren historische und kulturelle Verankerung westlich geprägten Kontexten entspringt. Aus einer allgemeinen wissenschaftstheoretischen und speziell einer kulturvergleichenden Perspektive betrachtet sind die Grundannahmen der Bindungstheorie

- diffus und unklar (z.B. bezüglich der Fragen, was genau ein internales Arbeitsmodell ist, was Bindung und was Exploration),
- falsch (bezüglich der angeblichen evolutionären Herleitung und Adaptivität der Bindungstheorie) und
- ideologisch einseitig (z.B. bei der ausschließlichen Berücksichtigung der kulturellen Realität der westlichen Mittelschicht).

Damit erfüllt die Bindungstheorie keines der Kriterien für eine wissenschaftliche Theorie. Sie besteht nicht aus einem in sich schlüssigem und widerspruchsfreiem Gefüge von Annahmen, die auch widerlegt werden können. Vielleicht ist es noch zu früh, eine allgemeine Theorie der sozial-emotionalen Entwicklung zu formulieren, da nicht genug kulturvergleichende Forschung vorhanden ist. In jedem Fall ist jedoch die Entwicklung einer frühen Beziehungsmatrix die erste integrative Entwicklungsaufgabe für alle Kinder (Keller, 2007) und Grundlage für den weiteren Entwicklungsverlauf. Verlässliche Beziehungen geben Kindern von Geburt an Halt und vermitteln den Zugang zur Welt. Es gibt jedoch nicht nur ein Modell, das Sicherheit und Zutrauen vermittelt und einen Möglichkeitsraum für Erfahrungen und Wissenserwerb bereitstellt. Beziehungsentwicklung vollzieht sich in Kontexten von Raum und Zeit. Vom heutigen Wissenstand aus würde der Versuch, einer bestimmten kulturellen Beziehungsgestaltung den alleinigen Anspruch auf gelingende Entwicklung von Kindern zuzuschreiben, als hegemonial, übergriffig und persönlichkeitsverletzend bewertet.

Bekannt, aber nicht angekommen

John Bowlby (1969, 1973, 1980) kommt ohne jede Frage das große Verdienst zu, der sozialemotionalen Entwicklung den Stellenwert in der kindlichen Entwicklung zugewiesen zu

haben, der ihr gebührt, nämlich als zentral für die gesamte Entwicklung. Seine Leistung ist, sich der Frage angenommen zu haben, welche Beziehungsgestaltung im Kindesalter uns in unserem Leben Sicherheit gibt und die Voraussetzung für eine kompetente Lebensführung schafft. Es ist zu vermuten, dass die historischen Hintergründe – Bowlby's Forschungsinteresse wurde durch seine Beobachtung der Folgen von Traumata und Trennungen von Kindern in den Wirren der Nachkriegszeit geweckt (s. Kapitel 2.1) – sowie die in der westlichen Kultur verankerten Ursprünge der Bindungstheorie – z.B. die Bedeutung des Bürgertums, die Psychoanalyse, der Kolonialismus – wesentlich mit zu Bildern beigetragen haben, die auch den aktuellen Diskurs noch bestimmen. Doch heute, 50 Jahre später, haben sich die Verhältnisse geändert – andere Konzepte und andere Themen bestimmen den gesellschaftlichen Diskurs – und auch in der Wissenschaft ist in diesem Zeitraum viel passiert. Einige dieser Erkenntnisse sind BindungsforscherInnen durchaus bekannt, aber nicht in der Bindungstheorie angekommen (s. Kapitel 3).

Inzwischen ist das Unbehagen mit der gegenwärtigen Bindungstheorie, das in verschiedenen Disziplinen seit geraumer Zeit diskutiert wird (s. dazu Keller & Bard, 2017), auch in der Praxis angekommen. Ob in der Kita, in der Beratung, bei Sorgerechtsentscheidungen, in der kinderärztlichen Praxis – viele PraktikerInnen machen die Erfahrung, dass die Bindungstheorie nicht mit den Realitäten, Werten und Normen vieler Familien im Einklang steht. Dieses Unbehagen löste ein großes Bedürfnis nach Information über andere Kulturen aus – denn der gesellschaftliche Anspruch ist es, allen Familien und Kindern die bestmögliche Unterstützung zukommen zu lassen. Die Bindungstheorie ist ein Konzept, das aus der westlichen Mittelschicht für die westliche Mittelschicht entstand und mag dort auch heute noch – trotz der bestehenden konzeptionellen Mängel – seine Berechtigung haben. Allerdings müssen auch da negative Wirkungen bedacht werden, wie das Konzept des Parental Burnout (s. S. 66) deutlich macht.

Perspektiven aus der Praxis

Trotz weiter Verbreitung ist die Kenntnis der Bindungstheorie in der Praxis vage, unklar, und es gibt vielerlei Auslegungen. Das ist nicht verwunderlich, da die verschiedenen VertreterInnen der Bindungstheorie unterschiedliche Standpunkte einnehmen und sich in verschiedenen Medien zum Teil widersprechen.

Im Jahr 2017 habe ich online einen Fragebogen über verschiedene Listen im elementar- und frühpädagogischen Bereich verschickt, in dem es um Wissen und Einstellungen zur Bindungstheorie in der Kita ging. 198 Fragebögen konnten ausgewertet werden, davon 6 von Männern. Diese explorative Untersuchung ergab eine Sammlung von Meinungen, die die Vielschichtigkeit des elementarpädagogischen Feldes widerspiegelt. Die Untersuchung erhebt zwar keinen Anspruch auf Repräsentativität, ist aber nicht belanglos, denn sie ermöglicht eine kritische Sicht auf gegenwärtige populäre Praktiken und legt Tendenzen offen, die in der Praxis vorhanden sind und in Einrichtungen praktiziert werden.

Demografische Merkmale der TeilnehmerInnen

Das durchschnittliche Alter der TeilnehmerInnen unserer Befragung zur Bindungstheorie ist ca. 43 Jahre, ca. 57 Prozent sind verheiratet. Die durchschnittliche Anzahl von Kindern ist 1,2 und die durchschnittliche Berufserfahrung beträgt 17,3 Jahre. 9 Prozent haben ein anderes Geburtsland als Deutschland, bei 16 Prozent ist mindestens ein Elternteil in einem anderen Land geboren. 79,7 Prozent haben eine abgeschlossene Ausbildung und 19,8 Prozent ein abgeschlossenes Universitäts- oder Hochschulstudium.

95 Prozent der Befragten gaben an, Wissen über die Bindungstheorie zu haben. Das Befragungsformat ist zwar nicht für die Erhebung differenzierter Expertisen geeignet, es wird aber deutlich, dass die Wissensbestände der Befragten unterschiedlich sind: 47 Prozent der Befragten gaben unspezifische Kenntnisse an, bzw. antworteten mit Schlagwörtern, wie Bindung = Bildung, oder Bindung = Eingewöhnung. 48 Prozent der Befragten nannten spezifischeres Wissen, wobei die Genauigkeit natürlich nicht erfasst werden konnte. Sie nannten z.B. AutorInnen wie Bowlby, Ainsworth, Hüther, Spitzer und Brisch oder verschiedene Bindungstypen. Die Spezifität des Wissens variierte mit dem Ausbildungsgrad. TeilnehmerInnen mit Universitäts- oder Hochschulabschluss nannten spezifischere Wissensbestände als TeilnehmerInnen mit abgeschlossener Ausbildung. Diese Momentaufnahme aus der Praxis spiegelt die Ungenauigkeit wider, welche die Bindungstheorie grundsätzlich kennzeichnet.

Insgesamt komme ich aufgrund der diskutierten Problematiken, die genuin mit der Bindungstheorie verknüpft sind, der kulturellen Einseitigkeit und den Stimmen aus der Praxis zu der Einschätzung, dass die Bindungstheorie nicht geeignet ist, den konzeptionellen

Rahmen oder den Handlungsrahmen für die Elementar- und Frühpädagogik zu stellen. Noch tiefgreifender fällt die Kritik aus, wenn auch die ethischen Überlegungen einbezogen werden, die in Kapitel 9 diskutiert werden. Bevor ich auf diese – und gleich zu Beginn des nächsten Kapitels auf weitere Ergebnisse unserer Befragung, die zu denken geben sollten – eingehe, ein Statement aus der Praxis. Die Sozialpädagogin und Organisationsberaterin Petra Evanschitzky hat Denkanstöße formuliert, die aus ihrer Praxis gespeist worden sind und die zum nächsten Teil des Buches, der Bindungstheorie in der Kita überleiten.

Exkurs: Beziehungsgestaltung in einem anderen Denkrahmen

Haben Sie sich schon einmal gefragt, ob die Annahmen, von denen Sie beim Aufbau und der Gestaltung der Beziehung zu den Kindern ausgehen, überhaupt diese universelle Gültigkeit haben? Haben Sie sich schon einmal gefragt, ob es nicht genau diese Annahmen sind, die in Ihrer Alltagsgestaltung zu belastenden Situationen führen?

Wenn Sie nun irritiert sind, frage ich einmal anders herum: Kennen Sie das? Sie fühlen einen Druck, vor allem in der Phase des Neustarts eines Kindes, permanent präsent zu sein, für das Kind da zu sein. Sie fühlen sich verantwortlich, wenn viele Tränen fließen, Sie stimmen Ihre Urlaubspläne auf das Kind ab, Sie gehen auf keine Fortbildung, Sie haben große Angst davor, krank zu werden, schließlich ist das Kind in der Eingewöhnung und Sie sind die Bezugserzieherin. Sie sind der sichere Hafen, den das Kind braucht, wenn es nun die Eltern loslassen muss …

Der innere Druck speist sich genau aus diesen bisherigen Grundannahmen: Ein Kind brauche sichere Bindungspersonen; erst wenn es bei Ihnen angedockt habe, könne es sich bilden und explorieren. (Ohne Bindung keine Bildung!!) Sie (allein) seien für diese Sicherheit verantwortlich.

Was hier entsteht, sind gegenseitige Abhängigkeiten: Das Kind ist angewiesen auf Sie, und nur Sie (in Ausnahmen vielleicht noch eine weitere Person), und Sie ketten sich an das Kind und trauen sich nicht mehr, zu fehlen. Kann das sein? Abhängigkeiten zu schaffen und sich dann mühsam wieder davon zu lösen?

Ich nehme Sie nun mit in einen neuen Denkrahmen. Lassen Sie bisherige Vorstellungen einmal beiseite. Tun Sie einmal so, als wäre das alles anders …

Der neue Denkrahmen:

Kinder bringen von Geburt an die Fähigkeit mit, in Kontakt mit ihrer Umgebung zu gehen. Sie gehen Beziehungen ein und lernen aus der Art, wie die Umwelt mit ihnen umgeht, wie andere Personen auf sie reagieren. Sie richten ihr Verhalten danach aus, lernen entsprechend, ihre Bedürfnisse zu artikulieren.

In Beziehung zu gehen, sich mit anderen zu verbinden UND sich immer wieder zu lösen ist eine Lebensaufgabe. Das Leben besteht aus einem sich verbinden und sich trennen. Beziehungskompetenz zeigt sich darin, eine gute Balance zwischen Autonomie und Eingebunden sein zu entwickeln.

Exploration findet auch in der Beziehungsgestaltung statt: Das Kind lernt viel über sich, seine Emotionen, die Gefühle der anderen Personen. Und es übt sich darin, sich gut darin zurecht zu finden, sich zu regulieren.

Mit dem Grundbedürfnis nach Eingebunden sein, also dem Streben nach Beziehung und Kontakt, erschließt sich das Kind Zugänge zur Welt. In Beziehung zu gehen ist eine Ressource.

Kinder wachsen in Beziehungsnetzwerken auf. Diese Netzwerke sind unterschiedlich; ihre Werte und Ausgestaltungen sind kulturell bestimmt. Kultur bezieht sich nicht allein auf Nationalitäten oder Ethnien. Auch Familien entwickeln unterschiedliche Kulturen des Miteinanders.

Was, wenn diese Grundannahmen stimmen? Merken Sie was? Es entstehen plötzlich Freiräume:

Kinder sind nicht auf Sie als Person angewiesen. Es bedarf verlässlicher Beziehungen und Strukturen, die dem Kind Orientierung geben.

Ihre Verantwortung ist es nicht, ein enges Band zwischen sich und dem Kind zu knüpfen, sondern das Kind darin zu begleiten, sich mehr und mehr kompetent zu fühlen und in dem neuen Kontext Kita klar zu kommen.

Ihr Job ist es, das Kind in seinen bisherigen Bemühungen und seiner Art, mit Neuem umzugehen, kennenzulernen, ihm die vielfältige Welt der Kita als neuen Erfahrungsraum erschließen zu lassen. Orientiert an dem Tempo und der Art, wie es das Kind will. Und wenn es vom ersten Tag an in alle Räume will, weil es sich das zutraut – why not?

Und wenn es zunächst in den ersten Wochen im Türrahmen steht und erst einmal genauer beobachtet – why not?

So wie Kinder unterschiedlich sind, ist auch ihre Art, in Beziehung zu gehen, unterschiedlich. Die vier Bindungstypen reichen da einfach nicht aus … Nehmen Sie die Bindungsbrille ab, schauen Sie die Welt der Beziehungen in ihrer Vielfalt an …

Petra Evanschitzky, Sozialpädagogin,
Organisationsberaterin nach SySt®, Fortbildnerin im Arbeitsfeld Frühpädagogik

7. Die Bindungstheorie in der Kita

Nach Meinung der frühpädagogischen Fachkräfte, die an unserer im Kapitel 6 vorgestellten Fragebogenuntersuchung teilgenommen haben, spielt die Bindungstheorie eine große Rolle für die Arbeit in der Kita. Nur bei 2 Prozent der TeilnehmerInnen, die gleichzeitig eine kritische Haltung der Bindungstheorie gegenüber einnehmen, spielt die Bindungstheorie keine wichtige Rolle in der täglichen Arbeit. Am häufigsten wird ohne weitere Erläuterung die Eingewöhnung genannt (ca. 40 Prozent). Knapp 17 Prozent antworten unspezifisch (»ja«, »wichtige Rolle«). Ca. 35 Prozent sprechen von der Bedeutung der Bindung zur ErzieherIn und BezugserzieherIn, knapp 9 Prozent bezeichnen die Bindungstheorie als Grundlage der pädagogischen Arbeit (»Sicherheit«, »Vertrauen«, »Stabilität«). Fast 10 Prozent klassifizieren Kinder (manchmal auch Eltern) in Bezug auf Bindungssicherheit und bzw. oder Bindungstypen. Die Notwendigkeit kultureller Differenzierung wird nur von 3 Prozent genannt.

Allgemeine Statements der ErzieherInnen zur Rolle der Bindungstheorie

- Bindung ist der Schlüssel für die pädagogische Arbeit.
- Bindung ist wichtig für den Kitaalltag.
- Die pädagogische Einstellung basiert auf der Bindungstheorie.
- Ohne Bindung keine Beziehung.
- Ohne Bindung keine Arbeit mit Kindern.
- Ohne persönliche Bindung gibt es keine Förderung von Kindern.
- Bindung ist wichtig für das Wohlfühlen.
- Durch Bindung fühlen sich Kinder sicher.
- Bindung zur ErzieherIn ist genau so wichtig wie Bindung zu den Eltern.
- Bindung ist die Arbeitsgrundlage.

Unsere Untersuchung kann, wie bereits gesagt, kein repräsentatives Bild der Ist-Situation in der deutschen Kitalandschaft entwerfen. Dennoch kann man aufgrund der geografischen und soziodemografischen Diversität der Teilnehmenden vermuten, dass die Bindungstheorie im Kitaalltag sehr präsent und die Einschätzung, dass qualitativ gute pädagogische Arbeit auf bindungstheoretischen Annahmen basiert, weit verbreitet ist.

7.1 Bindung oder Beziehung?

Wie wir weiter vorne gesehen haben, ist das Bindungskonzept diffus und bietet Raum für vielfältige Auslegungen (s. die Zeichnungen der ErzieherInnen des emotionalen Bandes in Kapitel 4.1). In diesem Zusammenhang ist die Diskussion um die Differenzierung zwischen Bindung und Beziehung, die in den letzten Jahren bedeutsam geworden ist, anzusiedeln. Noch vor wenigen Jahren war eine solche Differenzierung kein Thema. Es ging um Bindung. In einer ausgesprochen hilfreichen Analyse des Gebrauchs des Bindungsbegriffs zeigt die Psycholinguistin Anna Winner in einem Beitrag in Betrifft KINDER von 2013 die unterschiedlichen Definitionen bei deutschen VertreterInnen der Bindungstheorie auf. Einigkeit besteht nur darin, dass Bindung das zentrale Konzept für die frühpädagogische Arbeit sei.

Grossmann und Grossmann, die z.B. noch 2012 argumentieren, dass Bildung nur auf der Grundlage einer vertrauensvollen Bindung geschieht, erachten es 2017 als sehr wichtig, dass Bindung und Beziehung differenziert werden (s. z.B. im Film »Bindung und Beziehung« von Steffi Thon, 2017). Bindung soll heute für die einzigartige und unverwechselbare Beziehung zu einer oder wenigen Bezugspersonen in der Familie stehen. Beziehung soll den Alltag für die Kinder in der Kita gestalten, sodass sie sich sicher und wohl fühlen. Langfristige Entwicklungskonsequenzen, die im Bindungskonzept angelegt sind (Kompetenzhypothese, Pathologieentwicklung) werden nicht impliziert. Doch so einfach geht das nicht!

In der Praxis herrscht Ratlosigkeit, was die Differenzierung betrifft, und selbst die BindungsforscherInnen äußern sich widersprüchlich (s. z.B. Grossmann, 2017 und Thon, 2017). Kern dieser Diffusität ist, dass Bindung und Beziehung durch dieselben Verhaltensweisen hergestellt werden sollen, nämlich durch kindzentrierte Sensitivität. Wie aber soll die gleiche Verhaltensstrategie einmal zu Bindung und ein anderes Mal zu Beziehung führen können? Das könnte nur möglich sein, wenn die Person den Unterschied ausmacht und nicht das Verhalten. Hat also z.B. sensitives Verhalten der Mutter andere Konsequenzen beim Kind als Sensitivität der ErzieherIn? Das hätte weitreichende Implikationen für die Definition des Bindungskonzeptes und seiner Annahmen, wie z.B. die Sensitivitätsannahme. Im Zusammenhang mit Bindung zur Mutter und Bindung zum Vater wird in der Literatur verschiedentlich auf unterschiedliche Bindungsbereiche verwiesen. Bindung zur Mutter fokussiert demnach mehr auf die sicherheitsspendenden Dimensionen und Bindung zum Vater eher auf Exploration. Zum Beispiel hat Lieselotte Ahnert in ihren Studien auf die unterschiedlichen Qualitäten der Bindung zwischen Kind und Mutter und Kind und Erzieherin in diesem Sinne verwiesen (z.B. 2009). Die US amerikanische Psychologin Suzanne Gaskins und MitarbeiterInnen (Gaskins et al., 2017) definieren zusätzlich den priviligierten Zugang zu kulturellem Wissen (= Bildung) als einen Kanal, in dem Bindung entstehen kann. Weiter vorne habe ich die besondere Rolle von Nahrung geben und Nahrung teilen als emotionale Dimensionen beschrieben. Durchforstet man die anthropologische Literatur, so findet man sehr viele Belege dafür, dass auch Nahrung geben und teilen bindungsrelevant sein könnte. Diesen Zugang hatte Bowlby explizit abgelehnt und sich damit von der Psychoanalyse distanziert, die ja die Stillbeziehung in den Mittelpunkt der Bindungsdynamik gestellt hatten.

Beziehung entlastet

In jedem Fall ist es unzweifelhaft, dass Bindung eine Beziehung ist. Sicherlich kann man Beziehungen je nach Intensität, Verbindlichkeit, Verpflichtung, emotionaler Färbung unterschiedlich definieren. Und natürlich unterscheiden sich Beziehungen mit verschiedenen Personen voneinander. Es scheint also sehr schwierig, Bindung und Beziehung zu differenzieren. Die BindungsforscherInnen haben keine klare Position, sondern äußern verschiedene Sichtweisen in verschiedenen Zusammenhängen.

Anna Winner (2013) vertritt eine andere Position. Sie stellt den Begriff der Bindung in Zusammenhang mit der pädagogischen Arbeit in der Kita generell infrage. In einem offenen Brief formulieren die Pädagogin und Kinder- und Jugendpsychotherapeutin Éva Hédervári-Heller und die Sozial- und Bildungswissenschaftlerin Annette Dreier eine leidenschaftliche Erwiderung auf Winners Artikel, dass Einigkeit darüber herrsche, »dass sich ein Kind in der Tagesbetreuung nur dann wohl fühlen kann, wenn die Erzieherin die Funktion einer Bindungsperson, ›sichere Basis‹ zu sein, übernimmt« (2013, S. 11–12). Es wird weiter argumentiert, dass das Kind eine unsichere oder gar desorganisierte Bindung entwickeln würde, wenn die ErzieherIn physisch und emotional auf Distanz bleibe. Abgesehen davon, dass diese Einigkeit keinesfalls besteht, gibt es natürlich keinerlei Beleg dafür, dass eine an Beziehung (und nicht an Bindung) interessierte ErzieherIn physische oder emotionale Nähe vermeidet, noch gibt es Belege für die beschriebenen Konsequenzen. In der Praxis herrscht zudem Unklarheit bezüglich der Begriffe Bindung, Bindungsverhalten und Bindungsrepräsentanz, also dem inneren Arbeitsmodell (s. dazu auch Winner, 2013). Allerdings wird damit der ErzieherIn die Bürde der Verantwortung für die Bindungsorganisation der Kinder aufgeladen, was zu hohen persönichen Belastungen führen kann.

Diese ganze Diskussion mag vielleicht auch kulturspezifisch sein? Mir sind solche Diskussionen aus der internationalen Fachliteratur nicht bekannt. Der Kitaleiter der Universitätskita an der Hebrew Universität in Jerusalem z.B. nimmt die Kinder häufig auf den Arm – wenn ein Kind traurig ist oder aus Freude und positiven Emotionen heraus. Die Überlegung, ob er sich als Bindungsperson oder als Beziehungsperson fühlt oder verhält, ist ihm gänzlich fremd.

Anstatt sich weiterhin in definitorischem Wirrwarr zu verzetteln, wäre es für die Situation von ErzieherInnen hilfreicher, wenn sie besser auf Beziehungen in und mit Kindergruppen vorbereitet würden, statt auf die dyadisch exklusive Erwachsenen-Kind-Beziehung zu fokussieren. Die pädagogische Konzentration einer ErzieherIn auf ein Kind als Qualitätsmaßstab der Kitaarbeit ist eine Konsequenz der Bindungstheorie, wie wir im nächsten Abschnitt sehen werden.

7.2 Die Alltagsorganisation in der Kita: Angewandte Bindungstheorie

Die Organisation des Kitaalltags ist eine direkte Umsetzung der diskutierten impliziten Annahmen der Bindungstheorie (s. Kapitel 7). Die Konzentration der pädagogischen Arbeit ist auf die Erwachsenen-Kind-Interaktion, bzw. Beziehung/Bindung/Bindungsbeziehung zwischen Kind und erwachsener Betreuungsperson festgelegt. Daher ist auch der Betreuungsschlüssel, d.h. die Relation von Erwachsenen zu Kindern, der Hauptdiskussionspunkt in der Qualitätsdebatte. Es sollen sich möglichst viele ErzieherInnen um möglichst wenige Kinder kümmern, damit die dyadischen exklusiven Dialoge entstehen können. Das entspricht übrigens nicht immer den Wunschvorstellungen der Kinder. Die damals 4-jährige Luisa hat mir einmal auf meine Frage, was ihr denn an der Kita am besten gefiele, geantwortet: »Wenn viele Kinder da sind und wenig ErzieherInnen.« Diese Kinderperspektive wird in der Elementarpädagogik und der Qualitätsdebatte sicherlich nicht berücksichtigt.

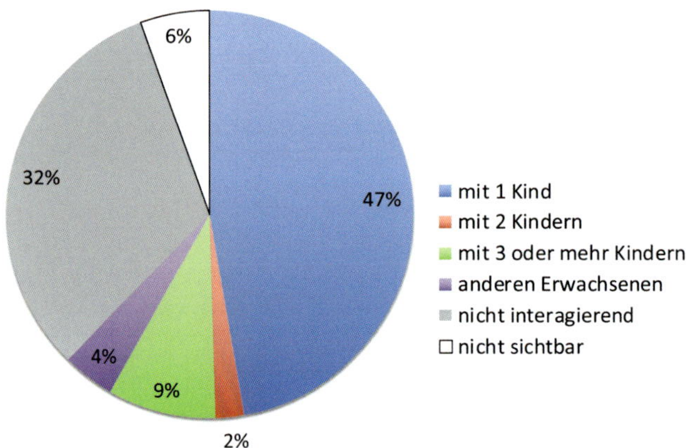

In meiner früheren Arbeitsgruppe haben wir einmal in einer Kita alle sozialen Kontakte bzw. Interaktionen von Kindern über einen typischen Tag hinweg aufgezeichnet und finden die nebenstehende Verteilung.

Es zeigt sich, dass ErzieherInnen fast die Hälfte des durchschnittlichen Tages in Interaktionen mit einem Kind verbringen. Erwachsene sind also nicht nur BindungspartnerInnen im dyadischen Format, sondern auch die BildungspartnerInnen von Kindern. Das infans-Konzept[9] z.B. führt aus, dass sich pädagogische Interaktionen auf das individuelle Wollen jedes einzelnen Kindes beziehen sollen, um die Bildungsprozesse der Kinder auf höchstmöglichem Niveau zu unterstützen. Das Konzept führt weiter aus, dass die Pädagogik den Kindern mit hoher Achtsamkeit folgen soll, und das Wollen der Kinder ernst zu nehmen hat. Interaktionen mit drei oder mehr Kindern fanden in unserer Untersuchung in weniger als 10 Prozent des durchschnittlichen Kitaalltags statt.

Den zweitgrößten Zeitanteil am Tag verbringen Kinder ohne soziale Interaktion mit einer Erzieherin. Diese Zeit repräsentiert das freie Spiel, das in vielen Kitacurricula als wichtiger

9 Informationen zum infans-Konzept auf www.infans.de/das-infans-konzept (15.09.2018)

Lernkontext für Kinder betrachtet wird. In einer Untersuchung in einer anderen Kita hat Ariane Gernhardt (2017) festgestellt, dass das freie Spiel ca. 45 Prozent des Tages einnimmt.

Wie Ariane Gernhardt durch ihre Beobachtungen weiter beobachtet hat, verbringen 2- bis 3-jährige Kinder die Freispielzeit zu über 40 Prozent im Alleinspiel und unter 20 Prozent der Zeit interaktiv bzw. in Gruppensituationen.

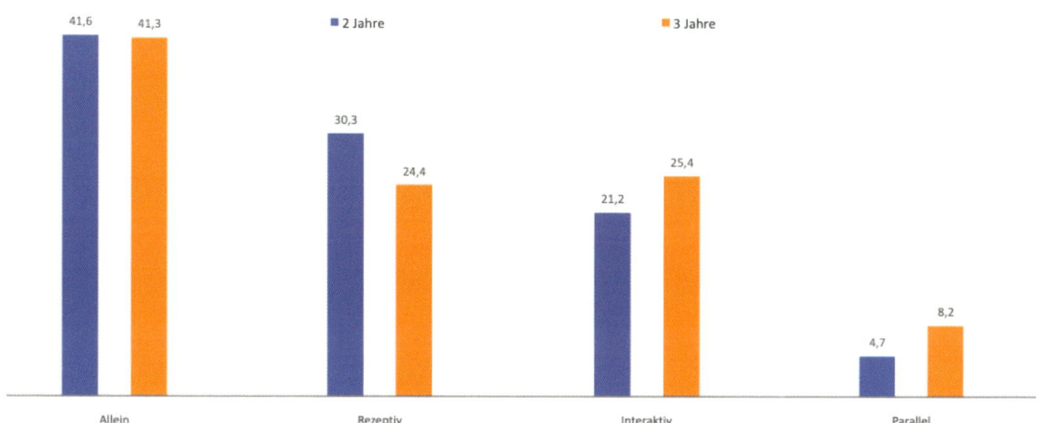

Weil angenommen wird, dass Kinder ihr Wissen von der Welt insbesondere im Freispiel erwerben – wenn sie selbstbestimmt handeln und ihre Tätigkeit selbst initiieren, statt von Erwachsenen angeleitet zu werden –, findet sich das Konzept des freien Spiels in allen Bildungsplänen unserer 16 Bundesländer. Freispielzeit wird dort als Zeit der eigenaktiven Exploration definiert, also einem weiteren Konzept, das in der Bindungstheorie beheimatet ist. In den Hamburger Bildungsempfehlungen steht z.B.: »Das Spiel der Kinder ist eine selbst bestimmte Tätigkeit, in der sie ihre Lebenswirklichkeit konstruieren und rekonstruieren.« Der Orientierungsplan für Bildung und Erziehung im Elementarbereich niedersächsischer Tageseinrichtungen für Kinder charakterisiert das freie Spiel als eine »elementare Form der Weltaneignung, bei dem ErzieherInnen mit jeweils passenden Angeboten entwicklungsfördernde Impulse setzen sollen, die in das Freispiel der Kinder einfließen können, falls diese das möchten.« »Spielen und Lernen sind keine Gegensätze, sondern zwei Seiten derselben Medaille«, heißt es in den Bayerischen Bildungsempfehlungen, »weil freie Spielprozesse immer auch Lernprozesse sind«.

Es zeigt sich also, dass der Kitaalltag nach zwei wichtigen Grundannahmen der Bindungstheorie aufgebaut ist: Erstens nach den Konzepten positiven Elternverhaltens, wie es im Sensitivitätskonzept festgelegt ist, und zweitens nach dem Konzept der Exploration, umgesetzt im freien Spiel. Diese grundsätzliche Verknüpfung von Kitapädagogik und Bindungstheorie ist ErzieherInnen nicht unbedingt bewusst.

Die Mehrzahl der befragten ErzieherInnen bezieht sich nämlich explizit auf den Übergang in die Kita und die Institution der BezugserzieherIn, wenn sie an die Bindungstheorie denken. Diese Situation wird in den nächsten Abschnitten anhand des Berliner und des Münchner Modells aufgewiesen.

7.2.1 Das Berliner Modell

Als ein Qualitätsmerkmal einer guten Kita gilt gemeinhin die Organisation des Übergangs, und da ist das Berliner Modell sozusagen der Marktführer. 81 Prozent der von uns befragten ErzieherInnen stehen ihm dementsprechend positiv gegenüber. Das Berliner Modell hat seinen Ursprung in einem Projekt von Kuno Beller, dem Pionier der deutschen Kleinkindpädagogik (z.B. Beller, 2003), und wurde entwickelt von Laewen, Andres & Hédervári (2003) vom Institut für angewandte Sozialisationsforschung/Frühe Kindheit e.V., dem infans-Institut in Berlin. Das Modell möchte eine am Kind orientierte Übergangs- bzw. Eingewöhnungszeit von der Familie in die Kita ermöglichen, die auf der primären Bindungsqualität des Kindes beruht und sich in ihrer Gestaltung auf diese Bindungsqualität bezieht. Das Berliner Modell ist demnach kindzentriert, da die Gestaltung und die Dauer der Eingewöhnung am Kind ausgerichtet sein sollen. Es geht davon aus, dass die erwachsene Hauptbindungsperson des Kindes zentral für den gelingenden Übergang ist und deshalb zunächst eine erwachsene neue Bezugsperson – die BezugserzieherIn –, AnsprechpartnerIn des Kindes in der Kita sein muss. Die Übergangssituation besteht also aus einem Kommunikationsdreieck zwischen Kind, primärer Bindungsperson und BezugserzieherIn.

Die Beziehung zur BezugserzieherIn »soll bindungsähnliche Eigenschaften haben und dem Kind Sicherheit bieten. Das Gefühl der Sicherheit durch eine gute Beziehung zur Fachkraft ist die Grundlage für gelingende Bildungsprozesse in der Kita und einen gesunden Start des Kindes in seinen neuen Lebensabschnitt«, sagen Katja Braukhane und Janina Knobeloch in einem KiTa Fachtext (2012, S. 4), einer Broschüre zum Berliner Modell[10], die gemeinsam von der Alice Salomon Hochschule, Berlin, der Fröbel-Gruppe und der Weiterbildungsinitiative Frühpädagogische Fachkräfte (Wiff) herausgegeben wurde. Das Kennenlernen der Einrichtung »... mit all ihren Abläufen, Regeln, Ritualen aber auch ihren Menschen und Räumen in aller Ruhe«[11] ist offensichtlich nachgeordnet. Andere Kinder werden in diesem KiTa Fachtext nicht erwähnt.

Reflexionsfrage

- Erkennen Sie explizite und implizite kulturelle Annahmen, die vorher vorgestellt wurden, in diesem Übergangsmodell?

---

10 Der Beitrag »Das Berliner Eingewöhnungsmodell« kann kostenfrei auf www.kita-fachtexte.de heruntergeladen werden. (15.09.2018)

11 a.a.O.

Das Berliner Eingewöhnungsmodell besteht nach Braukhane und Knobeloch aus sechs Schritten die möglichst genau eingehalten werden sollten:

1) Information der Eltern über Notwendigkeit und Ablauf

Die Eltern werden über die Bedeutung und den Ablauf der Eingewöhnung frühzeitig informiert und müssen sich mit dem Vorgehen einverstanden erklären.

2) Die dreitägige Grundphase

Die Bezugsperson sollte sich mit dem Kind für ein bis zwei Stunden in der Einrichtung aufhalten. Dabei soll sie sich passiv verhalten, das heißt die Zeit mit dem Kind nicht ihrerseits strukturieren, aber aufmerksam gegenüber den Signalen des Kindes sein, also sensitiv und responsiv. Hier kommt das Konzept des »sicheres Hafens« (secure base) ins Spiel. Die Bezugsperson soll für das Kind immer gut erreichbar sein und es aufmerksam begleiten. Zeitung lesen und Spielen mit anderen Kindern wird als kontraproduktiv bezeichnet. In dieser Phase versucht die Fachkraft vorsichtig, über Spielangebote Kontakt zum Kind aufzubauen.

3) Der erste Trennungsversuch

Am vierten Tag entfernt sich die Bezugsperson nach einiger Zeit aus dem Gruppenraum, nachdem sie sich vom Kind verabschiedet hat. Wenn sich das Kind von seiner Bezugserzieherin schnell beruhigen lässt, oder gleichmütig reagiert, dauert diese erste Trennung 30 Minuten. Wenn das Kind verstört ist, zu weinen beginnt und sich nicht trösten lässt, wird die Trennung nach 2 bis 3 Minuten beendet.

Die Länge der Eingewöhnung

Die angenommene Bindungsqualität zur Bezugsperson bestimmt die Dauer der Eingewöhnung. Die Bindungsqualität wird analog zur Fremde Situation beurteilt. Sicher gebundene Kinder brauchen eine längere Eingewöhnungszeit von 2 bis 3 Wochen, während unsicher gebundene Kinder sich schneller eingewöhnen – nach etwa 1 bis 1,5 Wochen.

Beurteilung der Bindungsqualiät

Sicher gebundene Kinder haben häufig Blickkontakt zur Bezugsperson, reagieren mit heftigem Weinen bei der Trennung und Annäherung bzw. Körperkontakt bei der Wiederkehr der Bezugsperson. Unsicher gebundene Kinder sind bei Trennung und Wiederkehr der Bezugsperson gleichgültig oder sehr erregt bei der Trennung und ambivalent bei der Rückkehr – analog zum vermeidenden und ambivalenten Bindungstypus.

4) Die Stabilisierungsphase

Die Stabilisierungsphase beginnt mit dem fünften Tag, bzw. mit dem sechsten, falls der fünfte Tag ein Montag ist. Die Fachkraft übernimmt zunehmend – zuerst im Beisein der Bezugsperson – die Versorgung des Kindes (Füttern, Wickeln etc.) und reagiert auf die

Signale des Kindes. Die Trennungszeiten werden, kindgeleitet, täglich verlängert. Akzeptiert das Kind die Trennung noch nicht, sollte bis zur zweiten Woche mit einer neuen Trennung gewartet werden. Die Fachkraft sollte sich in ihrem Verhalten an der Bezugsperson orientieren, um dem Kind Kontinuität zu ermöglichen. Ein Zeichen für gelungene Eingewöhnung ist, dass sich das Kind in der Trennungssituation von der Bezugserzieherin trösten lässt und in der Zeit ohne die Bezugsperson neugierig und aktiv an der Umgebung, den Materialien und Personen interessiert ist. Sofern sich das Kind auch nach drei Wochen nicht von der Bezugserzieherin in der Trennungssituation nachhaltig trösten lässt, sollte ein Gespräch mit den Eltern stattfinden.

5) Die Schlussphase
In der Schlussphase der Eingewöhnung ist die Bezugsperson nicht mehr in der Einrichtung anwesend, jedoch jederzeit für Notfälle erreichbar. Die Bezugserzieherin wird als »sichere Basis« vom Kind akzeptiert, d.h., es lässt sich auch nachhaltig von ihr trösten. Das Kind ist nun bereits für mehrere Stunden täglich in der Kita. Es hat den Alltag kennengelernt und ist dabei, sich in die Gruppe einzufügen.

6) Abschluss der Eingewöhnung
Die Eingewöhnung gilt als abgeschlossen, wenn sich das Kind zum einen von der Bezugserzieherin trösten lässt, aber auch grundsätzlich bereitwillig und gern in die Einrichtung kommt. Dies lässt sich gut daran erkennen, dass es Spaß und Freude im Alltag hat und sich aktiv an Gruppenprozessen beteiligt.

Wie Braukhane und Knobeloch immer wieder betonen, sollen die einzelnen Schritte der Eingewöhnung nach dem Berliner Modell möglichst genau eingehalten werden. Und wie sieht die Praxis aus?

Wie schon gesagt, stehen 81 Prozent der von uns befragten ErzieherInnen dem Berliner Modell positiv gegenüber. Allerdings sind es nur etwa 47 Prozent, die eine uneingeschränkt positive Einstellung zum Berliner Modell haben. Weitere 34 Prozent finden das Modell gut, wenn es modifiziert angewendet wird und 10 Prozent dient es als grobe Orientierung oder Leitfaden für die Eingewöhnung. Knapp 5 Prozent der Befragten äußern sich sehr kritisch. Ihre Kritik äußert sich zum Einen daran, dass das Modell in der Praxis sehr schwer umsetzbar ist:

- es fehlt an Personal;
- es können nur wenige Kinder gleichzeitig eingewöhnt werden, was einem höheren Bedarf gegenübersteht;
- was ist, wenn die Bezugserzieherin krank wird oder sonst ausfällt;
- weitere Probleme, die den Alltag der Einrichtungen widerspiegeln;

und zum anderen wird geäußert, dass das Berliner Modell als nicht für alle Familien passend empfunden wird, bzw. die Eltern bzw. Familien das Modell ablehnen (s. Kapitel 7.2.3).

7.2.2 Das Münchner Modell

Das Münchner Eingewöhnungsmodell ist erstaunlicherweise längst nicht so populär wie das Berliner Modell, obwohl es in verschiedener Hinsicht flexibler ist, was in unserer Befragung viele ErzieherInnen eigentlich wünschen. Es beruht – ebenso wie das Berliner Modell – auf einem Projekt von Kuno Beller (2003). Ein Charakteristikum des Münchner Modells ist – u.a. damit hebt es sich vom Berliner Modell ab –, dass es kontinuierlich weiterentwickelt wurde und wird. Im Folgenden beziehe mich auf die Version von Winner und Erndt-Doll (2009) und die Zusammenfassung[12] von Anna Winner in einem KiTa Fachtext (2015). Das Münchner Modell versteht sich auch insofern weniger als Konzept, sondern als Erfahrung. Dazu passt, dass es als Anregung verstanden werden will, aus der die Fachkräfte ihr eigenes Konzept entwickeln sollen. Das steht in deutlichem Gegensatz zum Berliner Modell, welches laut seiner VertreterInnen buchstabengetreu angewendet werden soll.

Das Münchner Eingewöhnungsmodell ist stark von der Reggio-Pädagogik beeinflusst, besonders hinsichtlich der Sicht des Kindes, das nicht als Ziel von Erziehungsbemühungen (Sensitivität) gesehen wird, sondern als Subjekt, das seine Entwicklung aktiv mitgestaltet und von Geburt an ein soziales Wesen ist. »Das Kleinkind wird nicht eingewöhnt, es gewöhnt sich ein.« (Winner 2015, S. 3) Dem Kind wird eine deutlich aktivere Rolle eingeräumt als im Berliner Modell. Dort steht es zwar im Mittelpunkt, seine Bedürfnisse werden jedoch auf der Grundlage der Bindungstheorie eingeordnet und entsprechend beantwortet. Die Sicht des Kindes im Münchner Modell basiert auf dem Bild des kompetenten Säuglings, wie es seit den 1960er Jahren in der Entwicklungspsychologie entwickelt wurde.

Ein weiterer wichtiger Unterschied besteht darin, dass die Kindergruppe – in der Reggio-Pädagogik der »erste Erzieher« – eine aktive Rolle bei der Eingewöhnung spielt. Eltern, Fachkräfte und Kinder sind in gleicher Weise bedeutsam. Die sozialen Bezüge, d.h. die Betonung der Bedeutung der Gemeinschaft für die Entwicklung von Kindern und des menschlichen Lebens generell ist – so paradox das auch klingen mag – ein weiterer Unterschied zum Berliner Modell, in welchem das Kind mehr oder weniger allein in den Mittelpunkt gestellt wird.

Darüber hinaus zeichnet sich das Münchner Modell durch seinen Bezug zur Transitionsforschung aus, die sich mit Übergängen beschäftigt, wie ja die Veränderung von Familie zur Kita in der westlichen Welt dargestellt wird. Es geht dabei nicht per se um die Eingewöhnung, sondern um die Erfahrung von Selbstkompetenz des Kindes, schwierige Zeiten zu meistern. Diese Lern- und Selbsterfahrung soll modellhaft für weitere Übergänge sein. Das Münchner Modell ist flexibler und anders als das Berliner Modell sowohl am Kind als

12 Der Beitrag »Das Münchener Eingewöhnungsmodell« kann kostenfrei auf www.kita-fachtexte.de heruntergeladen werden. (15.09.2018)

Auch das Münchner Modell wird in Phasen untergliedert (nach Winner, 2015, S. 10):

1) Die Vorbereitungsphase
Eltern, BezugserzieherInnen und andere ErzieherInnen aus der Einrichtung lernen sich kennen und sprechen über das Kind, seine Gewohnheiten, Vorlieben usw.

2) Die Kennenlernphase
Während ca. einer Woche kommen Mutter, Vater oder beide Elternteile gemeinsam mit dem Kind für längere Zeiträume in die Kita. Das Kind kann in dieser Zeit die Kita erkunden, die anderen Kinder, die Räume und Abläufe.

3) Die Sicherheitsphase
In der zweiten Woche übernimmt die BezugserzieherIn zunehmend eine aktive Rolle und bietet sich als sichere Basis an; auch die Eltern sind in dieser Phase noch anwesend. Die Kindergruppe wird als Modell für das Kind gesehen, sich in der neuen Umgebung wohlzufühlen.

4) Die Vertrauensphase
In dieser Phase hat das Kind gelernt, dass es sich in der Gruppe unter dem Schutz und Anleitung der ErzieherIn sicher und wohlfühlen kann, auch ohne die Anwesenheit der Eltern. Die Trennung von Mutter und Vater kann durchaus schmerzhaft für das Kind sein, aber nach dem Modell der sicheren Basis beruhigt es sich und kehrt zu seinen Aktivitäten zurück.

5) Phase der gemeinsamen Auswertung und Reflexion
Eltern und ErzieherInnen bleiben im Gespräch und reflektieren den Übergang.

auch an der Familie orientiert – und es ist nicht evaluativ. Aus dem Verhalten der Kinder oder der Eltern wird nicht auf die Eltern-Kind-Beziehung geschlossen, wie dies im Berliner Modell nahegelegt und von vielen ErzieherInnen auch praktiziert wird, wie unsere Fragebogenerhebung gezeigt hat.

Das Münchner Modell berücksichtigt viele Aspekte, die bedeutsam sowohl für Kinder als auch deren Familien wichtig sind. Die Eltern werden nicht nur informiert, d.h. vor vollendete Tatsachen gestellt, denen sie faktisch zustimmen müssen, sondern ErzieherInnen und Eltern tauschen sich im Gespräch aus. Außerdem spielt die Gruppe der Kinder, also das, was die Kita eigentilich ausmacht, eine ganz andere Rolle als im Berliner Modell. Doch auch das Münchner Modell ist in der psychologisch autonomen Sichtweise auf das Kind und die Familie verhaftet, d.h. in der westlichen Mittelschichtwelt. Transitionen werden als Krisenzeiten verstanden, die von möglicherweise heftigen Gefühlen begleitet sind. Das heißt, es wird davon ausgegangen, dass das Kind aus der Welt der Kleinfamilie kommt und nun einen neuen sicheren Hafen finden muss. Die Anwesenheit der Eltern in

Kennenlernphase ist aus vergleichbaren Gründen zentral. Obwohl die Kindergruppe wichtig ist, übernimmt doch die BezugserzieherIn alle verantwortlichen Aufgaben für das Kind. Sie oder er tritt in der Kita an die Stelle der Eltern und unterstützt damit die Organisation von Erwachsenen-Kind-Beziehungen und Sicherheit.

Diese Annahmen gelten für viele Familien aus anderen kulturellen Kontexten nicht und sind für sie zunächst auch nicht nachvollziehbar. Warum eine langwierige Übergangsphase, wenn das Kind an Kindergruppen gewöhnt ist und vor allem – nicht gewohnt ist, viel Zeit mit Erwachsenen einschließlich der Eltern zu verbringen? Das könnte ein Grund für den Wunsch nach Abkürzung der Eingewöhnung sein, der von vielen ErzieherInnen in der Fragebogenuntersuchung moniert wurde. Kinder aus hierarchisch relational organisierten Familien sind nicht gewöhnt, derart im Mittelpunkt und Fokus des Interesses von Erwachsenen zu stehen. Sie sind daran gewöhnt, sich an Situationen und soziale Erfordernisse anzupassen und brauchen eine ganz andere Art von Unterstützung, als das Berliner und das Münchner Modell vorsehen.

7.2.3 Erfahrung und Praxis mit Ablehnung der Eingewöhnung

In unserer Erhebung (s. Kapitel 6) befragten wir ErzieherInnen ausschließlich nach dem Berliner Modell – das Münchner Modell wird entsprechend selten angesprochen. Deshalb beziehen sich die folgenden Ausführungen auf dieses Modell. Fast die Hälfte der befragten ErzieherInnen (48 Prozent) haben schon einmal Ablehnung der im Sinne des Berliner Modells vorgeschlagenen Eingewöhnung erlebt. Als Grund dafür wird häufig Zeitmangel (aus beruflichen Gründen) der Eltern vermutet. Etliche ErzieherInnen geben auch an, dass Eltern Absprachen nicht einhalten würden. Eine Erzieherin nennt z.B.: »Rahmenbedingungen, wie Stress, Personalausfall, unzuverlässige Absprachen usw. erschweren den Bindungsaufbau in der Einrichtung.«

Die Mehrzahl der ErzieherInnen, die schon einmal Ablehnung erlebt haben, nennen mangelndes Verständnis der Eltern für den Sinn oder Zweck der Eingewöhnung. Sie wird als überflüssig für das eigene Kind betrachtet, da es z.B. Trennungen bereits gewohnt ist. Ein weiterer häufig genannter Grund ist, dass den Eltern die Eingewöhnung zu lange dauert. Interessant ist, dass die Erfahrungen mit Ablehnung fast ausschließlich von Familien mit Migrationshintergrund bzw. einem anderen kulturellen Hintergrund berichtet werden – bis auf eine Ausnahme, die von Eltern berichtet, bei denen mangelnde Bindung zu ihrem Kind angenommen wird. Auch mit Familien aus der Mittelschicht kann es zu Problemen kommen, wenn auch völlig anderen: Eine Erzieherin benennt die sogenannten »Helikoptereltern, die es ihren Kindern erschweren, sich an andere Personen zu binden«.

Interessant ist auch, wie die ErzieherInnen Eltern und Familien betrachten, die die Eingewöhnung ablehnen. 70,2 Prozent (N=85) der Befragten haben angegeben, wie mit Eltern umgegangen wird, die die Eingewöhnung ablehnen. Lediglich 6 Prozent von ihnen

akzeptieren die Meinung der Eltern als ExpertInnen für ihre Kinder und sind bereit, sich nach deren Wünschen zu richten. Bei ca. 31 Prozent scheint weniger Verständnis für die Sichtweise und das Verhalten der Eltern vorzuliegen. Ca. 11 Prozent geben an, dass sie keine andere Wahl hätten, als sich nach den Eltern zu richten, z.B. wenn diese sich einfach nicht an Absprachen hielten, und 29 Prozent scheinen zu versuchen, die Eltern zu belehren oder ihnen die Notwendigkeit der Eingewöhnung zu erklären. Dabei wird auch durchaus versucht, das Einverständnis zu erzwingen (5 Prozent). Dazu kommt, dass in fast 17 Prozent der Meinungen die Eingewöhnung als Voraussetzung für die Aufnahme definiert ist.

Das drückt eine Erzieherin z.B. folgendermaßen aus: »Ich habe dann abgelehnt, die Kinder aufzunehmen und bin zu meiner Leitung gegangen. Ich möchte keine Kinder emotional überfordern. Das grenzt für mich an Kindeswohlgefährdung. Andere KollegInnen nehmen Kinder unter den unmöglichsten Bedingungen auf. Ich nicht.« Oder: »Eingewöhnung ist bei uns Grundvoraussetzung für die Aufnahme in unsere Einrichtung.« Eine andere Erzieherin sagt: »Mittlerweile ist die Mitarbeit der Eltern während der Eingewöhnungsphase ein Bestandteil des Aufnahmevertrages.« Es fällt auf, dass Zuschreibungen hinsichtlich Bindungssicherheit oder -unsicherheit implizit wie explizit in die Praxis eingehen. Eine Erzieherin äußerte: »Zu zeitintensiv, es sollte schneller klappen. Der kürzere Bedarf von unsicher gebundenen Kindern wird als Maßstab genommen. Dem längeren Eingewöhnungsbedarf sicher gebundener Kinder wird man dadurch nicht gerecht.«

Fragwürdige Beurteilungspraxis

Der Praxis, dass Bindungsklassifikationen wie selbstverständlich in die Beurteilungen eingehen, stehen selbst BindungsforscherInnen skeptisch gegenüber. Das Ehepaar Grossmann z.B. grenzt sich in einem Interview (Thon, 2017) sehr klar von dieser Praxis ab. Es sei eine lange Ausbildung notwendig, um Bindungsklassifikationen vorzunehmen und selbst erfahrene BindungsforscherInnen würden dasselbe Verhalten zuweilen unterschiedlich einordnen. Weil ErzieherInnen nicht über diese Ausbildung verfügen, seien ihre Bewertungen mehr als fraglich. Dennoch äußern sich BindungsforscherInnen zu dieser Thematik nicht eindeutig, sodass man unterschiedliche Meinungen z.T. von denselben AutorInnen hören bzw. lesen kann.

Mehr als fragwürdig sind Publikationen wie »Wo ist Wilma. Ein Bilderbuch über Bindungsmuster« (2017) von Thomas Köhler-Saretzki und Anika Merten, eine Einladung, Kinder und Familien auf Grundlagen, die wissenschaftlich nicht fundiert sind und sicher für viele Menschen so nicht zutreffen, zu bewerten. Auch in anderen Untersuchungen und Befragungen haben wir ähnliche Bewertungen und Haltungen von ErzieherInnen gefunden. Insbesondere Belehrungen der Eltern darüber, was gut und notwendig für ihre Kinder sei, sind offensichtlich weit verbreitet: »... ich bin in einer Nestgruppe ... mit den Allerjüngsten ist es so bei der Eingewöhnung (...), dass die Eltern ihre Kinder relativ schnell abgeben ... Andersrum aber Forderungen an einen herantragen ... Wo's Schwierigkeiten gibt, den Eltern klar zu machen, dass es so oder so nicht funktionieren kann ...« Das erläuterte eine Erzieherin in einem Interview (Gerwing, 2012, S. 74).

Individuelle Lösungen werden letztlich doch von 58 Prozent der Befragten akzeptiert, wie Wechsel der Bezugsperson bei der Eingewöhnung, wenn z.B. ältere Geschwister statt der Eltern das Kind begleiten. Auf diese Aspekte gehe ich im Kapitel 8.3 ein. In dieser Praxis sind wieder wichtige ethische Dimensionen angesprochen. Während Kinderrechte als selbstverständlich erachtet werden, haben Eltern keinerlei Rechte, sie werden in ihrer Autonomie infrage gestellt, die Kindern grundsätzlich zugesprochen wird.

Reflexionsfrage

- Welche Haltung nehmen Sie ein, wenn die Eltern bzw. Familie andere Auffassungen vertreten, als Sie es für richtig halten?

8. Impulse für eine kulturbewusste Eingewöhnung

In den folgenden Kapiteln werden Dimensionen diskutiert, die aus kulturbewusster Perspektive hinsichtlich einer gelingenden Eingewöhnung, einem gelingenden Übergang, beachtet werden müssen. Ich werde überwiegend bei dem Begriff Eingewöhnung bleiben, obwohl der Begriff Übergang inzwischen vielfach verwendet wird. Beide Begriffe haben ihre Bedeutungsräume. Der Begriff des Übergangs transportiert das Transitionskonzept aus der westlichen Mittelschichtsphilosophie, während Eingewöhnung in diesem Sinne neutraler erscheint.

Reflexionsfrage

- Wie könnte man den Eintritt in die Kita bezeichnen, ohne auf westliche Denkschemata zurückzugreifen?

An der Eingewöhnung beteiligt sind die Familie des Kindes, das Kind, die Kinder in der Kita, die Institution und die ErzieherInnen sowie der Ort und dessen Einbettung in den umgebenden Sozialraum. Diese Dimensionen stehen in vielfältiger Wechselwirkung zueinander und sind von daher selbstverständlich nicht unabhängig voneinander zu sehen. Um die notwendige Flexibilität zu betonen, sind außer der Vorbereitung keine Phasen spezifiziert.

8.1 Vorbereitung: Die 1000 Sprachen von Familien

Das Herzstück der kulturbewussten Eingewöhnung ist die Vorbereitung, d.h. der Kontakt und Austausch zwischen Kita bzw. ErzieherInnen und der Familie des Kindes. Die vorbereitenden Gespräche unterscheiden sich von den ersten Phasen des Berliner als auch des Münchner Modells. Im Berliner Modell liegt der Schwerpunkt auf der Information der Familie über die Vorstellungen und das Vorgehen der Kita und weniger auf der Gewinnung von Information aus der Familie. Die Vorbereitungsphase im Münchner Modell ist zwar offener und interaktiver, aber eher auf Information zum und über das Kind ausgerichtet. An erster Stelle geht es in den vorbereitenden Gesprächen aus kulturbewusster Sicht darum, Informationen über die Familie und deren Sichtweisen zu gewinnen, wie z.B.:

- welche Vorstellungen von Entwicklung und Erziehung hat die Familie,
- welche Erziehungsziele verfolgt sie,
- wie sieht die Familie die Erziehungsverantwortung in der Familie und zwischen Familie und Kita,
- was erwartet die Familie von der Kita,
- wen sieht die Familie als AnsprechpartnerIn für die ErzieherInnen

usw.

Ein zweiter wichtiger Komplex ist die Besprechung der pädagogischen Vorstellungen der Kita und der alltäglichen Abläufe. Hier ist es besonders bedeutsam, nicht nur Informationen weiter zu geben, sondern das »Warum« zu erläutern. Chinesische Familien, deren Kinder in eine deutsche Kita gehen, haben mir in Interviews ihre Vorstellungen über Erziehung und ihre Einstellungen zur Betreuung ihrer Kinder in der Kita erläutert. Sie äußerten übereinstimmend, dass ihnen Informationen fehlten. Sie würden zwar gut und ausreichend über Abläufe und Planungen informiert, es fehlte ihnen aber an Begründungen. Für diesen Austausch müssen deshalb viel Zeit eingeplant und vielleicht mehrere Gesprächstermine vorgesehen werden. Vielleicht sollten die Gespräche auch nicht ausschließlich in der Kita stattfinden. Vielleicht würde die eine oder andere Familie es sehr schätzen, einmal zu Hause besucht zu werden.

Unabdingbare Voraussetzungen für den Erfolg dieser Gespräche sind zwei Haltungen:

- Anerkennung der Familie als Entwicklung/Erziehungs- und Bildungsautorität für das betreffende Kind und
- echtes Interesse an den Vorstellungen der Familie als Grundlage für eine Erziehungspartnerschaft (zur Erziehungspartnerschaft und der Familienarbeit bietet das »Handbuch Elternarbeit. Bildungs- und Erziehungspartnerschaft in der Kita« von Xenia Roth, 2. Auflage, 2017 wertvolle Informationen und Anregungen).

Reflexionsfrage

- Kann eine Erziehungspartnerschaft einen Standpunkt als den richtigen und besseren annehmen?

Zu diesen Punkten sind zunächst einige Erläuterungen notwendig. Wir sprechen hier nicht von Familien, die durch gravierende Problemlagen gekennzeichnet sind, wie z.B. psychisch kranke Mitglieder, Gewalttätigkeit und andere Probleme. Armut wird in der Regel als Risikofaktor für die Entwicklung von Kindern behandelt. Armut an sich ist aber keine Problemlage. Eine Familie, die an Armut leidet, ist nicht notwendigerweise eine defizitäre Familie, die ihre Kinder vernachlässigt. Selbstverständlich brauchen Familien mit Problemlagen Hilfe und Unterstützung – aber das ist eine andere Thematik.

Miteinander sprechen: Ortswechsel

Interessante Ansätze für eine kulturbewusste Eingewöhnung kommen von Sabrina Wöhlert, Leiterin der Katholischen Kindertagesstätte St. Elisabeth in Speyer in Rheinland-Pfalz. Zusammen mit ihrem Team entwickelte sie das Konzept »Hausbesuche bei den Familien«, um Kinder und Familien besser zu verstehen, denn, wie sie sagt: »Ein Kind in der Kita aufzunehmen, heißt die ganze Familie aufzunehmen«. Sie zieht das Fazit, dass jeder Hausbesuch sie reifen lässt, ihre Arbeit als Erzieherin verändert und die Erziehungspartnerschaft intensiviert. Ein weiterer und ebenso bemerkenswerter Ansatz von Sabrina Wöhlert ist das Konzept »In Beziehung gehen«. Dabei macht eine Elternbegleiterin, um Fragen zu besprechen, mit der familiären Eingewöhnungsperson – wie so oft ist das auch in ihrer Kita meist die Mutter – sogenannte »Dialogspaziergänge«. Ihre Erfahrung zeigt, dass Gespräche in freier Natur und in Bewegung leichter fallen als im eher formalen und unvertrauten Rahmen der Kitaräumlichkeiten (s. Kapitel 8.5).

In einem Vortrag formulierte Sabrina Wöhlert 2015 folgende Leitlinien für die Spaziergänge:

Erfahrungen und Weiterentwicklung

- mit allen Eltern/Bezugspersonen durchführbar
- jedes Geschlecht
- bei jedem Wetter
- auch mit Familien mit Migrationshintergrund und ggf. geringer deutscher Sprachkompetenz
- Gesprächsfluss unterschiedlich/Stille aushalten können
- Vertraulichkeit der Gespräche unabdingbar --> Vereinbarungen treffen
- zeitliche Struktur von ca. 45 Minuten notwendig
- Abstimmung und Austausch zwischen der Elternbegleiterin und der Bezugserzieherin wichtig

Zu erwähnen ist, dass auch Wöhlerts System auf Weiterentwicklung angelegt ist und durch neue Erfahrungen ständig überprüft und modifiziert wird.

Das Erkennen besonderer Problemlagen braucht einen geschulten Blick, um ähnlich wie bei der Klassifizierung von Bindungstypen nicht allzu einfache oder verzerrte Schlüsse zu ziehen (s. Kapitel 9.1), die Kindern und ihren Familien nicht gerecht werden.

Wer weiß am besten, was für Kinder das Beste ist?

Die Vorstellungen der Familien sind an kulturellen Modellen orientiert und da gibt es Unterschiede, wie im Kapitel 5 ausgeführt wurde. Wir erleben jedoch immer wieder ErzieherInnen, die ihr Konzept für überlegen halten und glauben, dass sie besser als die Familien wissen, was gut für die Kinder ist, und dies der Familie auch mitteilen, wie die folgenden Beispiele aus unserer Befragung zeigen:

- Eine Erzieherin bringt das folgendermaßen zum Ausdruck »... manche Eltern wollten es nicht einsehen und waren zu ungeduldig, in diesem Fall musste man die Eltern immer wieder heranziehen und ihnen erläutern, wie wichtig es ist und was ihre Rolle ist.«
- Eine andere Erzieherin beklagt sich über multiple Betreuungspersonen: »Ein weiteres Problem ist auch manchmal, dass zu viele Bezugspersonen die Eingewöhnung begleiten sollen bzw. wollen und damit jeden Tag ein anderer das Kind begleiten soll.«

Doch für wen ist das ein Problem? Für das Kind oder doch wohl eher für die ErzieherIn, die sich multiple Betreuung – wie sie in vielen Kulturen selbstverständlich ist – offensichtlich nicht vorstellen kann.

Wie in Kapitel 5.2.1 ausgeführt, sind in vielen Kulturen nicht die Eltern oder generell Erwachsene diejenigen, die Sozialisationsprozesse gestalten. A priori auf Mutter und oder Vater als AnsprechpartnerIn und EingewöhnungspartnerIn zu bestehen, ist daher kontraproduktiv. Stattdessen sollte mit der Familie geklärt werden, wer aus der Familie der oder die AnsprechpartnerIn oder die AnsprechpartnerInnen für die Kita sind und diese Person bzw. Personen sollten in ihrer Erziehungsverantwortung ernst genommen und akzeptiert werden – ebenso wie ggf. ein Wechsel der AnsprechpartnerIn. Im Gespräch mit der Familie können Kenntnisse gewonnen werden, welche Bedeutung die einzelnen Personen für das Kind haben. Viele ErzieherInnen haben in unserer Fragebogenuntersuchung berichtet, dass die Eltern durch andere EingewöhnungspartnerInnen ersetzt werden, z.B. durch ältere Geschwister. In den meisten Fällen wurde dies auch akzeptiert, allerdings lediglich als Notlösung, damit die Eingewöhnung überhaupt durchgeführt werden konnte: »Notgedrungen mussten wir akzeptieren, dass die Eltern nicht kamen. Es kamen Geschwister.« Dass dies auch anders sein kann, zeigt die akzeptierende Haltung einer anderen Erzieherin: »Bei den Flüchtlingsfamilien kommen oft mehrere Geschwister gleichzeitig und die Eltern ziehen sich häufig frühzeitig zurück. Dieses wird aber in der Kita akzeptiert, da es in diesen Kulturkreisen oft üblich ist, dass größere Geschwister schon früh Verantwortung für kleinere Geschwister übernehmen.«

Solche Arrangements sollten nicht als schlechter Ersatz für die bessere Lösung, sondern als Teil anderer Familienrealitäten verstanden werden. Die Akzeptanz ist ein wichtiger Schritt auf dem Weg zu einer kulturbewussten Eingewöhnung und einer multikulturellen Kita. Um wirklich allen Kindern die gleichen Bildungschancen zu eröffnen und die Kita als einen Ort des unbeschwerten Zusammenseins und des Wohlfühlens zu gestalten, sind bestimmte Grundregeln einzuhalten. Dazu gehört zunächst, die Familie und nicht nur die Eltern als Erziehungsinstitution zu akzeptieren.

- Die Elternzentriertheit in der Erziehungspartnerschaft durch Familienorientierung ersetzen

8.1.1 Multiple Kommunikationsstile und -kulturen

In der Interaktion mit vielen Familien aus anderen Kulturen, besonders solchen, die nicht aus der formal gebildeten Mittelschicht stammen, sind andere Kommunikationskulturen zu berücksichtigen. In der Fachliteratur unterscheidet man zwischen kontextuellen und weniger kontextuellen Kulturen. Kontextuell bedeutet, dass die Information immer in einer Umgebung, einem Kontext, eingebettet ist, der berücksichtigt wird. Das gilt nicht nur für die sprachliche Kommunikation, sondern für Wahrnehmung, Informationsverarbeitung, Denken, unsere gesamte Psychologie. Diese Orientierungen sind weitgehend intuitiv, d.h. nicht unbedingt bewusst und intentional zugänglich. Kontextuell ist verwandt mit holistisch (s. Kapitel 5.2). Die westliche Mittelschichtkultur ist weniger kontextuell. Viele afrikanische, asiatische, südamerikanische Kulturen – dörfliche ausgeprägter als städtische – kann man dagegen als kontextuell betrachten. Das sind selbstverständlich grobe Unterscheidungen, die viele individuelle Variationen aufweisen.

Kontextuelle und weniger kontextuelle Kommunikationskulturen

Der uns vertraute Kommunikationsstil ist also der weniger kontextuelle. Das heißt, dass wir es gewohnt sind, vom Kontext zu abstrahieren und Wahrnehmungsgestalten aus ihrer Umgebung zu lösen. Wir sehen die Welt analytisch (s. Kapitel 5.2). Das bedeutet z.B.: Kommunikation in unserem westlichen Verständnis ist in erster Linie verbal. Selbstverständlich spielen auch nonverbale Signale eine Rolle, aber was letztlich gilt, ist das gesprochene Wort.

Die weniger kontextuelle Kommunikation ist zielorientiert, präzise und offen. Meinungen werden dem Gegenüber direkt mitgeteilt. Tempo ist wichtig und schnell – Verhalten soll effizient sein. Ein Beispiel dafür sind die sogenannten Tür- und Angelgespräche, ein beliebter schneller Gesprächsrahmen in der Kita für den effizienten Austausch zwischen ErzieherInnen und Familie. Verhalten wird kontextunabhängig bewertet, d.h., wir erwarten Konsistenz in unseren Äußerungen und gehen z.B. davon aus, dass jemand morgen nicht das Gegenteil von dem behauptet, was sie oder er heute sagt. In weniger kontextuellen Kulturen ist es wichtig, den persönlichen Raum, die Privatsphäre einzuhalten, z.B. geht man nicht zu nah an jemanden heran, hält die Hand nicht zu lange.

Kontextuelle Kulturen haben völlig andere Regeln. Hier sind z.B. folgende Dimensionen zentral: Die Kommunikation ist eher indirekt, auf Harmonie ausgelegt und zurückhaltend. Das bedeutet, dass nonverbale Signale und die genaue Beobachtung der sozialen Situation einen hohen Stellenwert haben. Kommunikation findet immer im Kontext von Beziehungen statt und wird durch die Beziehungen reguliert, z.B. in wahrgenommener Hierarchie, zwischen den Geschlechtern, zwischen Altersgruppen. Uneinigkeit bzw. Konflikt ist persönlich bedrohlich. Konflikte werden indirekt geregelt. Direktes Ansprechen von Konflikten bedeutet Gesichtsverlust. Verbales Verhalten ist eher ausschmückend, Meinungen werden indirekt, »blumig« vermittelt. Der Kontext bestimmt das Verhalten. Das kann bedeuten, dass sich ein- und derselbe Mensch in unterschiedlichen Kontexten unterschiedlich verhält.

Missverständnisse vorprogrammiert?

Diese unterschiedlichen Kommunikationsregeln können zu massiven Missverständnissen führen. Familien, die aus kontextuellen dörflichen Kulturen mit starken Hierarchien stammen, sehen pädagogische Fachkräfte möglicherweise als ExpertInnen und damit als Autoritätspersonen. Dies kann mit Vorstellungen über unterschiedliche Erziehungsverantwortlichkeiten verknüpft sein, z.B. dass in der Familie die Familie verantwortlich ist und in der Kita die ErzieherInnen. Eine gleichberechtigte Erziehungspartnerschaft kann dabei leicht als Verantwortungsdiffusion missverstanden werden und Fragen der ErzieherIn als unsicheres oder inkompetentes Verhalten. Der Erziehungswissenschaftler und Anthropologe Joseph Tobin und KollegInnen haben in ihrer vergleichenden Analyse der pädagogischen Konzepte und des Verhaltens von ErzieherInnen in Japan, China und den USA – der »Preschools in three cultures«-Untersuchung (2013) – darauf aufmerksam gemacht, dass der Respekt vor der Erzieherin als Autoritätsperson oder Befürchtungen, die Harmonie in der Beziehung zu stören, Eltern hemmen kann, Vorgehensweisen im Kitaalltag zu kritisieren oder Wünsche und Sorgen zu äußern (Tobin et al., 2013). Auch wir haben in Interviews immer wieder gehört, dass Familien, die mit dem vorherrschenden Bildungssystem unvertraut sind, ein offenes Gespräch nicht in Erwägung ziehen, wenn sie etwas beobachten oder interpretieren, das mit ihren Vorstellungen nicht übereinstimmt. In manchen Fällen haben sie stattdessen sogar beschlossen, ihre Kinder wieder aus der Kita zu nehmen.

Es ist wichtig zu sehen, dass die Kommunikationsprobleme zweiseitig sind. Die Psychologinnen Berrin Otyakmaz und Paula Döge (2015) haben gezeigt, dass deutsche pädagogische Fachkräfte den Dialog über kontroverse Themen und die gemeinsame Problemlösung mit immigrierten Familien als deutlich schwieriger beurteilen als mit einheimischen Familien. Zugleich werden Familien mit Migrationshintergrund deutlich seltener von pädagogischen Fachkräften nach ihren Vorstellungen zu Erziehung und Entwicklung ihrer Kinder gefragt. Gerade die Kenntnis dieser Vorstellungen sind aber zentral, wenn eine kulturbewusste Tradition in der Kita etabliert werden soll (s. dazu auch Bossong, 2017).

- Eine kulturbewusste Tradition heißt nicht, ein Modell durch ein anderes zu ersetzen – das wäre eine völlig falsche Schlussfolgerung. Eine kulturbewusste Tradition bedeutet das Erkennen und sich Einlassen auf die Kommunikationskulturen der Familien, auf die westliche Mittelschichtfamilie ebenso, wie auf die hierarchisch relationale Familie mit einem nicht westlichen dörflichen Hintergrund.

Ziel der Vorbereitungsphase sollte demnach sein, mit jeder Familie zu einem gemeinsamen und vor allem gemeinsam getragenen Verständnis der Eingewöhnung und der Erziehungspartnerschaft zu kommen. In der Praxis bedeutet das, unterschiedliche Modelle anzuwenden, statt ein Modell auf alle Familien zu übertragen. Dieses Vorgehen neutralisiert viele Reibungspunkte, spart psychische Energie und bringt erhebliche Erleichterungen hinsichtlich organisatorischer Fragen.

Reflexionsfrage

- Finden Sie Gespräche mit manchen Familien schwieriger als mit anderen. Woran könnte das liegen?

8.2 Die Institution und die ErzieherInnen

Institutionen haben pädagogische Konzepte, die von den ErzieherInnen vertreten werden (sollen). Diese sind in vielen Fällen an der Bindungstheorie ausgerichtet. So gilt z.B. das Vorhandensein eines Eingewöhnungsmodells – insbesondere die Anwendung des Berliner Modells – als Qualitätsmerkmal einer Kita (s. Kapitel 7.2.1).

Die Berücksichtigung der in Kapitel 8.1 vorgestellten Konzepte bedeutet einen massiven Perspektivenwechsel für die ErzieherInnen vom Gedanken »one size fits all« auf flexible und familienorientierte Gesprächs- und Handlungsmodelle. Das geht selbstverständlich nicht naht- und übergangslos. Die Kultur der ErzieherInnen muss deshalb ebenfalls in das Eingewöhnungsmodell einbezogen werden. Dabei muss zwischen den pädagogischen Konzepten und Curricula der Institutionen und den individuellen subjektiven Überzeugungen der MitarbeiterInnen unterschieden werden. Hier sind grundsätzlich alle Menschen angesprochen, die in den Kitas regelmäßig mit den Kindern kommunizieren, also nicht nur die pädagogischen Fachkräfte. Im Folgenden beziehe ich mich schwerpunktmäßig auf unsere Fragebogenuntersuchung. Allein deshalb thematisiere ich zwangsläufig in erster Linie die ErzieherInnen.

Viele ErzieherInnen, die sich an der Fragebogenuntersuchung beteiligt haben, äußerten sich mehr oder weniger identifiziert mit dem Berliner Modell:

- »Das Berliner Modell macht mich sicher und stärkt meine Haltung.«
- »Super Modell, wenn es von allen Beteiligten als wichtiges Instrument im Übergang gesehen wird.«
- »Ich persönlich finde das Berliner Modell die beste Methode, um Kinder sanft einzugewöhnen und individuell auf deren Bedürfnisse einzugehen.«

Vielen ErzieherInnen ist es aber auch zu starr und sie definieren ihre eigenen Variationen, z.B. in bezug auf die Länge der einzelnen Phasen:

- »Ich habe mich theoretisch und praktisch damit auseinandergesetzt und vertrete die gewonnenen Ansichten. Nach wie vor bevorzuge ich dieses Modell vor dem sogenannten Münchner und anderen Modellen.«

Es wird aber auch erkannt, dass das Modell möglicherweise nicht immer passend ist:

- »Ja, wir arbeiten in Anlehnung an das Berliner Eingewöhnungsmodell. Wir achten aber auch individuell auf die Bedürfnisse bzw. Bedarfe der Kinder und ihrer Familien und gehen darauf ein.«

Und diese Modifikationen scheinen eher die Regel als die Ausnahme zu sein:

- »Allerdings kenne ich nicht eine Einrichtung, die es 1:1 umsetzen kann, z.B. wegen personellen, räumlichen und sonstigen Bedingungen.«

Einige ErzieherInnen nehmen eine kritische Sicht ein:

- »Zu statisch, dogmatisch, bei einer Eingewöhnung sollte man individuell auf das Kind schauen und situativ reagieren.«

Bei den – mit Sicherheit für viele Stimmen stehenden – Rückmeldungen fällt auf, dass viele ErzieherInnen darauf verweisen, dass sie auf das Kind und zum Teil aber auch auf die Familien eingehen möchten. Letzteres scheint bei buchstabengetreuer Anwendung des Berliner Modells – dessen Markenzeichen die Kindzentriertheit ist – von den ErzieherInnen offensichtlich vermisst zu werden. Dies zeigt, dass ErzieherInnen eigene Sichtweisen und Erfahrungen auch dann einbringen, wenn im offiziellen Kitakonzept das Berliner Modell ohne Modifikationen ausgewiesen ist. Es gibt aber auch ErzieherInnen, die zwar sehen, dass viele Familien mit diesem Modell nicht zurecht kommen, dies aber nicht akzeptieren. Sie beurteilen ihre Sicht bzw. die der Institution als die einzig richtige und sprechen damit den Eltern die Erziehungskompetenz ab. Die von ihnen am häufigsten genannte Strategie im Umgang mit diesen Familien besteht darin, zu versuchen, sie von der Notwendigkeit zu überzeugen.

Dafür werden unterschiedlich rigorose Maßnahmen ergriffen, wie z.B. der Versuch, Überzeugungsarbeit zu leisten:

- »Ja, wir hatten auch Familien, die diese Form der Eingewöhnung überflüssig fanden. Wir haben ihnen erklärt, wie wichtig es für ihr Kind ist, sanft eingewöhnt zu werden.«

In einigen Einrichtungen wird scheinbar gar nicht erst versucht, ein gemeinsames Verständnis mit den Eltern bzw. der Familie herbeizuführen:

- »... aber wir bestehen auf unserer Eingewöhnung.«

In vielen Einrichtungen ist die eine Form der Eingewöhnung verpflichtend:

- »In unserer Einrichtung ist das Berliner Modell verpflichtend. Wenn Eltern mit dieser Form der Eingewöhnung nicht einverstanden sind, ist eine Aufnahme der Kinder nicht möglich.«

Auch die Kooperation mit Eltern aus der Mittelschicht wird von ErzieherInnen nicht immer als einfach erlebt, allerdings in anderer Hinsicht als die mit Familien, die die Eingewöhnung für unnötig halten. Es sind die sogenannten Helikoptereltern, die sich in der Übergangssituation zu sehr einbringen, das Kind nicht loslassen, die Kontakte des Kindes steuern möchten und sich nicht an Absprachen halten. Mütter neigen wohl eher zu solchem Verhalten als Väter: »Es ist nicht immer einfach mit Müttern, die alles besser wissen als wir.«

Alle Stimmen zählen

Diese Stimmen zeigen, dass ErzieherInnen Standpunkte und Meinungen haben. Diese müssen selbstverständlich ebenso ernst genommen werden, wie die der Eltern bzw. der Familie: ErzieherInnen sind Teil des Eingewöhnungsprozesses und müssen im Eingewöhnungsmodell bzw. Kitakonzept notwendigerweise berücksichtigt werden. Hier ist Reflexion im Team oder mit Externen gefragt, das Überdenken des eigenen Standpunktes, die Überprüfung hinsichtlich der eigenen biografischen Relevanz und idealerweise das Erkennen der eigenen Perspektivität. Rahmenbedingungen der Einrichtung, wie z.B. die rechtliche Lage müssen mit einbezogen werden (s. zu diesen Themen auch Xenia Roth 2017).

Reflexionsfragen

- Haben Sie als Kind eine Kita besucht und was waren Ihre Erfahrungen?
- Können Sie sich vorstellen, dass Ihre persönlichen Erfahrungen in Ihre Arbeit einfließen?
- Haben Sie in Ihrem Team einmal über Ihre Einstellungen zum praktizierten Übergangsmodell diskutiert?

ErzieherInnen werden in aller Regel auf ihre Aufgaben während der Eingewöhnung nicht besonders vorbereitet, auch nicht auf die Rolle der BezugserzieherIn. Das Kitateam macht häufig untereinander aus, wie die unterschiedlichen Rollen verteilt werden. Während in der Philosophie des Berliner Modells BezugserzieherInnen als sichere Basis (secure base) die Rolle der Hauptbindungsperson in der Kita übernehmen sollen – ohne eine Bindungsperson zu sein –, ist es in der Praxis häufig so, dass sie in vielen Einrichtungen in erster Linie als AnsprechpartnerInnen für die Eltern da und für das Portfolio des Kindes zuständig sind. Jede Kita hat diesbezüglich ein eigenes System, auch hinsichtlich der Frage, für wie viele Kinder eine ErzieherIn als BezugserzieherIn fungiert.

Konflikte ernst nehmen

Viele ErzieherInnen befinden sich in ernsthaften Konfliktsituationen, wie Joseph Tobin und KollegInnen (2013) in ihrer bereits erwähnten Untersuchung in den US-amerikanischen Einrichtungen herausgefunden haben. Sie stehen in einem Spannungsfeld zwischen der Anforderung, kulturbewusste Frühpädagogik zu praktizieren, die jedoch im Widerspruch zu ihrer Überzeugung guter frühkindlicher Bildung und Betreuung steht, wovon sie eigentlich nicht abrücken möchten. Ich habe auch immer wieder in Rückmeldungen aus Workshops und Seminaren gehört, dass manche ErzieherInnen befürchten, dass ihre, die deutsche Kultur, zu kurz käme, wenn man auf andere Kulturen einginge. Dabei sind natürlich viele Emotionen im Spiel, die aber nicht geäußert werden und somit für Spannungen sorgen. Eine kulturbewusste Tradition zeichnet sich dadurch aus, dass alle Konflikte ernst genommen werden und Gegenstand von Reflexion und vielleicht auch Supervision werden. Auf keinen Fall kann ein Interesse daran bestehen, ErzieherInnen der Resignation zu überlassen, wovon ich einmal in einer Berliner S-Bahn Zeugin wurde. Einige Erzieherinnen unterhielten sich – offensichtlich auf dem Nachhauseweg – über ihren Arbeitsalltag. Sie kamen zum Ergebnis, dass sie ihre eigenen Kinder niemals in die Einrichtung bringen würden in der sie arbeiteten.

Reflexionsfrage

- Stehen Sie hinter der Einrichtung, in der Sie arbeiten?

8.3 Die anderen Kinder und die Kindergruppe

Eine weitere wichtige Dimension sind die Kinder in der Kita bzw. die Kindergruppe(n) und die darin enthaltenen Dynamiken. Im Münchner Modell wird die Kindergruppe zwar in den Eingewöhnungsprozess einbezogen, die kommunikative Verantwortung liegt jedoch auch dort bei den Erwachsenen.

Kinder gehen in die Kita, um dort andere Kinder zu treffen. Auch für viele Eltern ist dies der ausschlaggebende Grund, ihr Kind in einer Kita anzumelden, weil in der eigenen Familie keine weiteren Kinder sind. Allerdings ist das pädagogische Konzept vieler Kitas nicht auf die Kinder(gruppe/n) ausgerichtet, sondern auf die Interaktion zwischen ErzieherIn und einem oder wenigen Kindern (s. Kapitel 7.2).

Reflexionsfrage

- Warum spielen die Kindergruppen in vielen elementarpädagogischen Ansätzen eine geringe bis nachgeordnete Rolle?

Kinder aus vielen kulturellen Kontexten sind, wie wir gesehen haben, nicht daran gewöhnt, viel Zeit mit Erwachsenen zu verbringen, mit ihnen zu interagieren und sie als sicheren Hafen zu nutzen. Kinder verbringen die meiste Zeit in Kindergruppen. Kindergruppen übernehmen entsprechend auch die Bildungsfunktion, die in der westlichen Mittelschichtkultur Erwachsene übernehmen. Kinder lernen von und mit anderen Kindern, wie diese Gruppe kleiner Jungs in einem Dorf in der Nähe von Delhi.

Auch auf dem Markt in Chiapas im Süden Mexikos sind kleinere Kinder an älteren Geschwistern, Cousinen oder Tanten im ähnlichen Alter orientiert und interessiert. Ältere Kinder versorgen selbstverständlich jüngere mit den Notwendigkeiten des Lebens, vom Essen bis zur Haarpflege und Frisur.

Kindergruppen spielen aber auch ausgelassen miteinander, wie diese Gruppe ultraorthodoxer Jungen am Shabbath in Jerusalem:

Auch im Kindergarten und der Schule wird viel Wert auf gemeinsame Aktivitäten gelegt, gemeinsam singen, gemeinsam gehen, wie in dieser indischen Vorschule im ländlichen Umfeld von Delhi.

Als ich vor Jahren zum ersten Mal in einem Dorf im indischen Bundesstaat Gujarat war, habe ich mich gewundert, warum man aus der Schule hauptsächlich den Kinderchor hörte, in dem Fall das gemeinsame Aufsagen. Natürlich habe ich auch als erstes gedacht, dass hier noch eine sehr altertümliche Unterrichtsform praktiziert würde. Das gemeinsame Aufsagen war ja durchaus auch bei uns einmal üblich. Als ich die Schule besuchen durfte, habe ich dort auch Kinderketten im Kreis laufen sehen, wie auf dem Foto oben. Dieser Unterricht betont die Gemeinsamkeiten, das Gruppenerlebnis, die Wahrnehmung von sich selbst als Glied einer Kette, im sprichwörtlichen Sinne – es wird also eine andere Vorstellung von Pädagogik praktiziert. Genau so begründeten chinesische ErzieherInnen in der Untersuchung von Tobin et al. (2013) den gemeinsamen Toilettengang. Kinder sollten lernen eine Gemeinschaft zu bilden, auch durch Synchronisierung der körperlichen Rhythmen. Natürlich dürfen Kinder, die dringend zur Toilette müssen, das auch außerhalb des gemeinsamen Rituals tun. Heute sehe ich in solchen Praktiken nicht direkt die »altertümliche« Unterrichtsform, was ja einen – unzulässigen – Vergleich mit hiesigen Praktiken impliziert und eine darauf folgende Bewertung, sondern eine kulturelle Praxis, die ihren Stellenwert in einem anderen kulturellen Modell hat.

Ich führe diese Beispiele nicht auf, um dafür zu plädieren, gemeinsames Marschieren, Aufsagen von Texten oder Toilettengänge (wieder) in unsere Kitapädagogik einzuführen. Ich möchte mit ihnen zum Ausdruck bringen, dass man dasselbe Verhalten aus unterschiedlichen Blickwinkeln sehen kann: als Unterdrückung von Individualität aus psychologisch autonomer Perspektive oder als Betonung von Gemeinsamkeit aus einer (hierarchisch)-relationalen Perspektive. Aus jeder Perspektive kann man Dinge besser oder schlechter machen – die Bewertung muss aber in jedem Fall innerhalb eines Systems vorgenommen werden und nicht auf dem Vergleich der Systeme basieren.

Abgucken erlaubt?

Man sollte aber durchaus darüber nachdenken, wo man im Kitaalltag Aktivitäten einbauen kann, die es Kindern ermöglichen, sich als Teil einer Gemeinschaft zu fühlen. In vielen Morgenkreisen habe ich beobachtet, wie aus einem wilden Kinderhaufen eine konzentrierte Gruppe wurde, wenn die ErzieherIn Aktionen (Bewegungen, Geräusche) vorgeschlagen hat, die alle Kinder gemeinsam ausführen.

Auch in der französischen École maternelle (dem Äquivalent zu unserem Kindergarten) werden neben der Betonung von Individualität solche Gruppenerlebnisse gefördert. Die euroamerikanische Journalistin Pamela Druckerman, die mit ihrem britischen Mann und ihren drei Kindern in Paris lebt, hat mit »Warum französische Kinder keine Nervensägen sind« (die deutsche Übersetzung von »Bringing up Bébé« erschien 2012) ein packendes Buch über Erziehungsphilosophien und eigene Beobachtungen geschrieben. Das Buch ist sofort zu einem internationalen Bestseller geworden und wurde in 28 Sprachen übersetzt, nicht zuletzt aufgrund der gelungenen Mischung aus persönlichem Erleben und wissenschaftlichen Erkenntnissen zu kulturellen Erziehungsunterschieden (s. Interview mit Pamela Druckerman in »Brigitte«[13]). Sie beschreibt zum Beispiel ihr damaliges Entsetzen, als sie ihre erstgeborene Tochter eines Tages aus der Kita abholte und dort eine Reihe völlig gleich aussehender Bilder einer Ente hängen sah. Alle Kinder haben die gleichen Farben verwendet und sie konnte nicht herausfinden, welches Bild ihre Tochter gemalt hatte. Ihr fehlte die individuelle Kreativität. Durch ihre Gespräche und Recherchen wurde ihr dann

---

13 Das Interview ist am einfachsten auffindbar, indem man die Suchbegriffe »Druckermann + Brigitte« in die Suchfunktion des Browsers eingibt.

klar, dass mit solchen Gruppenaktivitäten Werte – wie z.B. Anpassung, Disziplin, aber auch Präzision – vermittelt werden, und zwar nicht auf Kosten von Kreativität, die auch unterstützt und gefördert wird. In unseren Kitas ist es dagegen eher üblich, dass jedes Kind zu einem gemeinsamen Thema eine eigene Version anfertigt, wie die Herbstbäume auf dem Bild links zeigen.

Im Winter 2018 hatte ich Gelegenheit, einen Malwettbewerb von Kindern in Vadodara (Baroda) in Gujarat zu besuchen. Kinder saßen nach Altersgruppen getrennt auf dem Rasen eines kleinen Parks. Jedes Kind hatte ein Blatt auf einer festen Unterlage und einen Satz Buntstifte. Aus jeweils zwei Zeichnungen (die in den Altersgruppen unterschiedliche Schwierigkeitsgrade aufwiesen) konnten sie eines auswählen, das sie möglichst genau kopieren sollten. Eine Jury bewertete die Zeichnungen nach dem Grad der Präzision der Kopie. Die folgenden Fotos geben einige Eindrücke dieses aus westlicher Sicht ungewöhnlichen Malwettbewerbs wieder.

Der Malwettbewerb war ein sogenanntes Feldprojekt einer Gruppe von Masterstudentinnen – der Studiengang Life Science wird kaum von Männern belegt – der sehr renommierten indischen Maharaja Sayajirao Universität Baroda. Genauigkeit, Präzision spielt in Erziehung und Bildung von Kindern in relational organisierten Kulturen eine große Rolle – Kinder sollen ja gerade lernen, Gemeinsamkeit (mit anderen) zu betonen und nicht ihre Individualität herauszustellen –, und das geschieht häufig im Gleichklang mit anderen.

8.3.1 Kinder sind grundsätzlich an Kindern interessiert

Kinder aus westlichen Mittelschichtfamilien sind natürlich auch an anderen Kindern interessiert und beobachten genau, was diese tun. Sie erkennen mit etwa zwei Jahren, wenn andere traurig sind und Trost oder Hilfe benötigen. Westliche Mittelschichtkinder werden jedoch selten aktiv, indem sie andere trösten. In Kitas kann man häufig beobachten, dass sie eine ErzieherIn rufen, wenn ein Kind traurig ist oder weint. In hierarchisch relationalen Kulturen übernehmen die Kinder füreinander Verantwortung und trösten sich gegenseitig,

Auch in Krisensituationen in Kitas regulieren die Kinder Konflikte untereinander, ohne ErzieherInnen einzubeziehen. In einem Film der »Preschool in three cultures«-Untersuchung (Tobin et al., 2013) gibt es in einer japanischen Kita eine schöne Szene, in der sich zwei kleine Jungen streiten und ein älteres Mädchen dazu kommt und die beiden Kontrahenten miteinander versöhnt – ohne Einbezug einer ErzieherIn. So wie dieses Mädchen übernehmen Kinder in japanischen Einrichtungen oft Verantwortung in der Gruppe und für andere Kinder und stärken damit das Gefühl der Gemeinschaft. In deutschen Kitas, die den Übergang nach dem Berliner Modell gestalten, und in gewisser Weise auch in denen, die nach dem Münchner Modell arbeiten, ist dies Aufgabe der BezugserzieherIn, weil sie diejenige ist, die nach und nach in der Kita die Rolle der Eltern als sicherer Hafen übernehmen kann und soll. Eine Erwachsene als Trostspenderin muss für viele kindergruppenorientierte Kinder nicht nur ungewohnt, sondern auch unvertraut, befremdlich und möglicherweise Angst induzierend sein. Mit anderen Kindern in Kontakt zu treten, ist für sie vermutlich weit weniger problematisch, weil Kinder für Kinder primär nicht Angst auslösend sind. Die

Aussage einer ErzieherIn unserer Fragebogenuntersuchung zeigt diesen Zugang deutlich: »Familien mit einem arabischen Hintergrund – oder auch einem afrikanischen – haben eigene Erfahrungen mit ›Fremdbetreuung‹, die verstehen den Sinn oft nicht und auch die Kinder orientieren sich am Anfang mehr an den älteren Kindern und nicht an den pädagogischen Fachkräften.«

Der Entwicklungspsychologe und Pädiater Michael Lewis, damals in Princeton, NJ, hat dies vor vielen Jahren in der Fremde Situation gezeigt. Wenn Kleinwüchsige als Fremde fungierten, zeigten die Kinder meist keine, in jedem Fall aber weniger Angst und Irritation als bei normalwüchsigen Erwachsenen. Weil eine große Gruppe von vielleicht 20 oder mehr Kindern eine andere Dynamik aufweist als einzelne Kinder, wäre eine Möglichkeit der Eingewöhnung daher, kleine Gruppen zu bilden, die das neue Kind sozusagen einführen würden. Kinder übernehmen gerne solche Aufgaben, anderen Kindern etwas zu zeigen oder etwas vorzumachen. Die Aufgabe der pädagogischen Fachkräfte würde in diesem Fall darin bestehen, Gruppen zu moderieren, statt sich ausschließlich auf das einzelne Kind zu konzentrieren. In vielen japanischen Kitas z.B. übernehmen ErzieherInnen die Rolle aufmerksamer BeobachterInnen, die nur dann eingreifen, wenn eine Situation Kinder überfordert. Dazu sind andere pädagogische Qualitäten notwendig, als die Fokussierung auf das individuelle Kind und der dyadische sensitiv bzw. responsive Umgang. Unser Konzept des Schutz-raumes Kindheit, in dem Kinder viele Rechte, aber keine Pflichten oder Verantwortlichkeiten haben, nimmt Kindern wesentliche Erfahrungsräume: verantwortlich zu sein und Verantwortung zu übernehmen. Kinder tun das gerne und selbstverständlich, wenn man Ihnen die Möglichkeit dazu läßt. Zusammen mit dem israelischen Kindheitspädagogen und Kitaleiter Perah Midbar Alter habe ich einen Bericht in »Betrifft KINDER« (Heft 9-10/2020) veröffentlicht, wo wir die Autonomie und Verantwortung von Kindern aufweisen. Perah Midbar Alter hat 3- bis 5-jährige Kinder in der Jerusalemer Kita, deren Leiter er ist, dazu interviewt, was sie, die Kinder, tun könnten, um ihren Eltern und Familien die Corona Zeit leichter zu machen, Die Kinder haben diese Verantwortung selbstverständlich übernommen und viele Ideen geäußert, was sie tun, damit es ihren Eltern besser geht.

8.3.2 Orientierung am Kind und an Kindern

Die Kompetenzen und Motivationen von Kindern könnten zu einer wichtigen Ressource in den Eingewöhnungs- und Übergangsprozessen für Kinder werden. Hier könnte ein Anspruch helfen, der sich paradoxerweise in der Frühpädagogik bereits findet, aber nicht zur Anwendung kommt: die Orientierung am Kind und den Kindern. Eingewöhnung könnte aus dieser Perspektive auch bedeuten, Kinder (die das nicht von sich aus tun) darin zu unterstützen, mit anderen Kindern in Kontakt zu kommen, Freunde zu finden, Gruppenaktivitäten zu initiieren. Dadurch würde der Fokus von der zentralen Rolle der Erwachsenen auf die Kinder und die Kindergruppe verschoben.

Reflexionsfragen

- Wo können Kinder in Ihrer Kita Gruppen- und Gemeinschaftserlebnisse machen?
- Wie könnte die Kindergruppe in Ihrer Einrichtung mehr in den Übergang für neue Kinder einbezogen werden?

Ein vielversprechender Ansatz

Einen interessanten Ansatz hat die Montessori-Pädagogin Daniela Bröhl mit der »sanften Gruppen-Eingewöhnung für Eltern und Kinder« im Katholischen Kindergarten St. Florian in München entwickelt. In diesem Modell starten acht Kinder und ihre Eltern gleichzeitig den Übergang. Als Dauer sind 7 bis 10 Tage mit täglich zwei Stunden Beziehungsarbeit angesetzt, die nach einer vorgegebenen Struktur ablaufen: Begrüßungsritual im Morgenkreis, gemeinsame Eltern-Kind-ErzieherIn-Zeit, Abschiedsritual der Kinder von den Eltern, Brotzeit und Freispiel für die Kinder, parallel dazu themenbegleitende Elternzeit und Abschluss. Die Kinder lernen sich auf diesem Weg untereinander kennen und bilden eine Nestgruppe, währenddessen lernen sich die Eltern kennen und miteinander die Kita und die ErzieherInnen. Es sind immer zwei (feste) PädagogInnen und die Leitung involviert. Für das Team ist die Eingewöhnungszeit konzentriert und stärkt die Erziehungspartnerschaft. Obwohl dieser Ansatz in der klassischen Bindungstheorie verankert ist und die Gruppe als Medium zur Beziehungsbildung mit der ErzieherIn gesehen wird, ist dies ein vielversprechender Ansatz und mit Sicherheit ein erster Schritt in die richtige Richtung. Inzwischen gibt es mehrere Kitas, die mit Gruppeneingewöhnungen sehr gute Erfahrungen gemacht haben.

Die Ressource, die andere Kinder darstellen, wird auch in dem Ansatz »Eingewöhnung in der Peer« (Fink, 2018) gesehen und nutzbar gemacht. Kinder werden je nach Eintrittsalter in unterschiedlich große Gruppen zusammengefasst (drei bis vier Einjährige und vier bis fünf Kinder ab 2 Jahren). Die Kindergruppen verbringen etwa 2 Wochen (oder mehr) in einem speziellen Raum mit konstanten Bezugspersonen und zwei BezugserzieherInnen. Ab der 2. Woche finden zunehmend Kontakte mit anderen Räumen und anderen Personen in der Kita statt sowie Trennungen von der Bezugsperson, je nach Bereitschaft des Kindes. Die Eingewöhnung gilt als abgeschlossen, wenn alle Kinder zu einer oder beiden BezugserzieherInnen (»Eingewöhnungsfachkräfte«) eine Beziehung aufgebaut haben und sich von der Bezugsperson lösen können. Das Konzept basiert auf den klassischen bindungstheoretischen Annahmen (z.B. BezugserzieherIn, Anwesenheit der erwachsenen familiären Bezugsperson, schrittweise Trennung), bezieht aber die Kindergruppe konstitutiv ein.

Die Bedeutung von Kindern und Kindergruppen für die Entwicklung von Kindern im Kitakontext wird auch in verschiedenen Kapiteln des von der Referentin für frühkindliche Bildung und Betreuung im Ministerium für Bildung und Kultur des Saarlandes Eva Hammes Di-Bernardo gemeinsam mit der Pädagogin Angelika Speck-Hamdan herausgegebenen Buches »Kinder brauchen Kinder« (2010) angesprochen und diskutiert.

8.4 Das Kind

In der Eingewöhnung geht es um das Kind. Daher sollen Eingewöhnungsprozesse natürlich immer am Kind orientiert sein und kindgerecht gestaltet werden. Doch ganz offensichtlich versteht man aus verschiedenen Perspektiven Verschiedenes unter kindgerecht. Im westlichen Diskurs versteht man darunter die Anwendung eines am Kind orientierten Konzeptes, wie z.B. die Bindungstheorie. Kindgerecht ist dort definiert als kindzentriert – es geht um Sensitivität für kindliche Signale, deren responsive Beantwortung, das Aufspüren von kindlichen Wünschen, Präferenzen und Intentionen. Das Kind wird dabei aus seinem Kontext herausgelöst und als Figur – wie beim Figur-Grund Phänomen – alleine ins Wahrnehmungsfeld gerückt; die kindliche Welt wird aus einer bestimmten, der psychologisch autonomen Perspektive interpretiert (s. Kapitel 5.2). Kinder bringen aber unterschiedliche Erfahrungen aus unterschiedlichen Familienkulturen mit. Daher habe ich zunächst der Familienkultur breiten Raum für eine kulturbewusste Gestaltung der Eingewöhnung gegeben.

Kindgerecht kann zum Beispiel auch bedeuten, Kindern entwicklungsadäquate Verantwortlichkeiten zu übergeben, damit sie an diesen wachsen und Selbstwert entwickeln können. Kindgerecht kann auch bedeuten, eine Rolle im sozialen Kontext zu übernehmen und sich als Mitglied einer Gruppe wahrzunehmen. Ich verstehe unter kindgerecht, das Kind in und mit seinem Kontext wahrzunehmen. Eine kindgerechte Eingewöhnung bedeutet entsprechend, dass alle Maßnahmen und Strategien der Eingewöhnung auf die Lebenslage der individuellen Kinder im Kontext ihrer Familien Rücksicht nehmen. Aus dieser Perspektive ist die Anwendung eines »One size fits all«-Modells in keinem Fall am Kind orientiert und kindgerecht.

Was gefordert ist, ist Flexibilität und ein pädagogisches Repertoire, das unterschiedliche Strategien ermöglicht. Für manche Kinder ist die Eingewöhnung nach einem bindungsbasierten Modell der richtige Weg, für andere Kinder aber eben nicht. Für sie ist ein solches Modell kontraindiziert, weil es zu viele Unsicherheiten, Ungewohntes, Fremdes, und möglicherweise auch Angstauslösendes enthält. Für eine multikulturelle Strategie ist es unabdingbar, Kenntnisse über andere kulturelle Regulationen zu erwerben und als Handlungsmöglichkeiten zu begreifen. Diese Kenntnisse erlauben, eine Situation überhaupt erst einmal anders zu sehen. Hilfreich ist eine Haltung der Neugier, sich zu interessieren. Dies schützt sowohl vor vorschnellen Bewertungen als auch vor der Sorge, etwas falsch zu machen. Interesse am Gegenüber eröffnet Beziehungsmöglichkeiten und Räume, in denen Neues ausprobiert werden kann – von allen Beteiligten.

Reflexionsfragen

- Was verstehen Sie unter kindzentriert?
- Sind Sie bereit, sich auf andere Sichtweisen einzulassen?

8.5 Der Ort

Eine weitere wichtige Dimension einer kulturbewussten Eingewöhnung ist die Einbeziehung des Ortes. Ebenfalls im deutschen Kitadiskurs ist in Anlehnung an die Reggio-Pädagogik der Ort bzw. der Raum der »dritte Erzieher«. Es wird argumentiert, dass neben der sozialen auch die gegenständliche Umwelt den Kindern Anregungen vermitteln und ihre Neugier herausfordern soll. Die gegenständliche Umwelt lade dazu ein, sich zu bewegen und die Fertigkeiten zu erproben, oder lässt sie im Gegenteil uninteressiert, schränkt sie ein oder behindert sie. Die bauliche Gestaltung, die Einrichtung, die Nutzung und Funktion der Räume und des Materials werden so als »heimlicher Erzieher« betrachtet. Viele Kitas in Deutschland haben diese Philosophie übernommen.

Der Dritte Erzieher (Quelle: www.mandyfuchs.de/2017/02/21/der-raum-als-3-erzieher)
Manche PädagogInnen bzw. ErziehungswissenschaftlerInnen (z.B. von der Beek) erklären den Raum sogar zum ersten Erzieher, denn sie sehen – bezogen auf die Selbstbildungsprozesse der Kinder (also in Bezug auf ihr aktiv-entdeckendes Lernpotenzial) – unmittelbare Zusammenhänge zwischen

- dem Bild vom aktiven und neugierigen Kind und Räumen, in denen es aktiv sein kann, sowie Materialien, in denen es Stoff zur Befriedigung seiner Neugier findet;
- dem pädagogischen Ziel, der Individualität jedes Kindes Rechnung zu tragen, und Räumen, in denen jedes Kind täglich eine Vielzahl von Wahlmöglichkeiten hat;
- Räumen und der veränderten Rolle von LehrerInnen und ErzieherInnen, in der sie Lernprozesse nicht stets durch instruierende Angebote steuern müssen, sondern auf natürliche Weise begleiten können, weil die Räume und Materialien die Kinder zu intensiven Betätigungen und zum Lernen einladen.

Die räumliche Situation der Kita wird also in erster Linie als Hintergrund für das selbstständige und selbsttätige Lernen und Erkunden der Kinder betrachtet. Diese Sicht liegt ganz auf der Linie des kulturellen Modells der psychologischen Autonomie des einzelnen Kindes. Der Aspekt der Ortsbindung, also dass Raum auch ein Ort des Wohlfühlens und der Gemeinschaftlichkeit ist, bleibt unberücksichtigt.

Junk Gardens

Struktur und Ordnung im Raum werden in unseren Vorstellungen einer guten Kita als wichtig erachtet. Dazu gehört, dass die Spuren des Kindertages am Abend in der Kita nicht mehr sichtbar sind. Das mag für die kognitive Funktion des Raums als Anreger für Lernprozesse im westlichen Sinne hilfreich sein. Allerdings kann man Selbstwirksamkeit auch durch andere Erfahrungen unterstützen, nämlich durch die Erfahrung, auf die Umwelt einzuwirken, sie zu verändern, Spuren zu hinterlassen. Das ist z.B. mit dem Konzept der »junk gardens« möglich, die man in israelischen Kibbuzim finden kann. Junk ist der englische Begriff für Abfall, Unnützes. Junk gardens sind eingezäunte und zum Teil überdachte Außenbereiche an den Kinderhäusern des Kibbuz, in die in der Umgebung lebende Familien all das hinbringen, was sie nicht mehr brauchen oder los werden wollen: Computer, Möbel, kaputte Waschmaschinen, Verpackungsmaterial, Gardinen, einfach alles, was sie im Haushalt nicht mehr haben möchten. Die Kinder können mit den Dingen machen, was sie wollen, alleine, in Gruppen, sie können werkeln, bauen, verändern. Wichtig ist: Die junk gardens werden nicht aufgeräumt. Die Spuren der Kinder bleiben, bis sie selbst oder andere Kinder die Gegenstände anders nutzen.

Die Junk Gardens haben noch eine weitere wichtige Funktion: Kinder haben es hier mit realen Gegenständen zu tun und nicht mit Nachbauten oder Kinderversionen der realen Welt. So kann Zugehörigkeit und Bindung an Orte entstehen.

8.5.1 Kinder im Raum

Diese Diskussion führt zu der Frage, welche Rolle das Kind im Raum spielt. Wo sind die Kinder im Raum über ihre Tätigkeiten hinaus sichtbar? Unsere Kitas sind in der Regel mit Strukturen und Requisiten ausgestattet, die Kindern bestimmte Orte zuweisen. In fast allen Kitas gibt es Orte mit Fotos der Kinder, am Eingangsbereich, an den Fächern der Kinder usw. In aller Regel sind es Porträtfotos, auf denen das Gesicht und vielleicht noch Hals und Schulter zu sehen sind.

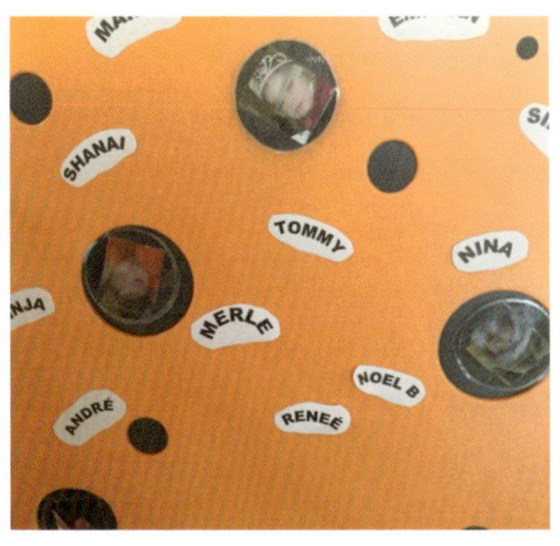

Für Menschen mit einer kontextuellen Orientierung sind dies sehr ungewohnte Sichtweisen. Für viele Kinder bzw. Familien wäre es vertrauter, Kinder in einem Kontext zu sehen, zusammen mit anderen, während verschiedener Tätigkeiten, ihren ganzen Körper und nicht nur ihr Gesicht. In der neu konzeptionalisierten multikulturellen Kita der Hebrew University in Jerusalem gibt es auch Fotos der Kinder, die die Kita besuchen. Sie sind an einem Fenster angebracht. Obwohl es sich hier auch um eine Kita mit Kindern aus Mittelschichtfamilien im städtischen Raum handelt, zeigen die Fotos der Kinder eine größere Vielfalt als wir das von unseren Einrichtungen kennen: Manche Kinder sind durchaus auch mit Porträts dargestellt, andere aber in ihrer ganzen Körpergröße und während einer Tätigkeit. Die Fotos wurden von den Familien mitgebracht und stellen dar, wie die Familie ihr Kind präsentieren möchte. Nach einer inzwischen in Kraft getretenen Datenschutzgrundverordnung werden allerdings Fotos der Kinder in den Kitas aus Datenschutzgründen zukünftig verschwunden sein.

Dekoration

Räume reflektieren Sehgewohnheiten. Und es gibt unendlich viele Unterschiede in den Sehgewohnheiten unterschiedlicher Kulturen. Zum Beispiel ist die bevorzugte Menge an Information kulturell sehr variabel und ebenso die verwendeten Farben und Formen. In deutschen Kitas werden z.B. Dekorationen zu festlichen Anlässen an den oberen Wänden oder der Decke angebracht, wie die fastnachtlich geschmückte Sporthalle in der von Sandra Lukas geleiteten Kita Neubrücke in der Verbandsgemeinde Birkenfeld in Rheinland-Pfalz.

In indischen Kitas werden Dekorationen, bestehend aus buntem Sand und Blüten, auf dem Fußboden ausgelegt.

Die durchschnittliche Kita, in die Kinder aus unterschiedlichen kulturellen Kontexten eingewöhnt werden sollen, stellt in aller Regel einen monokulturellen Lebensraum dar. In einer kulturbewussten Kita sollten die Räume jedoch die unterschiedlichen Kulturen ihrer Nutzer – Kinder, Eltern, Fachkräfte – widerspiegeln.

Reflexionsfrage

- Welche Kultur ist in den Räumen Ihrer Einrichtung repräsentiert?

Außengelände

Obwohl alle Kitas Außenräume, Spielplätze und Aufenthaltsorte im Freien haben, spielt sich der Kitaalltag doch weitgehend in den Räumen der Einrichtung ab. Das ist für viele Kinder ungewohnt. Sie sind es gewohnt, sich überwiegend im Freien aufzuhalten, wie die Kinder in den folgenden Abbildungen in der Nähe von Delhi.

Darauf wird in der Kitaarchitektur in vielen Kulturen sehr viel Wert gelegt. Die neu eingerichtete Kita an der Universidad de Costa Rica in San José hat das in vorbildlicher Weise umgesetzt. Die gesamte Kita ist um einen großen runden überdachten Innenraum gebaut. In diesem Innenraum gibt es eine runde Bahn, wo die Kinder mit allen möglichen Vehikeln fahren können, um die Bahn herum gibt es Bänke.

Von diesem Innenraum gehen alle Gruppenräume ab (die Kita ist nach Altersgruppen organisiert). Die Wände sind farblich gestaltet und von einem lokalen Künstler mit Bildern versehen. Die Räume haben nicht nur Fenster und Zugänge zu dem Innenraum, sondern auch zu der, um die Räume herum angelegten Grünfläche, auf welcher auch größere Spielgeräte stehen. Es gibt von überall eine perfekte Verbindung zwischen Innen und Außen und durch Transparenz und Durchsichtigkeit auch nach oben, wie z.B. der runde Durchblick zum Himmel.

Dies sind selbstverständlich ideale Bedingungen, aber auch mit wenigen Mitteln kann der Bezug nach außen sichtlich gestärkt werden, wie z.B. in der Kita der Hebrew University in Jerusalem. Diese Kita, in die derzeit 20 Kinder kommen, verfügt lediglich über einen größeren und einen kleinen Innenraum und ein kleines Badezimmer mit Toiletten. Die große Freifläche ist inzwischen ebenfalls möbliert worden. Außer einem überdachten Sandkasten gibt es jetzt allerlei Spielgeräte und Tische und Stühle. Die Kinder essen draußen. Das Mobiliar ist beweglich und kann umgestellt werden. Ein einfaches gespanntes Tuch sorgt für Schatten.

Mobiles Mobiliar

Xenia Roth erzählte mir folgendes Beispiel, das eine gute Möglichkeit mit bescheidenen Mitteln darstellt: »Anfang der 2000er Jahre war ich in Dänemark: Dort hatte jede Kita im Großraum Kopenhagen Dutzende von Milchkästen, vergleichbar mit unseren Bierkästen. Die Milchkästen dienten als Spielzeug – Kinder saßen darin, wie in Fahrzeugen, bauten Türme etc. – aber auch als Einrichtungsgegenstand, z.B. waren es Tischbeine. Es wurde einfach eine Platte darüber gelegt.

Pflanzkästen und kleine Gärten gibt es in vielen Kitas. Gärtnern und das Einbezogenwerden in die Verarbeitung der Ernte bietet Kindern eine gute Möglichkeit, eine emotionale Verbindung zum Ort herzustellen. Der Pflanzkasten auf dem Bild oben rechts z.B. steht im Außenbereich eines Gruppenraums der bereits erwähnten costaricanischen Kita. Eine Gruppe zieht dort gerade Kräuter für ein Projekt (Bild links). Die bereits erwähnte israelische Kita hat eine Pflanzecke auf der Außenfläche, wo neben Kräutern auch Gemüse wächst, wie z.B. Zucchini, die von den Kindern geerntet und gegessen werden.

Für viele Kinder wirken ungewohnte Räume, fremde Formen, Farben, Bildsprachen in unseren Kitas verunsichernd. Es würde sie bereits deutlich entspannen, wenn sie mehr Zeit im Freien verbringen könnten. Das könnte sie darin unterstützen, Bindungen an Orte zu entwickeln, Ortsidentität, die wichtig für das Wohlbefinden ist.

Für viele Menschen ist die Ortsidentität, die Bindung an Orte in der Natur, zentral für ihre Selbstdefinition und ihr Selbsterleben. So leben z.B. Beduinen in der Wüste Negev in Israel, in – von der israelischen Regierung nicht anerkannten – Siedlungen, obwohl sie dort von der öffentlichen Versorgung – Wasser, Elektrizität, Müllabfuhr – abgekoppelt sind. Schlimmer noch, ihre Siedlungen werden vom israelischen Militär regelmäßig zerstört, weil sie eben jene Beduinenclans zwingen wollen, in Siedlungen zu ziehen, die sie dafür vorgesehen haben. Die Beduinenfamilien errichten ihre Siedlungen jedoch immer wieder an derselben Stelle und lassen sich durch die unmenschlichen Bedingungen nicht abschrecken. Familien, die ich dort besucht habe, erklärten mir, dass sie niemals dieses Land verlassen würden, denn das Land sind sie selbst, es ist das Land ihrer Ahnen und es soll das Land ihrer Kinder werden.

Was bedeutet Ortsidentität?

Ortsidentität betrifft Gefühle und Bindungen an Plätze, Landschaften, Städte und Dörfer. Es beschreibt das Befinden, Wohlfühlen aufgrund bestimmter örtlicher Gegebenheiten, die sich in ihrem Ausmaß sehr unterscheiden können. Zum Beispiel können Zugehörigkeitsgefühle und Wohlbefinden mit einem bestimmten Baum verknüpft sein, mit einem Blick über eine bestimmte Landschaft, mit den Bergen oder dem Meer. Viele Menschen fühlen sich an Orten wohl, die sie an ihre Kindheit erinnern. Ortsidentität ist kein exakt bestimmter Begriff, sondern wird in verschiedenen Disziplinen – z.B. Geographie, Psychologie, Soziologie – unterschiedlich definiert. Menschen haben unterschiedliche und unterschiedlich intensive Bindungen an Orte.

Reflexionsfragen

- Haben Sie einen Ort, an dem Sie sich besonders wohl, geborgen, sicher fühlen?
- Wie würden Sie die Beziehung zu diesem Ort beschreiben?

Ähnlich starke Ortsbindungen hat der kanadische Psychiater und Vertreter der kulturellen Psychiatrie Laurence Kirmayer bei den Inuit in Grönland beobachtet. Die Inuit definieren sich durch die Beziehung zu ihrem Land und zu den Tätigkeiten, die sie in diesem Land ausüben, wie Fischen und Jagen. »We are the land« – wir sind das Land. Mit »Land« meinen sie keinen Staat, sondern die Landschaft in der sie leben. Kirmayer hat dafür den Begriff des ökodependeten Selbst vorgeschlagen. Er sagt, für die Inuit gelte das Konzept des independenten oder interdependenten Selbst nicht, sie seien nicht unabhängig oder mit anderen verbunden, sie seien mit ihrer Natur verbunden.

Die Personalisierung der typischen deutschen Kita, durch das (Porträt)-Foto des Kindes, die Markierung mit eigenen Bereichen bzw. Fächern, Kleiderhaken, Zahnbechern usw. hilft dem westlichen Mittelschichtkind bei der Eingewöhnung, nicht aber dem Kind, das aus einem traditionellen bäuerlichen oder einem anderen landschaftsverwurzelten Milieu stammt, wo es keinen persönlichen Besitz gibt, sondern Dinge kommunal genutzt werden.

Das gilt nicht nur für Kinder, sondern auch für Erwachsene. Mir hat eine Erzieherin einmal von einer sehr verstörten Frau erzählt, die als Flüchtling mit ihren Kindern nach Deutschland gekommen war und eines ihrer Kinder in der Kita anmelden wollte. Die Erzieherin kam mit ihr nicht ins Gespräch. Die Frau antwortete ihr nicht, schaute zu Boden. Um die Situation aufzulockern hat die Erzieherin einen Rundgang durch die Kita vorgeschlagen. Als sie im Freien waren, sei die Frau wie ausgewechselt gewesen. Dort hätte sie gesprochen und sei in ihrem Verhalten viel lebhafter gewesen. Diese Erfahrung bestätigt das Konzept des »In Beziehung gehen«, das Sabrina Wöhlert in Speyer entwickelt hat (s. Kapitel 8.1). Orte können also eine wichtige Rolle für die Eingewöhnung spielen und das Gefühl

Independentes Selbst und interdependentes Selbst

Diese beiden Konzepte sind in der Psychologie weit verbreitet, um kulturelle Unterschiede in der Psychologie des Menschen zusammenzufassen (s. z.B. den viel zitierten Artikel von Hazel Markus und Shinobu Kitayama von 1991: Culture and the Self. Implications for Cognition, Emotion and Motivation). Das independente Selbst ist weitgehend deckungsgleich mit dem Konzept der psychologischen Autonomie (s. Kapitel 5.2). Es beschreibt das von anderen getrennte, einzigartige, selbstbezogene und mit anderen konkurrierende Selbst, das Vorstellungen, Meinungen, Intentionen und Überzeugungen besitzt und nach außen vertritt. Es charakterisiert die Menschen, die der westlichen Mittelschicht angehören. Die Definition des interdependenten Selbst ist weitgehend deckungsgleich mit der Konzeption der hierarchischen Relationalität (s. Kapitel 5.2). Das Individuum sieht sich als Teil eines – hierarchisch organisierten – sozialen Systems, in dem es seinen Platz hat. Interdependent organisierte Menschen möchten in Harmonie mit anderen leben.

Das Konzept des interdependenten Selbst wird allerdings nicht nur für dörfliche Lebensgemeinschaften der nicht westlichen Welt verwendet, sondern auch für formal hochgebildete Städter und für geografische Bereiche (z.B. Menschen in Südostasien). Dieser weite Geltungsbereich birgt Probleme, die vermieden werden können. Dafür müsste die Betrachtung von Selbstkonzepten – mehr psychologisch-autonom orientiert oder eher hierarchisch-relational – in Beziehung zu kontextuellen-soziodemografischen Merkmalen gesetzt werden, weil in jedem Selbstkonzept die soziodemografischen Merkmale repräsentiert sind. Die Art der Bildung – hoch formal in Schule, Ausbildung, Studium oder eher alltagsbezogen praktisch – und die Erfahrungen in einer bestimmten Familienkonstellation – mit vielen, wenigen oder keinen Geschwistern – sind relevante Dimensionen des Selbstverständnisses und spiegeln sich in den kulturellen Orientierungen. Jeder Mensch befindet sich demnach in einem Überschneidungsbereich von Geschlecht, Alter, sozialem Milieu und ethnischer Zugehörigkeit. In manchen Wissenschaftsbereichen spricht man hier von Intersektionalität, allerdings meistens aus der Perspektive von Benachteiligung und Diskriminierung.

des Kindes, sich sicher zu fühlen, unterstützen. Dafür müssen sie jedoch systematisch genutzt werden.

Kitas könnten und sollten auf der Grundlage ihrer räumlichen Gegebenheit und aus der Kenntnis der Familien, deren Kinder sie betreuen und bilden, eigene Konzepte entwickeln, die sich an folgenden Dimensionen orientieren:

Sicherheit und Schutz: Haben alle Kinder auf die ihnen angemessene Weise die Möglichkeit Orte für sich zu finden, an denen sie sich wohlfühlen, an denen sie heimisch werden können? Das ist für alle Kinder wichtig und gilt in besonderem Maße für Kinder aus geflüchteten, im wahrsten Sinne des Wortes entwurzelten Familien.

Entspannung und Beruhigung: Haben alle Kinder in der Kita die Möglichkeit, sich zu entspannen und Ruhe zu finden? Dafür ist es notwendig, dass Kinder Orte in der Kita finden, deren Bildersprache ihnen vertraut ist und wo Routinen stattfinden, die an Bekanntes anknüpfen, z.B. beim Essen oder Schlafen (s. dazu TPS 2, 2017 und Kramer & Gutknecht, 2016)

Abwechslung und Stimulation: Haben alle Kinder Anregungen, sich Wissen über die Welt anzueignen? Das Modell des dritten, resp. ersten Erziehers reflektiert einen für viele Kinder brauchbaren Zugang und es gibt wahrscheinlich genauso viele Kinder mit anderen Lernbiografien, die mehr aus kontextualisierten und strukturierten Angeboten lernen, durch intensives Beobachten und sozialen Bezug der Lerninhalte und Lernformen.

8.6. Vernetzung im Sozialraum

In vielen Bildungsplänen wird die Bedeutung der Eingliederung von Einrichtungen in den Sozialraum betont. Der Bezug zum Sozialraum dient einerseits der Entwicklung von Ortsbezogenheit und Ortsidentität auf einer größeren Skala. Zum anderen fokussiert der Bezug zum Sozialraum aber natürlich auch auf die dort lebenden Menschen. Die räumliche Dimension des Ortsbezugs kann auf vielerlei Weise geschehen. Vorbildlich wird dies z.B. in der Kita der Hebrew Universität in Jerusalem realisiert. Die Kinder erkunden in kleineren und größeren Gruppen mit ihren ErzieherInnen den Campus auf dem Skopusberg. Sie besuchen den in den Campus integrierten botanischen Garten, erkunden die Bereichsbibliothek oder stromern durch die Gänge der Gebäude und den Außenraum. Einmal haben sie sogar dem Rektor der Universität einen unangekündigten Besuch abgestattet, was dieser mit sehr viel Wohlwollen beantwortete. Die Kinder der Kita haben in der Universität inzwischen eine gewisse Berühmtheit erlangt und sie haben die Universität als ihren Ort angenommen.

Dieses Konzept wird durch den weitgehend autofreien Campus begünstigt und ist nicht überall umsetzbar – aber es geht ja gerade auch darum, den Bezug zum jeweils spezifischen Raum, in dem sich die Kita befindet, herzustellen. Vielleicht könnten Betriebskitas ähnliche Ideen entwickeln.

Ein weiteres sehr gelungenes Beispiel finden wir im Konzept der von Manuela Espenschied geleiteten Kita »An der Bach« in Freinsheim, einem kleinen Städtchen an der Deutschen Weinstraße in Rheinland-Pfalz: »Wir sind viel unterwegs. Das alte Städtchen

Freinsheim und die Umgebung bieten tolle Ausflugsmöglichkeiten. Zu einem Stadtmauerrundgang oder einer Stadtrallye sind alle Kinder gerne bereit. Wir besuchen auch Betriebe und Firmen (Obst-Höfe, Geschäfte, Baustellen, die Feuerwehr) um uns genau zu informieren. Und wo kann man sich besser austoben und die frische Luft genießen als in unseren Weinbergen?«[14]

In der Winterfeldtstraße in Berlin habe ich gesehen, dass um einige Bäume, die an der Straße stehen, kleine Gärten mit Nutz- und Zierpflanzen und allerlei Dekorationen angelegt wurden.

Solche kleinen Flächen werden in vielen Städten von AnwohnerInnen zu ihrem Ort gemacht. Warum sollten nicht Kitas oder Kitagruppen Paten für kleine Gärten dieser Art in ihrem Stadtgebiet werden? Vielleicht gibt es das auch schon?

Menschen im Sozialraum

Ebenso wichtig ist es, Bezüge zu den Menschen im umgebenden Sozialraum zu entwickeln. Häufig ergibt sich das ganz von selbst, z.B. wenn man Geschäfte oder Höfe besucht. Aber es gibt auch Konzepte, in denen weniger ein spezifischer Ort und mehr die Menschen im Fokus stehen. Ein gutes Beispiel dafür sind Kooperationen mit nahegelegenen Altersheimen. Seit vor vielen Jahren Untersuchungen aus Japan bekannt wurden, die gezeigt haben, dass sowohl alte Menschen als auch kleine Kinder von Kontakten profitieren, wird dies gelegentlich auch bei uns realisiert.

Von einer Berliner Kita hörte ich, dass Kindergruppen, begleitet von einer Erzieherin, die einzelnen Kinder reihum zuhause besuchen. So lernen die Kinder kennen, woher die anderen Kinder kommen, wie es bei ihnen zuhause aussieht und wie man sich dort verhält. Solche Hausbesuche wären zum Beispiel auch denkbar als Teil einer Eingewöhnungs- bzw. Übergangsstrategie.

Ein anderes gutes Beispiel ist die bereits erwähnte Kita Neubrücke. Sie liegt auf dem Gelände einer ehemaligen US-amerikanischen Kaserne und ist in den großzügigen und von Grund auf neu gestalteten Räumlichkeiten der früheren Elementary School (Grundschule) am Fuße der zur Kaserne gehörenden Wohnsiedlung gelegen. In der Wohnsiedlung leben chinesische Familien, die dort ein großes chinesisches Handlungszentrum betreiben.

14 Die Konzeption kann eingesehen werden auf www.freinsheim.de/upload/dateien/Kita-AdB-Konzeption.pdf. Die zitierte Stelle befindet sich auf S. 10 unter »Andere Erlebnisräume«. (15.10.2018)

Deshalb gehen viele chinesische Kinder in die Kita Neubrücke. Zwischen der Kita, der Geschäftsführung und den dort lebenden chinesischen Familien besteht reger Austausch. Die Aufführungen der Kitakinder, meist Gesang und Tanz, sind fester Bestandteil örtlicher sozialer Aktivitäten, wie z.B. den deutsch-chinesischen Festen.

In Interviews, die ich mit chinesischen Familien, deren Kinder die Kita besuchten, gemacht habe, betonten sie, dass sie und ihre Kinder in der Kita gern mehr von der deutschen Kultur erfahren würden und gleichermaßen gerne ihre eigene Kultur vermitteln würden. Die gleichen Wünsche haben viele deutsche Eltern ebenfalls geäußert; einige ErzieherInnen berichteten, dass sie sich bereits intensiv mit der chinesischen Kultur beschäftigen. Seit einiger Zeit organisiert eine chinesische Familie einen Austausch mit chinesischen Institutionen, in dessen Rahmen chinesische ErzieherInnen regelmäßig die deutschen Institutionen besuchen und ErzieherInnen der Kita Neubrücke bereits mehrmals mit der deutschen Delegation nach China reisen konnten. Zwischenzeitlich arbeiteten zwei chinesische Pädagoginnen in der Kita. Da die administrativen Hürden hoch sind, war das bisher leider nur auf zeitlich begrenzter Projektbasis möglich. Die Fachberatung und die Gemeindeverwaltung jedoch arbeiten sehr konstruktiv mit der Kita zusammen, um Lösungen für eine Verstetigung zu finden. Die Leiterin der Einrichtung legt großen Wert darauf, dass der chinesische Schwerpunkt nicht dazu führt, andere Kulturen in der Kita zu benachteiligen. Daher gibt es regelmäßig auch andere kulturelle Projekte.

Sicher gibt es viele weitere gute Beispiele von Vernetzungen von Kitas mit den, sie umgebenden, Sozialräumen und ihren lokalen Besonderheiten. Es wäre schön, wenn solche Beispiele dokumentiert würden und als Anregung und Modell dienen könnten.

Aufgrund der Covid Pandemie kommen derzeit kaum noch chinesische Familien in den Hunsrück. Die Kinder, mit deren Eltern ich gesprochen habe, sind mittlerweile in der Schule. Das heisst, derzeit gibt es kaum chinesische Familien in der Kitagemeinschaft. Das zeigt, dass Kitakonzepte flexibel sein müssen, da die Konstellation der Dimensionen einer ständigen Veränderung unterliegt.

8.7 Kulturbewusste Eingewöhnung: ein multidimensionaler Prozess

Der Übergang von der Familie in eine Institution, wie z.B. die Eingewöhnung eines Kindes in eine Kita ist ein vielschichtiger, komplexer, sozialer und individueller Prozess. Jedes Kind kommt aus einer anderen Familienkultur und bringt entsprechend andere Voraussetzungen mit, diesen Übergang in Angriff zu nehmen und zu meistern. Kinder, die aus ähnlichen soziodemografischen Milieus stammen, sind sich ähnlicher als Kinder aus unterschiedlichen soziodemografischen Milieus. Aber auch innerhalb der Milieus gibt es erhebliche interindividuelle Unterschiede. Ein einziges Modell kann dieser Unterschiedlichkeit nicht gerecht werden. Und nicht nur das: wenn man ein Modell gleichermaßen auf unterschiedliche Menschen anwendet, vergrößert man die Unterschiede: Die Kinder, auf die das Modell passt, werden dadurch gefördert, manche Kinder, auf die das Modell nicht passt, bleiben außen vor und die Kinder, für die das Modell besonders fremd ist, werden so sehr benachteiligt, dass sie ihr Potenzial nicht entwickeln können.

Alle einbeziehen

Auf diesem Hintergrund muss man auch die immer wieder zitierte und diskutierte Situation sehen, dass die erfolgreiche Teilnahme am Bildungssystem und Bildungserfolg in Deutschland nach wie vor an die soziale Herkunft gekoppelt ist. Das – von der Kita bis zur Universität an der westlichen Mittelschichtkultur orientierte – Bildungssystem macht dieser sozialen Gruppe die Teilnahme leicht und erschwert bis verhindert die erfolgreiche Bildungsteilhabe anderer Gruppen. Multikulturalität in der Kita könnte also auch dazu beitragen, Bildungsunterschiede zu verringern. Es geht keineswegs darum, eine spezifische Kultur durch eine andere spezifische Kultur zu ersetzen, sondern darum, dass – wie im Beispiel der Kita Neubrücke – verschiedene Kulturen gleichberechtigt miteinander existieren und gelebt werden können. So können die Kinder – und wir Erwachsene mit ihnen – allmählich lernen, Kompetenz in verschiedenen Kulturen zu erwerben.

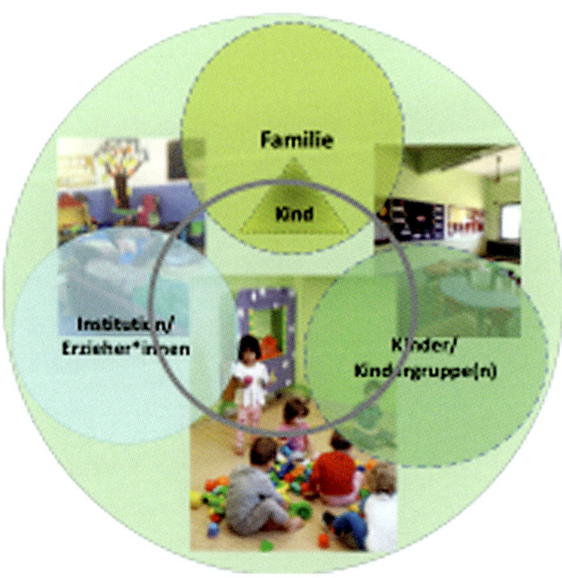

Dafür müssen unterschiedliche Familienkulturen in den Prozess von der Familie in die Kita und die damit verbundenen Veränderungen einbezogen werden. Aber natürlich bringen auch Institutionen und deren VertreterInnen Kulturen mit: eigene Familienkulturen und professionelle Kulturen, die sie in der Ausbildung und bzw. oder dem Studium gelernt haben. Auch diese Kulturen müssen einbezogen werden, damit ein Miteinander entstehen kann. Und das alles geschieht an und in einem Raum, der in einen größeren Sozialraum eingebettet ist.

Der große Kreis symbolisiert den Raum mit seinen unterschiedlichen Ausstattungen und Informationen. In diesem Raum bewegen sich die verschiedenen AkteurInnen, die Familie mit dem Kind, die Institution mit den ErzieherInnen, die Kinder und die Kindergruppen. Alle sind mit einem Kreis verbunden, in dem sie einen gemeinsamen Ort schaffen – idealerweise eine Wohlfühlzone –, in dem Kommunikation möglich ist. In diesem inneren Kreis der Gemeinsamkeit sollten unterschiedliche Verhaltensstrategien möglich sein. Insofern wäre ein solches Konzept wirklich kindzentriert, weil die unterschiedlichen Lebenswelten von Kindern respektiert würden.

Ein Prozess in Kreisen

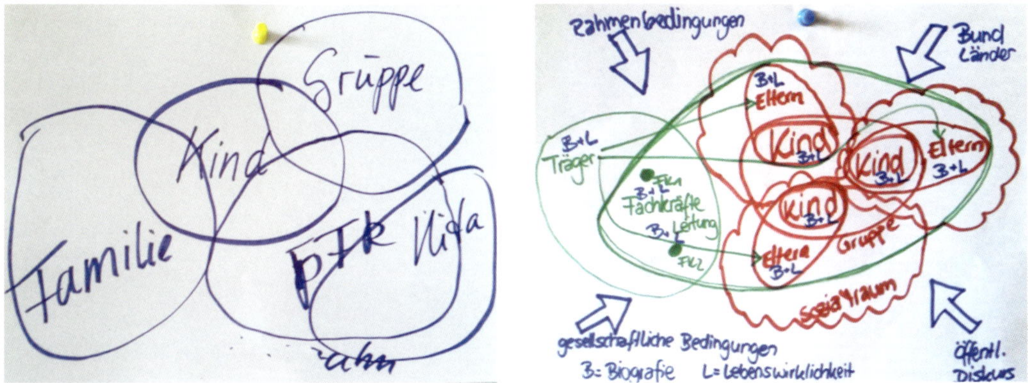

Die Integration dieser Prozesse in einem Kreislauf, bzw. in miteinander kommunizierenden Systemen ist auch das Ergebnis eines Workshops, den Xenia Roth auf der Tagung des Pestalozzi-Fröbel-Verbands in Freiburg 2016 durchgeführt hat. Sie hat mir die Visualisierungen der TeilnehmerInnen freundlicherweise zur Verfügung gestellt. Im Folgenden sind zwei der, auf dem Workshop entstandenen, Blätter abgebildet.

Es wird deutlich, dass diese Prozesse und die verschiedenen Ebenen nicht zu trennen sind und in ihrem Zusammenspiel betrachtet werden müssen. Eine kulturbewusste Eingewöhnung muss eine kulturinformierte Eingewöhnung sein, d.h., es kann nicht ein spezifisches Modell als für alle verbindlich erklärt werden. Die Kulturen aller Beteiligten stehen zunächst gleichberechtigt nebeneinander. Die Kita sollte die organisierende Rolle in dem notwendigen gemeinsamen Verhandlungsprozess übernehmen, denn die Kita ist das gemeinsame Handlungsfeld für alle Beteiligten.

9. Ethische Fragen

Wenn wir mit anderen Sichtweisen konfrontiert sind, sind wir geneigt, sie auf der Grundlage unserer Werte und Normen, also unserem kulturellen Modell, zu bewerten und das bedeutet häufig abzuwerten. Wir nehmen die Sichtweise anderer als falsch, zurückgeblieben, unreflektiert usw. wahr, statt als eine andere Weise, die Welt zu sehen, die grundsätzlich ebenso berechtigt ist, wie unsere eigene. Natürlich gibt es qualitative Unterschiede in der Realisierung jedes Modells, jeder Erziehungsstrategie. Wichtig ist, dass nicht die Qualität eines Modells mit den Standards eines anderen Modelles bewertet wird.

Hier stellen sich drängende ethische Fragen, die in diesem Kapitel diskutiert werden sollen. Dabei werden zunächst diagnostische Probleme aufgewiesen, danach Interventionsprogramme und schließlich Sorgerechtsfragen auf ethische Problematiken hin überprüft. Abschließend wird die ethische Praxis der Kita thematisiert.

Reflexionsfrage

- Warum fühlen wir uns in unserer Identität als Frau angegriffen bzw. bedroht, wenn uns z.B. ein muslimischer Mann aus religiösen Gründen nicht die Hand geben möchte?

9.1 Fehldiagnosen und Fehlbeurteilungen

Trotz aller Ungenauigkeiten und Unklarheiten in Grundlagen, Definition und Praxis der Bindungstheorie, die in den ersten Kapiteln diskutiert wurden, wird sie in vielfältiger Hinsicht als Grundlage der Beurteilung von Kindern und Familien eingesetzt. Dabei kann es zu gravierenden Fehldiagnosen kommen, wie das folgende Beispiel zeigt.

In den letzten Jahren werden zusätzlich zur Fremde Situation und dem Q Sort Verfahren auch Familienzeichnungen von Kindern für die Beurteilung von Bindungssicherheit verwendet. Es ist im Vergleich mit diesen beiden Verfahren sehr viel weniger aufwändig und es ist nicht invasiv – Kinder malen und zeichnen in der Regel gerne, und dies ist zudem eine gängige Aktivität in Familie und Kita. Die Schulpsychologin Gail Fury hat (1997) zusammen mit der Psychiaterin Elizabeth Carlson und dem Psychiater L. Alan Sroufe von der University of Minnesota zwei Verfahren – eine Merkmalsliste und eine Ratingskala – zur

Beurteilung der Bindungssicherheit bzw. Unsicherheit vorgeschlagen. Die Merkmalsliste besteht aus Charakteristika, deren Vorhandensein oder Nichtvorhandensein notiert wird. Die Muster, die sich mit diesen Verfahren ergaben, wurden von ihnen mit den Ergebnissen des Fremde Situation Test verglichen und mithilfe bestimmter statistischer Verfahren zu Profilen gruppiert. Auf dieser Grundlage werden Bindungstypen klassifiziert:

Unsicher-vermeidende Bindung (= A-Bindung) liegt bei folgenden Merkmalen in Zeichnungen vor

- Figuren sind nicht individualisiert
- Kind und Mutter sind weit auseinander gezeichnet
- Mutter oder Kind sind nicht gezeichnet
- Arme nach unten (eng am Körper)
- Übertreibung des Kopfes
- Keine Farben
- Unkenntliche Familienmitglieder

Unsicher-ambivalente Bindung (= C-Bindung) liegt bei folgenden Merkmalen in Zeichnungen vor

- Figuren ungeordnet oder überlappend
- Figuren getrennt durch Hindernisse
- Ungewöhnlich kleine Figuren
- Ungewöhnlich große Figuren
- Figuren in der Blattecke
- Übertreibung von Körperteilen
- Übertreibung von Gesichtsmerkmalen
- Übertreibung der Hände

Vermeidend-ambivalente Bindung (= A- oder C-Bindung) liegt bei folgenden Merkmalen in Zeichnungen vor

- Fehlende Hintergrunddetails
- Figuren nicht auf Blattkante
- Unvollständige Figuren
- Mutter nicht weiblich dargestellt
- Keine Geschlechterdifferenzierung
- Neutraler/negativer Gesichtsausdruck

Desorganisierte Bindung (= D-Bindung) liegt bei folgenden Merkmalen in Zeichnungen vor

- Falsche Anfänge (mehrfach begonnene Figuren)
- Geknautschte Figuren
- Ungewöhnliche Zeichen bzw. Symbole

Sichere Bindungsmuster (B-Bindung) werden mit dieser Liste nicht erfasst, sondern durch Ausschluss – Fehlen der Zeichen unsicherer Bindung – ermittelt.

Die Ratingskalen differenzieren explizit nach sicherer und unsicherer Bindung, unterscheiden aber nicht zwischen verschiedenen unsicheren Bindungstypen. Dabei werden die folgenden Dimensionen beurteilt:

- Vitalität/Kreativität (Emotionale Investition anhand von Details, Kreativität, Ausschmücken)
- Familienstolz/Glück (Zusammengehörigkeitsgefühl und Wohlfühlen in der Familie)
- Verletzlichkeit (Unsicherheit ausgedrückt in unpassenden Proportionen, Anordnung der Figuren auf dem Blatt und Übertreibung von Körperteilen)
- Emotionale Distanz/Isolation (Einsamkeit ausgedrückt in verstelltem Emotionsausdruck, negativen Emotionen, Distanz zwischen Mutter und Kind)
- Spannung/Ärger (Figuren wirken eingeschränkt, geschlossen, ohne Farbe oder Detail, achtlos, gekritzelt, ausgestrichen)
- Rollenumkehr (geschlossen aus den Größenverhältnissen der Figuren oder ihrer dargestellten Rollen)
- Bizarr/Dissoziation (Grundlegende Dissoziation durch ungewöhnliche Zeichen, Symbole, Fantasien, Themen)
- Globale Pathologie (Allgemeiner Ausdruck von Negativität, ausgedrückt in Organisation, Vollständigkeit der Figuren, Farbe, Detail, Effekt und Hintergrund)

Es wurden auch einige Untersuchungen mit Kindern aus anderen als westlichen Ländern durchgeführt, z.B. Japan (Land wird hier mit Kultur gleichgesetzt), aus denen geschlossen wurde, dass diese Methodik kulturübergreifend gültig sei. Natürlich kann man Kinderzeichnungen grundsätzlich sowohl mit den Zeichenlisten als auch mit den Ratingskalen beurteilen, die Frage ist allerdings, ob die gelisteten Merkmale die ihnen zugeschriebene Interpretation und Bedeutung kulturübergreifend verkörpern.

Dieser Frage sind Ariane Gernhardt und KollegInnen (2016) nachgegangen. Dafür haben sie Familienzeichnungen von Kindern aus Berliner Mittelschichtfamilien und Nso-Bauernfamilien aus Nordwest Kamerun miteinander verglichen. Es wurden Bleistiftzeichnungen erhoben, da die Nso ein anderes Farbrepertoire haben, als dies in Deutschland üblich ist. Im Wesentlichen werden dort weiß, schwarz, grau und rot unterschieden. Die Zeichnungen wurden mit den beiden beschriebenen Instrumenten bewertet und die Ergebnisse sind eindeutig: die Mehrzahl der Kinder aus den Berliner Mittelschichtfamilien würden nach diesen Kriterien als sicher gebunden klassifiziert, während die Mehrzahl der Nso-Kinder als unsicher beurteilt würden.

Typische Familienzeichnungen von Kindern aus Berliner Mittelschichtfamilien sind im Folgenden dargestellt.

Es zeigen sich bei viel individueller Variation gemeinsame Merkmale, die auch in den beschriebenen Auswertungssystemen genannt sind: Die Figuren sind voneinander abgegrenzt und überlappen sich nicht, sie stehen auf der Blattkante, sind individualisiert und geschlechtertypisiert, vollständig, mit positivem Gesichtsausdruck und den Armen nach oben gerichtet. Alle diese Merkmale schließen unsichere Bindung aus und die Auswertung nach den Ratingskalen diagnostiziert sichere Bindung. Bereits in den Zeichnungen von Kopffüßlern sind viele dieser Merkmale beobachtbar. Typische Familienzeichnungen von Nso-Kindern sind im Folgenden dargestellt.

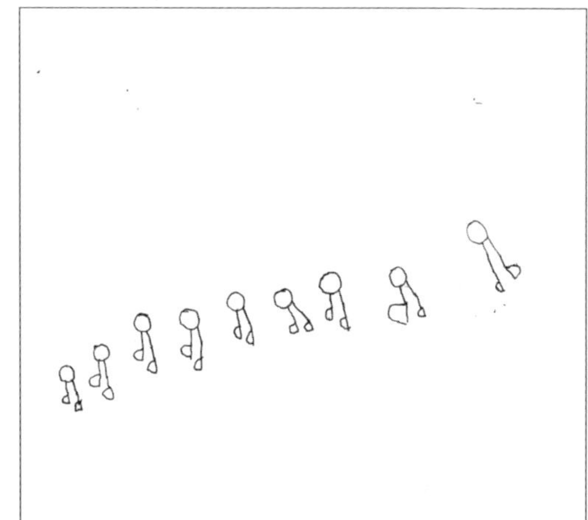

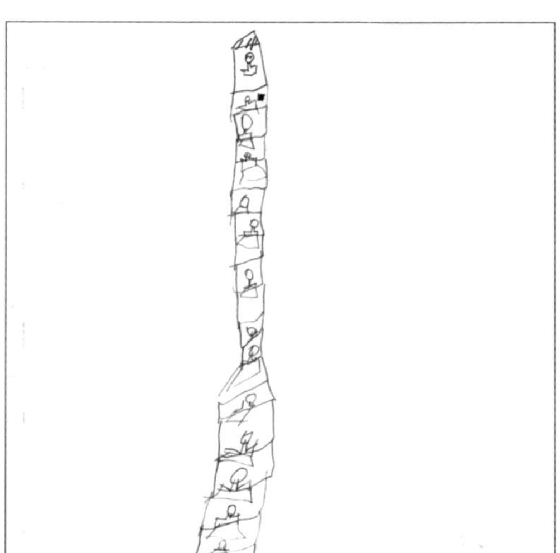

Auf diesen Zeichnungen finden wir alle typischen Merkmale der unsicheren Bindungsklassifikationen: überlappende, z.T. gequetschte Figuren, die irgendwo auf dem Blatt platziert sind, die Figuren sind nicht individualisiert und geschlechtertypisiert, haben häufig überhaupt keine Gesichtsmerkmale, sind ungewöhnlich klein und die Arme zeigen nach unten. Ariane Gernhardt und KollegInnen argumentieren, dass die aus bindungstheoretischer Sicht naheliegende Schlussfolgerung, dass die Berliner Kinder überwiegend sicher und die Nso-Kinder überwiegend unsicher gebunden sind, völlig falsch ist. Sie hatten bereits eine große Zahl von Selbst- und Familienzeichnungen von Kindern unterschiedlicher Kulturen untersucht und grundlegende kulturelle Merkmale von Selbst- und Familienzeichnungen identifizieren können. Auch die Zeichnungen von Kindern aus städtischen und ländlichen Gegenden der Türkei und Indiens reflektieren solche kulturellen Dimensionen. Während die Familienzeichnungen von Kindern aus Bauernfamilien in Dörfern der Türkei nach den Kriterien von Fury und KollegInnen viele Merkmale unsicherer Bindung aufwiesen, zeigten sich bei Kindern aus städtischen Mittelschichtfamilien der Türkei wiederum viele Kriterien sicherer Bindung.

Ein indisches Kind aus einem Vorort von Delhi hat diese Familienzeichnung produziert. Hier sind Elemente sicherer und unsicherer Bindung nach den bindungstheoretischen Vorstellungen kombiniert.

Die Untersuchung von Ariane Gernhardt und KollegInnen zeigt, dass

- die Familienzeichnungen der Kinder keine Hinweise auf einen Bindungstyp geben, sondern dass die Mehrzahl der Kinder Personen generell und ihre Familie speziell im Einklang mit dem Konzept von Person bzw. Selbst, wie es in der jeweiligen Kultur definiert ist, zeichnen und malen.

Die Familienzeichnungen der deutschen Mittelschichtkinder und der Nso-Bauernkinder reflektieren die kulturelle Sichtweisen des Selbst, wie sie Kinder vom ersten Tag ihres Lebens erfahren: Die deutschen Mittelschichtkinder lernen, dass Personen jeweils einzigartige Individuen sind, die von anderen abgegrenzt sind, die sich emotional expressiv präsentieren und denen persönlicher Raum zusteht. Die Nso-Bauernkinder lernen, so zu sein wie andere, eng mit anderen verbunden zu sein, sich emotional neutral zu verhalten und sich im Einklang mit anderen zu befinden, d.h. auch keinen persönlichen Raum zu beanspruchen. Die Kinder aus städtischen Familien nicht westlicher Länder kombinieren autonome und relationale Elemente in spezifischer Weise und das spiegelt sich auch in ihren Familienzeichnungen wider.

Reflexionsfrage

- Wie interpretieren Sie Zeichnungen und Bilder von Kindern?

Selbstverständlich malen bzw. zeichnen nicht alle Kinder einer kulturellen Gruppe gleich. Es gibt Zeichnungen von deutschen Mittelschichtkindern, die nach den vorgestellten Auswertungssystemen Indikatoren für unsichere Bindung aufweisen. Was die Unterschiede zwischen den Zeichnungen der Nso-Kindern und den türkischen und indischen Kindern bedeuten, kann man nicht sagen, da es an entsprechenden Untersuchungen und Analysen fehlt (s. dazu auch Gernhardt, Balakrishnan & Drexler, 2014). In keinem Fall aber ist es – weder wissenschaftlich noch ethisch – vertretbar, Beurteilungen von Kindern und Familien in unterschiedlichen Kulturen mit Verfahren vorzunehmen und als Grundlage des Handelns zu nehmen, die in einem bestimmten kulturellen System entwickelt wurden und auf den entsprechenden Wertvorstellungen basieren. Das bedeutet, dass das, was möglicherweise in einer Mittelschichtfamilie in Berlin oder Los Angeles sichere oder unsichere Bindung ausdrückt, nicht auf Nso-Bauernkinder und auch nicht auf indische Stadtkinder aus der Mittelschicht übertragen werden kann. Wie wir in der vorangegangenen Diskussion gesehen haben, ist dies Ausdruck der unhaltbaren Universalitätsannahme.

Inakzeptable moralische Bewertungen

Die Beurteilung eines Bindungsstils auf der Grundlage der Bindungstheorie ist immer eine moralische Bewertung der Mutter- bzw. Eltern-Kind-Beziehung, wie die PsychologInnen Robert LeVine und Karen Norman (2001) festgestellt haben. Solche Beurteilungen werden jedoch unhinterfragt an vielen Orten vorgenommen und damit ganze kulturelle Gruppen diskriminiert. So hat z.B. eine israelische Forschungsgruppe an der Universität von Haifa (Miri Scharf und Kolleginnen) Familienzeichnungen von Kindern unterschiedlicher Familien, die in Israel leben, mit den vorgestellten Methoden analysiert. Sie kommen zu dem Schluss, dass viele Kinder aus ultraorthodoxen Familien desorganisiert gebunden sind. Die vielen Kinder in den Familien, die beengten Wohnverhältnisse und die prekäre ökonomische Situation der ultraorthodoxen Familien werden als mögliche Erklärungen angeführt. Die Sicht auf die Lebensrealität der ultraorthodoxen Familien ist defizitorientiert, den Familien fehlt etwas, wobei selbstverständlich – wieder einmal – der Mittelschichtstandard als Maßstab genommen wird. Aber sehen die betroffenen Familien das auch so?

Im Rahmen von Masterarbeiten an der Hebrew University in Jerusalem haben auch wir Familienzeichnungen ultraorthodoxer Familienmitglieder analysiert (Masterarbeit Natali Zohar) und z.T. ganz ähnliche Zeichnungen bekommen, wie die von Scharf und KollegInnen als desorganisiert eingestuften.

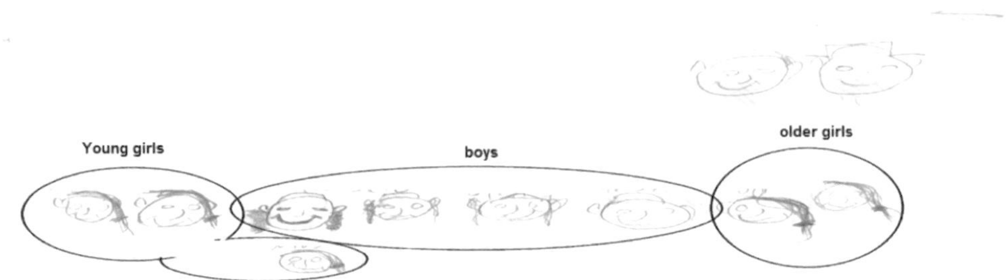

Die Umkreisungen und Bezeichnungen wurden von uns aufgrund von Interviews, die wir mit den Familienmitgliedern durchgeführt haben, auf der Zeichnung eingefügt. In den Interviews erläuterten uns die Familienmitglieder, was ihre Zeichnungen bedeuten und was sie damit ausdrücken wollten. In der oben abgebildeten Zeichnung eines 13-jährigen Jungen, der 6. von 9 Geschwistern, war es die Klassifikation in familiäre Subgruppen nach Alter und Geschlecht. Die Gesichtsdarstellungen reichten für diese Intention aus – warum sollte also das Fehlen der Körper Pathologie ausdrücken, wie dies die bindungstheoretische Auswertung nahelegen würde? Die von Scharf et al. angeführten Gründe wie z.B. zu viele Menschen auf zu engem Raum, ökonomische Einschränkungen, wurden in den Interviews so gut wie nie thematisiert. Lediglich eine 18-jährige Tochter beklagte, nicht genügend Ruhe zum Lernen zu haben.

In solchen, völlig anderen Familienstrukturen, z.B. mit vielen Geschwistern, malen Kinder sich selten neben Mutter oder Vater, sondern gruppieren die Familienmitglieder oft nach Alter und Geschlecht, wie auch dieses 9-jährige Mädchen (s. dazu Bartl et al., 2020).

Viele der Zeichnungen, die wir von den Familien bekommen haben – wir haben alle Familienmitglieder, die dazu in der Lage und bereit waren gebeten, ihre Familie zu zeichnen –, wären nach den Bindungsauswertungssystemen überhaupt nicht auswertbar, weil Personen nicht oder nur indirekt dargestellt wurden, wie z.B. in dem folgenden Beispiel.

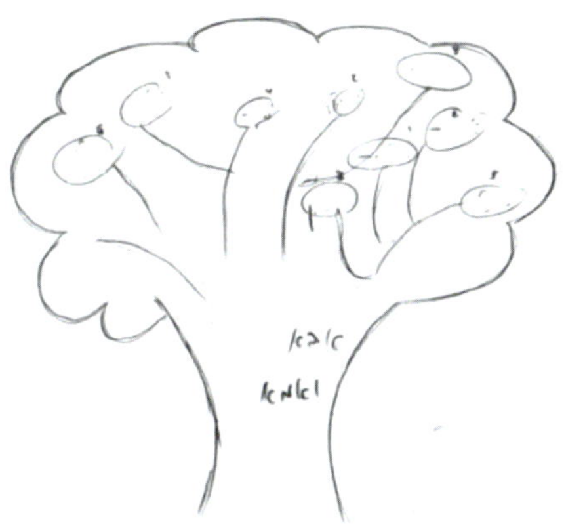

Die Zeichnung des Baums wurde von der erstgeborenen 18-jährigen Tochter mit 8 Geschwistern einer ultraorthodoxen Familie gezeichnet. Sie erklärte: »Ich habe meinen Vater und meine Mutter als Baumstamm gezeichnet, die Stärke der Familie. Mich selbst und die Brüder, denen ich mich näher fühle, habe ich zusammen gezeichnet und dann die anderen Brüder. Aber eigentlich fühle ich mich allen nahe. Ich habe einen Baum gezeichnet, weil ein Baum vom Grund auf wächst, wie ein junges Ehepaar, das Früchte hervorbringt, die wachsen und es erfreuen.

Zum Abschluss dieses Kapitels ein weiteres Beispiel für ethisch höchst fragwürdige, auf der Bindungstheorie basierende Untersuchungen, aus denen zwangläufig Fehldiagnosen und Fehlbeurteilungen resultieren: Aus verschiedenen Untersuchungen mit dem Fremde Situation Test in Ländern südlich der Sahara wird eine ungewöhnlich große Zahl von desorganisierten Bindungsmustern berichtet. Die Bindungsforscherin Mary McMahan True und ihre Kolleginnen Lelia Pisani und Fadimata Oumar (2001) berichten von 25 Prozent in ihrer Stichprobe aufgrund der Klassifikationen in Fremde Situationen bei den Dogon im westafrikanischen Mali. Desorganisierte Bindung wird generell mit erschreckendem und bedrohlichem Verhalten der Mutter in Beziehung gesetzt, so auch in dieser Untersuchung. Selbst wenn man annimmt, dass das erfasste mütterliche Verhalten bei den Dogon dasselbe bedeuten würde wie bei euroamerikanischen Müttern – was man selbstverständlich nicht wissen kann –, kann man keinesfalls annehmen, dass es gleichzeitig die Ursache für eine solche pathologische Bindungsstrategie darstelle, wie desorganisierte Bindung üblicherweise gesehen wird. Man weiß nämlich nicht, was die Mutter-Kind-Beziehung in dem multiplen Beziehungsnetzwerk der Dogon-Kinder bedeutet und welchen Stellenwert sie hat. Vielleicht sind die Verhaltensweisen des Kindes situative Reaktionen auf die völlig unvertraute Situation – mit der Mutter in einem Raum – (s. Kapitel 5.3.1 und 5.3.2)? Die Fachliteratur ist voll von solchen Fehldiagnosen und Missklassifikationen. Leider stellt das kein Hindernis für die praktische Anwendung dieser Konzepte dar.

9.2 Bindungsbasierte Interventionen

Die Vorstellungen und Annahmen der Bindungstheorie hinsichtlich gutem und förderlichem elterlichen Verhalten sind in vielen groß angelegten Programmen von UNICEF, der WHO, der Weltbank und anderen internationalen Organisationen handlungsleitend und werden in traditionelle Dörfer in aller Welt getragen, mit dem Anspruch, in diesen Gemeinschaften wichtige soziale Transformationen und nachhaltige Entwicklung zu fördern. Ein solches Programm soll hier genauer vorgestellt werden.

Es handelt sich um das Interventionsprogramm »Reinforcement of Parental Practice« (Verstärkung/Unterstützung elterlichen Verhaltens/RPP) das von der im Senegal basierten NGO Tostan entwickelt und implementiert wurde. Dieses Programm möchte den Schulerfolg von Kindern unterstützen, indem die Eltern, speziell die Mütter darin geschult werden – nach westlichem Vorbild – mehr verbal mit ihren Kindern zu interagieren. Man bezieht sich auf westliche Untersuchungen, die gezeigt haben sollen, dass viel sprachlicher Austausch zwischen Eltern und Kind die reiche kognitive Stimulation enthalte, welche die Hirnentwicklung fördere. Damit sollten traditionelle lokale Praktiken ersetzt werden, die weniger Wert auf verbalen Austausch zwischen Erwachsenen und Kindern legen. Das Programm, das in 200 Dörfern in fünf Regionen des Senegal angewendet wurde, besteht darin, dass Mütter von 20- bis 31-monatigen Kindern mit ihren Kindern und Spielzeugen, mit der Instruktion mit ihnen zu spielen und dabei möglichst viel Sprache zu verwenden, in einen Raum gebracht wurden. Drei ForscherInnen von US-amerikanischen Universitäten, Ann Weber, Anne Fernald und Yatma Diop (2017) wurden von Tostan beauftragt, dieses Programm zu evaluieren. Sie wählten dazu Dörfer in der senegalesischen Region Kaolack aus, deren EinwohnerInnen Wolof sprechen. Die Evaluierungsuntersuchung sah so aus, dass die Sprachmenge, die die Mutter während einer Spielsituation mit Spielzeugen an ihr Kind richtete, erfasst wurde. Weiterhin wurde auch die Menge an Sprache erfasst – aber nicht in die Analyse einbezogen –, die Frauen im Laufe des Tages an das Kind richteten. In diesem Vorgehen sind mindestens zwei implizite Annahmen enthalten:

Die vermutete primäre Bezugsperson hat den größten Einfluss auf die Sprachentwicklung des Kindes.

- Dieses Vorgehen ist eine ungeprüfte Übertragung des westlichen Entwicklungsmodells mit einer erwachsenen Bezugsperson als HauptpartnerIn der kindlichen Entwicklung und Bildung. Die in vielen traditionellen afrikanischen Dörfern übliche Praxis der multiplen Bezugspersonen und der Sozialisation der Kindergruppe wurde nicht in Erwägung gezogen.

Die Forschungsergebnisse aus den USA und anderen westlichen Ländern – die im übrigen nicht unwidersprochen dastehen – gelten auch in senegalesischen Dörfern.

- Mit dieser Aussage wird behauptet, dass sich Entwicklung überall nach denselben Gesetzmäßigkeiten vollzieht – z.B., dass viel frühe verbale Erfahrungen im dyadischen Kommunikationsformat die Hirnentwicklung fördern und damit den Schulerfolg, was eine bislang ungeprüfte Annahme ist. An anderer Stelle haben wir erörtert, dass eine solche Sichtweise nicht nur die wichtige Rolle der Kultur übersieht, sondern auch den Ergebnissen der kulturellen Neurowissenschaften widerspricht (Morelli et al., 2018). Menschen in unterschiedlichen Kulturen reagieren auf die gleichen Erfahrungen unterschiedlich, auch mit ihren Hirnaktivitäten. Es sagen auch nicht die gleichen Erfahrungen die gleichen Ergebnisse kulturunabhängig voraus – das haben wir in Kapitel 5.3.3 am Beispiel der Vorhersage des Sprachverhaltens gesehen.

Auf den ersten Blick vielleicht nicht sichtbar, sind hier doch die selbstverständlichen Annahmen der Bindungstheorie in ein Interventionsprogramm umgesetzt worden, wie z.B. die Bedeutung der erwachsenen Bezugsperson, die dyadische Kommunikationsstruktur und die Bedeutung sprachlicher Interaktion.

Nicht nur falsch, sondern auch unethisch

Dieses Vorgehen ist, abgesehen davon, dass es auf falschen und nicht zutreffenden Annahmen beruht, unethisch. Warum?

Erstens, weil relevante kulturspezifische bzw. vergleichende Untersuchungen nicht einbezogen wurden. So hat z.B. die französische Forscherin Jacqueline Rabain-Jamain, die lange im Senegal und mit senegalesischen Familien in Paris gearbeitet hat, herausgefunden (2001), dass sich in Wolof sprechenden Gemeinschaften die Sprache unter Kindern von der zwischen Kindern und Erwachsenen in vielerlei Hinsicht unterscheidet. Ältere Kinder übernehmen dort häufig die Rolle, ihre kleineren Geschwister in dyadischen sprachlichen Austausch einzubeziehen, während Eltern und andere Erwachsene mit den Kindern polyadisch sprechen und sie in kommunale Handlungszusammenhänge einbeziehen (diese Kommunikationsform wurde in Kapitel 5.2.3 beschrieben). Wolof-Mütter im ländlichen Senegal wechseln offensichtlich auch ihre Kommunikationsstrategie mit dem Alter der Kinder. Unter-2-jährige hören mehr an sie gerichtete Sprache, während Über-2-jährige mehr Aufforderungen in einem triadischen handlungsorientierten Kontext hören. Diese Untersuchungen an derselben Volksgruppe mit derselben Sprache finden in der Arbeit der Neonatologin Ann Weber, der Psychologin Anne Fernald und dem Psychologen Yatma Diop (2017) keine Erwähnung.

Bei den Nso wiederum hören Kinder oft Geschichten, die kulturelle Inhalte und Traditionen vermitteln und sie hören andere sprechen, was ebenfalls einen Einfluss auf den Spracherwerb hat. Kommunikation hat große nonverbale Anteile. All dies wurde in der Evaluationsuntersuchung in keiner Weise berücksichtigt, ebenso wenig wie neuere Untersuchungen zum sogenannten word gap, der Wörterlücke.

Die word gap Annahme

Unter word gap, also der Wörterlücke, versteht man die Differenz zwischen der Anzahl Wörter, die an Kinder aus sozioökonomisch benachteiligten Milieus gerichtet werden und der Anzahl Wörter, die an Kinder aus Mittelschichtfamilien gerichtet werden. Diese Lücke soll in den ersten 4 Lebensjahren 30 Millionen Wörter umfassen. Dies wurde in den 1980er Jahren an 42 Familien aus Kansas in den USA ermittelt (Hart & Risley, 1995, 2003). Die Pädagogin Betty Hart und der Psychologe Todd Risley haben die Wörter gezählt, die in einstündigen wöchentlichen Hausbeobachtungen an Kinder zwischen dem ersten und dritten Geburtstag gerichtet wurden.

Aus diesen Zahlen haben sie die Anzahl der Wörter hochgerechnet, die die Kinder jeweils in den ersten vier Lebensjahren hören würden, und zwar von der Hauptbezugsperson, in der Regel die Mutter. Dabei stellte sich heraus, dass die sechs Kinder aus den am meisten benachteiligten Familien (alle afrikanische Amerikaner) 30 Millionen weniger an sie gerichtete Wörter hörten als die privilegierteste Gruppe von dreizehn Kindern aus höher gebildeten Familien. Obwohl die Ergebnisse niemals repliziert wurden, entfachten sie ein ungeheures öffentliches Interesse und viele Programme in aller Welt basieren auf diesem Befund. Erst vor kurzem wurden sie von drei AutorInnen, die mit kulturvergleichender Forschung vertraut sind (Sperry, Sperry & Miller, 2018) mit einem Multimethodenansatz überprüft. Dafür wurden ebenfalls 42 Familien mit Kindern, die bei Aufzeichnungsbeginn zwischen 18 und 30 Monaten alt waren, längsschnittlich beobachtet. Sie haben jedoch das Spektrum der Familien aus eher niedrigem sozioökonomischen Milieu erweitert und es wurden alle Wörter erfasst und analysiert, die von allen Personen an alle Personen – also nicht nur an die Kinder – gerichtet waren, um die Sprachumwelt eines Kindes vollständig abzubilden. Diese Untersuchung konnte das word gap nicht bestätigen. Selbst wenn man nur die von der Hauptbezugsperson an das Kind gerichtete Sprache betrachtet, war die Variabilität zwischen den verschiedenen Gruppen aus der unteren sozialen Schicht hoch. Wenn man jedoch die gesamte, an das Kind gerichtete Sprache mit einbezog, zeigte sich, dass Kinder aus einigen »armen« Gruppen mehr Sprache hörten als Mittelschichtkinder.

Zweitens, weil Sprachentwicklung häufig als isolierter Verhaltensbereich betrachtet wird. Sprachentwicklung ist jedoch – ebenso wie alle anderen Entwicklungsbereiche – kein isolierter Prozess, sondern immer in einen Gesamtentwicklungszusammenhang eingebettet. Ein Sprachtraining wirkt auf andere Entwicklungsbereiche – insbesondere auch auf die Kompetenzen zur nonverbalen Kommunikation, die in vielen Gemeinschaften eine bedeutsame Rolle spielen – und stellt insofern eine Intervention in eine Kultur und deren Grundlagen und Funktionen dar. Haben Angehörige einer Minderheitskultur, nämlich der westlichen Mittelschicht, das Recht, ihre Vorstellungen ungefragt Menschen mit einem ganz anderen Verständnis von Entwicklung, Erziehung und Bildung in einem ganz anderen Lebenszusammenhang mit anderen Anforderungen, Herausforderungen, aber auch Ressourcen aufzudrängen? Woher kommt die Überzeugung, dass die westliche Sichtweise universell gültig sei? Auf wissenschaftlicher Evidenz beruht dieser Mythos nicht. Trotzdem wird mit wissenschaftlichen Befunden argumentiert und diese über die kulturellen Praktiken gestellt. Bezeichnend ist bereits der Titel den Weber et al. ihrem Artikel vorangestellt haben: »When Cultural Norms Discourage Talking to Babies.«[15]

Das alles bedeutet natürlich nicht, dass es in Kulturen – und damit ist selbstverständlich die westliche Mittelschichtkultur inbegriffen – keine Praktiken gäbe, die schädlich für die

15 »Wenn kulturelle Normen das Sprechen mit Babys unterdrücken.« (Übersetzung HK)

kindliche Entwicklung sind. Es bedeutet auch nicht, dass nicht Hilfe gewährleistet werden soll, wo Hilfe – aus humanitären oder ökonomischen Gründen – benötigt wird. Die Untersuchungen von Hart & Risley als auch die Interventionsstudie von Weber et al. zum word gap zeigen zweierlei:

- Erstens: Sogenannte wissenschaftliche Untersuchungen sollten nicht vorschnell auf die Praxis übertragen werden. Befunde, die aus dem Vergleich von 6 und 13 Kindern beruhen, rechtfertigen keinesfalls eine weltweite Umsetzung. Sie können allenfalls zur Hypothesenbildung für genauere Untersuchungen gelten. Ähnliche Bedenken habe ich bereits in Bezug auf die Baltimore-Untersuchung artikuliert. Die Rolle von Wissenschaft für die Anwendung sollte insgesamt kritisch reflektiert und auf ihre Kulturspezifität hin analysiert werden.
- Zweitens: Die Untersuchung zeigt auch, dass Annahmen einer Kultur nicht ungeprüft mit dem Anspruch, den Menschen etwas Gutes zu tun, auf Angehörige anderer Kulturen übertragen werden dürfen. Das ist ethnozentrisch und überheblich.

Das trifft u.a. auch auf die Kinderrechtskonvention der Vereinten Nationen zu (United Nations Convention on the Rights of the Child, UNCRC). Das dort zugrunde liegende Bild vom Kind ist das der westlichen Mittelschicht mit einer Sicht auf das Individuum getrennt von der Gemeinschaft und von Entwicklung getrennt von der umgebenden Kultur. Eine solche globalisierte Sicht auf das Kind und Kindheit entmündigt den überwiegenden Teil der Weltbevölkerung und spricht den Familien das Bemühen ab, das Beste für ihre Kinder zu wollen. Obwohl diese Praxis vorherrscht und weit verbreitet ist, gibt es inzwischen auch z.B. bei der UN Bestrebungen, kulturelles Wissen in die Interventionsprogramme miteinzubeziehen. In der Early Childhood Care und Education Working Paper Series (eine

Veröffentlichungsreihe zu den ECCE Programmen) der United Nations Educational, Scientific and Cultural Organization, haben die Psychologen aus Sambia und Kamerun Robert Serpell und Bame Nsamenang 2014 einen sehr wichtigen Beitrag mit dem Titel »Locally Relevant and Quality ECCE Programmes. Implications of Research on Indigenous African Child Development and Socialization« (Lokal bedeutsame und qualitativ gute ECCE Programme. Implikationen afrikanischer Forschung zur Entwicklung und Sozialisation von afrikanischen Kindern und Jugendlichen. Übersetzung HK) veröffentlicht. Wie der Titel sagt, ist es ein Vorschlag, kulturelles Wissen aus dem subsaharischen Afrika zur Grundlage der Programmarbeit für Kinder in dieser Region zu machen. Die Autoren argumentieren, dass Interventions- und Unterstützungsprogramme, um erfolgreich zu sein, die lokalen Bedeutungssysteme und Praktiken respektieren müssen. Unter anderem thematisieren sie die Bedeutung von Kindern für Entwicklung und Erziehung von Kindern. Allerdings liegt hier noch vieles im Argen, was auf dem virtuellen internationalen workshop im November 2020 unter der Schirmherrschaft der Society for Research in Child Development thematisiert und diskutiert worden ist. Im Anschluß haben sich mehrere Gruppen gebildet, die nun Strategien entwickeln, wie die Praxis kulturbewußter werden kann.

Lokal denken und handeln

Auch die neue Auflage eines von der UNESCO und UNICEF herausgegebenen Early Childhood Care and Development (ECCE/ECD) Lehrbuchs für null bis vier Jahre wird kulturbewusste Inhalte haben. Der in Südafrika tätige Arzt und Biologe Barak Morgan ist für den südafrikanischen Teil zuständig und argumentiert, dass die in diesem Programm Tätigen die lokalen Kulturen kennen und in ihrer Arbeit berücksichtigen müssen. Anderenfalls seien alle Bemühungen, und seien sie noch so gut gemeint, vergebens. Das sind vielversprechende Ansätze.

Trotzdem bestehen BindungsforscherInnen nach wie vor auf der Gültigkeit der Universalitätsannahme. Die niederländischen Bindungsforscherinnen Maike Malda und Judi Mesman kommen zu dem Schluss, dass bindungsbasierte Interventionsprogramme für einheimische wie migrierte Familien das Beste seien. Sie fordern explizit, dass bei der Anwendung solcher Programme kein Unterschied zwischen migrierten und einheimischen Familien gemacht werden solle, da bindungsbasierte Interventionen die Grundlage für Besserungen in allen Problemfamilien darstellen würden (2017, S. 82). Elterliche Sensitivität und eine sichere Eltern-Kind-Bindung seien die Voraussetzung für eine optimale kindliche Entwicklung in allen ethnischen Gruppen. Eine solche Schlussfolgerung ist aus kulturinformierter Sichtweise nicht nachvollziehbar und ethisch nicht vertretbar, da Bedeutungssysteme der westlichen Mittelschicht auf Menschen übertragen werden, die möglicherweise andere Bedeutungssysteme haben. Um das abzuklären, müsste man die betreffenden Familien fragen, was jedoch in aller Regel nicht geschieht. Inzwischen gibt es eine wachsende internationale Gemeinschaft von WissenschaftlerInnen und PraktikerInnen, zu denen auch ich gehöre, die auf diese Fragen fokussieren und sie in den öffentlichen Diskurs einbringen und die weitgehend unhinterfragte Hegemonie der Bindungstheorie mit ihren Fragen erschüttern. Nach einem kürzlich gehaltenen Vortrag über Kultur und Bindung bekam ich eine E-Mail mit dem folgenden Inhalt: »... das bisher so betonierte Bindungskonzept hat ganz ordentlich Risse bekommen und daher habe ich das Thema nochmal in ihrem Buch nachgelesen. Wir haben quasi die ›Bindungsunschuld‹ verloren.«

Aufklärung tut also not. In diesem Zusammenhang ist auch eine Sendereihe des US-amerikanischen National Public Radio (NPR), einem nationalen öffentlichen Radiosender, ein Signal. Zum Muttertag 2018 startete eine Serie zu alternativen Erziehungskonzepten.

9.3 Bindungsbasierte Sorgerechtsentscheidungen

Die Beurteilung elterlicher Kompetenz und der Fähigkeit, angemessen für Kinder sorgen zu können, wird in vielen westlichen Ländern auf der Grundlage bindungstheoretischer Annahmen vorgenommen. Etwaige andere kulturelle Vorstellungen der Eltern werden dabei kaum berücksichtigt. Die Geschichte einer indischen Familie in Norwegen geht seit Jahren durch die Presse: Herr Bhattacharya zog von Indien nach Norwegen, um dort als IT-Spezialist in einer Ölfirma zu arbeiten. Nach einem Jahr in Norwegen fuhr er nach Indien, um zu heiraten. Viele indische wie auch andere Migranten in westlichen Ländern möchten gerne Frauen aus der Heimat heiraten, so auch Herr Bhattacharya. Die junge Familie versuchte in Norwegen heimisch zu werden und bekam zwei Kinder. Die junge Frau fühlte sich aber in dem neuen Land nicht wohl und auch die Ehe gestaltete sich schwierig. Frau Bhattacharya fühlte sich in dem fremden Land, mit dem Haushalt, zwei kleinen Kindern und einem Ehemann, der durch seine Arbeit kaum zuhause war, überfordert. Im Kindergarten, in den der zweijährige Sohn ging, bemerkte man Verhaltensauffälligkeiten an dem Kind und informierte die zuständige Behörde, das Norwegian Child Welfare Service (CWS), vergleichbar in der Funktion mit unseren Jugendämtern. Mitarbeiter der Behörde besuchten die Familie zuhause und machten Beobachtungen und Videoaufnahmen. Nach mehreren Besuchen während der folgenden Monate entschied die Behörde, beide Kinder aus der Familie herauszunehmen, weil Frau Bhattacharya sich als Mutter nicht so verhielt, wie die Behörde dies für richtig befand. Über die Erziehungsvorstellungen wurde nie gesprochen, Frau Bhattacharya sprach kein norwegisch und die MitarbeiterInnen der Behörde kein Tamil, die indische Landessprache der Familie. Der zu diesem Zeitpunkt zweijährige Sohn und die fünf Monate alte Tochter kamen in staatliche Obhut und wurden in Pflegefamilien untergebracht. Die Entscheidung kam völlig überraschend für die Eltern. Nach einem jahrelangen Kampf mit der norwegischen Behörde und der Intervention der indischen Regierung bekam Frau Bhattacharya das alleinige Sorgerecht für die Kinder. Sie ist inzwischen von ihrem Mann geschieden und lebt mit ihren Kindern in Kalkutta.[16]

16 Die ausführliche Version dieser tragischen Geschichte mit einem Interview mit Frau Bhattacharya kann man im Blog meiner indischen Kolleginnen Nandita Chaudhary und Pooja Bhargava lesen: www.masalachaimusings.com (28.10.2018)

Staatliche Fehlurteile mit Folgen

Was war der Grund für die Entscheidung der norwegischen Kinderschutzbehörde? Die Mutter erschien den MitarbeiterInnen überfordert, sie hatte kaum Blickkontakt mit dem Baby, reagierte nicht sensitiv, sprach nicht viel mit den Kindern und hob die Hand gegenüber dem Jungen, eine verbreitete indische Grenzsetzungsgeste, die nicht, wie bei uns üblich, Schläge androht. Die norwegischen MitarbeiterInnen haben das Verhalten nach bindungstheoretischen Vorgaben beurteilt und bewertet und sich in keiner Weise mit den Vorstellungen und Überzeugungen von Frau Bhattacharya beschäftigt. Natürlich war die Mutter oft überfordert, auch durch die vorher nicht angekündigten Besuche der Behörde, deren Sinn und Zweck ihr unklar war. Vielleicht hätte es der Mutter geholfen, mit jemandem über ihre Probleme in dem fremden Land, ihre Einsamkeit, ihre Enttäuschung in der Ehe zu sprechen. Über ihre völlig isolierte Situation hat sich niemand Gedanken gemacht.

Diese Geschichte ist leider kein Einzelfall. Die indische Juristin und Journalistin Aiyar Suranya hat eine Website (www.saveyourchildren.in), auf der sie unzählige Fälle, insbesondere von indischen Familien im westlichen Ausland, dokumentiert hat. Sie schreibt auch in der Sonntagsausgabe des indischen Guardian (Sunday Indian Guardian) regelmäßig Artikel zu dieser Thematik.

Der irische Kinderrechtsaktivist Joe Burns hat es auf den Punkt gebracht: In Jahrtausenden menschlicher Geschichte hat sich in allen Kulturen die Familie als ultimates Kinderschutzsystem herausgebildet. Die überwiegende Mehrheit der Kinder dieser Welt wird durch ihre Familien und deren Gemeinschaften sehr gut beschützt. Burns sagt auch, dass der Staat der schlechtestmögliche Beschützer von Kindern ist, besonders in der westlichen Welt. Er bezieht sich auf Analysen des Ökonomen Joseph Doyle Jr., der nachgewies, dass Kinder, die in den Zuständigkeitsbereich von staatlichen Mitarbeitern geraten, welche höhere Raten von Familienentnahmen durchführen, eher in Pflegefamilien untergebracht werden, in der Folge höhere Kriminalitätsraten aufweisen, oft schon als Teenager Eltern werden und weniger verdienen als Kinder die zuhause aufwachsen. Obwohl die Zusammenhänge statistisch eher schwach waren, waren sie dennoch in der Tendenz deutlich erkennbar.

Widersprüche werden nicht wahrgenommen

In Gutachten zu Sorgerechtsempfehlungen aus unserem Kulturkreis habe ich ähnliche Haltungen gefunden. Die Bindungstheorie wird als Grundlage der Beurteilung und Bewertung elterlichen, meist mütterlichen Verhaltens genommen, auch dann, wenn die Familien aus ganz anderen Kulturkreisen kommen. Es wird nur das Verhalten – aus bindungstheoretischer Sicht – beurteilt. Die dazu gehörigen Überzeugungssysteme werden nicht beachtet. Das Familiensystem wird ebenso wenig gesehen wie die Familienbeziehungsgeschichte und deren Kontext. In vielen Institutionen ist es üblich, die Mutter mit dem Kind in die betreffende Behörde bzw. Klinik einzubestellen, wo sie in einem

Fremden Raum in der Anwesenheit von Fachleuten mit ihrem Kind spielen sollen. Diese Konstellation ist – ähnlich wie die Eingewöhnung nach dem Berliner Modell – strukturell verwandt mit dem Fremde Situation Test: Das Kind soll im Fremden Raum unter Stressbedingungen seine Bindungsstrategie offenbaren – um unter Stressbedingungen die Erziehungsfähigkeit der Mutter zu beurteilen –, wobei die Anwesenheit der GutachterInnen – ähnlich der Hausbesuche der norwegischen Behörde bei Frau Bhattacharya – einen zusätzlichen Belastungsfaktor darstellt.

Verhalten wird dabei vollkommen dekontextualisiert, obwohl es doch um alltägliche Situationen gehen sollte: Wie sind die Entwicklungsbedingungen für dieses Kind in seinem familiären Umfeld? Das sind grobe Auslassungen und Fehler im Vorgehen, trotz inzwischen vielfach vorhandener Evidenz über unterschiedliche Erziehungskulturen und Kommunikationsstrukturen. Die Vernachlässigung bzw. Ausklammerung vorhandener Evidenz ist aus wissenschaftlicher Perspektive unethisch. Auch Hans-Joachim Laewen, einer der maßgeblichen Autoren des Berliner Modells in seiner jetzigen Form, sieht in der Vernachlässigung weltweiter Forschungsergebnisse ethische Dilemmata. Darauf verwies er in seinem Fachkommentar »Zur Besonderheit der ›besonderen Beziehung‹, die wir Bindung nennen«, einer Stellungnahme, die er im April 2018 dem »Netzwerk Fortbildung: Kinder bis drei« anlässlich eines vom Netzwerk erarbeiteten Positionspapier[17] zum Thema Beziehungsgestaltung zur Verfügung stellte.

Solche Vorgehensweisen sind auch aus einer moralischen Perspektive problematisch: Menschen werden entmündigt, es wird ihnen elterliche Kompetenz abgesprochen. Sie werden in Entscheidungen, die sie selbst betreffen, nicht einbezogen, es wird ihnen nicht erklärt, was passiert und warum. Mit Familien wird in diesen Fällen so umgegangen, wie es im Umgang mit Kindern nicht geduldet wird und der UN Kinderrechtskonvention widerspricht. Diese Widersprüche im System werden erstaunlicherweise nicht wahrgenommen.

9.4 Die Ethik pädagogischen Handelns in der Kita

Die flächendeckende Anwendung der Bindungstheorie in der Kita weist ebenfalls solche moralischen und ethischen Probleme auf. Wenn z.B. eine ErzieherIn im Zusammenhang mit dem Berliner Modell sagt »... aber manche Eltern wollten es nicht einsehen und waren zu ungeduldig, in diesem Fall musste man die Eltern immer wieder heranziehen und ihnen erläutern, wie wichtig es ist und was ihre Rolle ist«, ist das mit einigen Unterstellungen verbunden, wie z.B.:

- Diese Eltern wissen nicht, was ihre Rolle ist.
- Diese Eltern wissen nicht, was wichtig für ihr Kind ist.

17 Das Positionspapier von »Netzwerk Fortbildung: Kinder bis drei« kann auf www.netzwerk-fortbildung.jimdo.com/positionspapier-beziehungsgestaltung (02.10.2018) kostenfrei heruntergeladen werden.

Möglicherweise steckt darin auch die Annahme:

- Diese Eltern sind nicht am Wohl ihres Kindes orientiert bzw. interessiert.

Solche und ähnliche Stimmen kamen schon in vorigen Kapiteln zur Sprache: Eltern wird die Erziehungskompetenz abgesprochen und häufig werden sogar Desinteresse am Kind und fehlende Fürsorgemotivation unterstellt, ohne die Vorstellungen der Familien zu kennen und sich dafür zu interessieren. Sind wir berechtigt, solche Urteile auf der Grundlage unserer Erziehungsvorstellungen zu fällen? Ethisches Verhalten bedeutet, Menschen in ihrer Situation wahrzunehmen und ihre Vorstellungen ernst zu nehmen. Menschen haben ein Recht auf ihre Kultur. Und Kultur ist ein wichtiger Träger von Identität und damit von Wohlbefinden. Die US-amerikanische Psychologin mit Latino Wurzeln Cynthia Garcia Coll hat in Untersuchungen in den USA mit lateinamerikanischen MigrantInnen festgestellt, dass diejenigen, die ihre Sprache in ihrer Familie und die familiären Werte beibehielten, diejenigen waren, die besser integriert und gesünder waren, eine bessere Ausbildung und weniger Probleme mit Drogen und dem Gesetz hatten als diejenigen, die ihre Werte und Sprache aufgegeben haben und versuchten, völlig in der US-Kultur aufzugehen. Zusammen mit ihrer Kollegin Amy Marks hat sie darüber 2012 ein Buch geschrieben mit dem Titel »The Immigrant Paradox in Children and Adolescents: Is Becoming American a Developmental Risk?«[18]

Reflexionsfrage

- Was kann die Hegemonie unserer Erziehungsvorstellungen für Familien und deren Mitglieder bedeuten?

Aber nicht nur der Umgang mit Familien in der Kita wirft ethische Fragen auf, auch der Umgang mit den Kindern, z.B. die gängige Praxis der Eingewöhnung. Die Eingewöhnungssituation ähnelt, wie schon im letzten Abschnitt angedeutet, in ihrem Aufbau dem Fremde Situation Test. Ein Kind ist in einem fremden Raum mit der Mutter und einer fremden Person. Es gibt zwar keine fest vorgegebene Inszenierung von Trennungen und Wiedervereinigungen, diese finden aber im Verlauf zwangsläufig statt. Im Fremde Situation Test soll dieses Vorgehen der Feststellung der Bindungsqualität durch Erhöhung von Stress auf das Kind dienen, bei der Eingewöhnung soll die Situation dazu dienen, das Kind mit der Kita vertraut zu machen. Wie kann das gehen?

---

18 »Das Migrantenparadox bei Kindern und Jugendlichen: Ist Amerikaner zu werden ein Entwicklungsrisiko?« (Übersetzung HK)

Befremdliche Eingewöhnung

Von diesem irritierenden Widerspruch abgesehen, stellt sich bei beiden Verfahren bzw. Vorgehen die ethische Frage und die Frage nach der moralischen Vertretbarkeit. Der Fremde Situation Test und die Eingewöhnungssituation stellen einen Eingriff in die familiäre Dynamik dar, eine Intervention. Die Mütter beobachten die Kinder in der Kita, im Raum oder durch einen Einwegspiegel in entwicklungspsychologischen Labors, wo ich selbst viele von ihnen beim Fremde Situation Test beobachtet habe. Ich habe Mütter aus Mittelschichtfamilien in Universitätslabors in Deutschland und den USA gesehen, die peinlich berührt waren vom Weinen und Schreien ihres Kindes. Manche Kinder waren danach sehr verstört und haben in der folgenden Nacht kaum in den Schlaf finden können, wie Eltern berichteten. Die BindungsforscherInnen sind allerdings taub auf diesem Ohr und tun die kindlichen Irritationen mit der kindlichen Plastizität ab, schließlich erlebten die Kinder zuhause ja auch kurze Trennungssituationen. Aber ist man nicht gerade deshalb ins Labor gewechselt, um den Stress zu erhöhen? Für Kinder aus nicht westlichen dörflichen Familien, die es nicht gewohnt sind, überhaupt mit Erwachsenen zu interagieren und sich dann auch noch in einem geschlossenen fremden Raum befinden, ist diese Fremde Situation natürlich noch um ein Vielfaches härter, ob im entwicklungspsychologischen Labor oder in der Kita. In meinem Labor war das Verfahren aus den genannten Gründen tabu.

Ein pädagogisches Konzept, das Aussagen wie z.B. »In unserer Einrichtung ist das Berliner Modell verpflichtend. Wenn Eltern mit dieser Form der Eingewöhnung nicht einverstanden sind, ist eine Aufnahme der Kinder nicht möglich.« ermöglicht oder gar unterstützt, ist mehr als fragwürdig, denn auf diesem Weg werden Kinder aktiv und wissentlich aus dem Bildungssystem ausgeschlossen. Eine solche Haltung ist eventuell in privat finanzierten Einrichtungen vertretbar, die sich an bestimmte Familien wenden. Eine solche Haltung in Einrichtungen zu vertreten, die mit öffentlichen Mitteln finanziert bzw. unterstützt werden ist m. E. nicht akzeptabel.

OLOUR
FOR YOUR WORLD

10. Abschließender Kommentar

Ich hoffe, dass es mir in diesem Buch gelungen ist, die konzeptionellen, methodischen, impliziten und ethischen Probleme der Bindungstheorie vorzustellen. Diese Probleme beginnen, wie ausgeführt, bereits damit, dass es unklar ist, was Bindung bzw. das Resultat der Bindungsentwicklung, das interne Arbeitsmodell eigentlich ist und wie es entsteht. Elisabeth Meins (2017) hat auf ein häufiges Dilemma hingewiesen: »Es ist wichtig festzuhalten, dass Bindung eine Beziehungsqualität ist und kein Persönlichkeitsmerkmal.« Dennoch werden Kinder allgemein als sicher oder unsicher klassifiziert, obwohl es mit Mutter und Vater (und anderen) durchaus unterschiedliche Bindungsqualitäten aufweisen kann. Meins sagt weiter: »Erstaunlicherweise wissen wir nichts darüber, wie diese verschiedenen Qualitäten zusammenwirken und die kindliche Entwicklung beeinflussen.« (Übersetzung HK) Dazu kommen viele weitere konzeptionelle Probleme, die in Kapitel 4 und 5 aufgezeigt wurden. Die BindungsforscherInnen waren von Anfang an, also seit Bowlby und Ainsworth, hinsichtlich der Quellen, die sie heran- und den Forschungsergebnissen, die sie einbezogen haben, sehr selektiv. Das hat sich bis heute nicht geändert. So sind in der Fachliteratur sehr unterschiedliche Schlussfolgerungen zum selben Sachverhalt zu finden. Maike Malda und Judi Mesman etwa kommen zu dem Schluss, dass die Forschung in Familien mit und ohne Migrationshintergrund nachgewiesen habe, dass elterliche Sensitivität und eine sichere Bindung wichtige Voraussetzungen für eine günstige kindliche Entwicklung seien (2017, S. 82). Elisabeth Meins (2017) dagegen schlussfolgert, dass es keine nennenswerten Beziehungen zwischen der frühen Eltern-Kind-Bindung und der späteren Entwicklung des Kindes gäbe. Beide Schlussfolgerungen sind 2017 gezogen worden.

Mit der Zeit gehen

Trotz der enthusiastischen Beteuerungen der BindungsforscherInnen über die substantiellen Veränderungen, die die Bindungstheorie des 21. Jahrhunderts verglichen mit ihren Anfängen aufweise, hat sich an deren grundlegenden Annahmen nichts geändert. Wider besseren Wissens an Überholtem festzuhalten, ist ein im Wissenschaftsbetrieb eher ungewöhnliches Phänomen.

Die in ihrer Zeit ebenfalls bahnbrechende Theorie der kognitiven bzw. Intelligenzentwicklung von Jean Piaget, die ebenfalls sehr weit rezipiert wurde, ist heute nicht viel mehr als ein historischer Meilenstein. Für die Beschreibung und Erklärung kognitiver Entwicklung gibt es inzwischen andere Modelle, die auf neueren Forschungen beruhen. Dies ändert jedoch nichts an der Bedeutung, die Piaget an der Theorie- und Methodenentwicklung des Faches hatte. Ein weiteres gutes Beispiel ist der US-amerikanische Psychologe und Erziehungswissenschaftler Lawrence Kohlberg. Seine wegweisende Theorie der moralischen Entwicklung ist mittlerweile ebenfalls durch andere Theorieansätze ersetzt worden. Das gilt auch für viele andere Theorien.

Selbstverständlich hat die Bindungstheorie – ebenso wie die Theorien Piagets und Kohlbergs und vielen anderen – einen historischen Stellenwert in der Betrachtung kindlicher Entwicklung. Allerdings wäre es höchste Zeit, die Bindungstheorie auf den wissenschaftlichen Stand der heutigen Zeit zu bringen – die Integration kultureller Unterschiede ist dabei vorrangig. Selbst wenn BindungsforscherInnen andere kulturelle Muster sehen, ist deren Schlussfolgerung, dass dies nichts an der Gültigkeit der klassischen Bindungstheorie ändere (s. z.B. Mesman et al., 2016), unverständlich. Eisern halten sie an den ursprünglichen Grundannahmen fest und haben lediglich das Themenspektrum erweitert. Ihr Festhalten am klassischen Methodenrepertoire, insbesondere dem Fremde Situation Test, hat in manchen Kulturen zu grotesken Szenarien geführt, die mit der Alltagsrealität der Familien nichts mehr zu tun haben – z.B. die erwähnten Untersuchungen in der Südsee oder in den subsaharischen Dörfern. Die Anthropologin Meehan wollte bei ihrem ersten Feldaufenthalt bei den Aka, einem Volk von Jägern und Sammlern in der Zentralafrikanischen Republik und den im selben Gebiet lebenden Ngandu-Bauern die Fremde Situation als ein Verfahren einsetzen. Sie hat jedoch sofort realisiert, dass selbst eine Anpassung an lokale Verhältnisse kulturell völlig unangemessen bleiben würde. Das dichte soziale Netzwerk, in das Kinder vom ersten Lebenstag an eingebunden sind, erlaube keine isolierten Situationen (Meehan & Hawks, 2013).

Unübersehbare Folgen in der Praxis

Noch problematischer ist die Situation in der Praxis etlicher Anwendungsfelder. Obwohl das Wissen um die Bindungstheorie weitgehend vage ist und vielerlei Probleme in der Praxis auftauchen, wird sie weiterhin unbeirrt angewendet. Das kommt z.B. in der Stellungnahme einer Pädagogin zum Ausdruck: »Ich verstehe absolut nicht die Motivation und das Interesse einiger Fachkolleginnen, die Bindungstheorie und ihre Erkenntnisse und Bedeutung in Frage zu stellen.« Tatsächlich wird die Bindungstheorie nur von wenigen PraktikerInnen in ihrer universellen Gültigkeit in Frage gestellt, vielmehr werden die Familien, die andere Vorstellungen haben, bewertet und abgewertet, häufig auf der Grundlage der Bindungstheorie – und genau da beginnt die ethische und moralische Dimension, die in Kapitel 9 thematisiert wurde.

Reflexionsfrage

- Was gibt uns das Recht, unsere Meinung für die allein richtige zu halten?

Die Bindungstheorie hat bereits sehr viel Schaden angerichtet, wenn man z.B. an die Familien denkt, deren Kinder aufgrund bindungstheoretischer (Fehl-)Einschätzungen des Elternverhaltens aus den Familien genommen wurden und in staatliche Obhut überführt wurden. Selten hat man die Gelegenheit, dazu von den betroffenen Kinder zu hören, wie sie die Situation erlebt haben. Eine dieser selten gehörten Stimmen ist die der 17-jährigen Aya, deren aus dem Irak stammende Mutter sich in Dänemark von ihrem misshandelnden Mann scheiden ließ. Der dänische Kinderschutzbund (Child Protection Service) nahm ihr daraufhin ihre drei Kinder weg.

Ungehörte Stimmen

Aya erzählt[19], dass sie in 6 Jahren in 12 verschiedenen Pflegefamilien untergebracht war. Sie ist wütend auf den dänischen Kinderschutzbund: »Sie haben meine Kindheit zerstört, indem sie mich gezwungen haben, mich von meiner Mutter zu trennen. Sie haben bei mir Gehirnwäsche gegen meine Mutter versucht. Ich will meine Geschichte der ganzen Welt erzählen.« Seit zwei Jahren lebt sie wieder bei ihrer Mutter ebenso wie die jüngere Schwester. Der Bruder ist noch immer in staatlicher Obhut. Aya erzählt von ihren schlaflosen Nächten und dem endlosem Warten darauf, wieder bei ihrer Mutter zu sein. Durch das ganze Hin und Her in verschiedenen Familien hat sie drei Jahre in der Schule verloren. Aus Verzweiflung hat sie Wutanfälle bekommen und Dinge zerstört. Niemand hat ihr geholfen. Eines Tages ist sie einfach weggerannt und hat glücklicherweise ihre Mutter gefunden. Sie leidet immer noch unter dem erlebten Trauma. Die Kinderperspektive hat in der westlichen Pädagogik einen hohen Stellenwert. Warum wird in solchen Fällen nicht auf die Stimme der Kinder gehört?

- Es gibt viel zu tun für Wissenschaft und Praxis und für deren intensiveren Austausch. Wissenschaftliche Theorien müssen ebenso auf den Prüfstand wie die Praxis.

An dieser Stelle möchte ich noch etwas sagen, das mir sehr am Herzen liegt. Ich habe Stimmen der PraktikerInnen – zumeist aus unserer Fragebogenuntersuchung – verwendet, um bestimmte Sichtweisen, Haltungen, Vorstellungen deutlich zu machen und durch O-Ton zu beleben. Das bedeutet in keiner Weise, dass ich die Arbeit der ErzieherInnen, FachberaterInnen und anderen, in der frühpädagogischen Praxis Tätigen, nicht wertschätze oder gar abwerten möchte. Ich bewundere ErzieherInnen und andere Fachkräfte für ihren unglaublichen Einsatz und die Motivation für ihre Arbeit – ihr Engagement ist bei der gesellschaftlichen Wertschätzung und Bezahlung bei weitem keine Selbstverständlichkeit.

---

19 Die ganze Geschichte kann nachgelesen werden: www.sundayguardianlive.com/culture/single-mother-lost-children-denmark (28.10.2018)

Zuhören. Bewegen. Weitergehen

Ich bin sehr dankbar, dass so viele PraktikerInnen mir ihre Meinungen und Haltungen in der Fragebogenuntersuchung mitgeteilt haben. Ich habe daraus sehr viel gelernt. Es war sehr wichtig für mich, authentische Stimmen aus der Praxis kennenzulernen und zu sehen, wo die Probleme liegen. Dafür sind die Stimmen der BindungsbefürworterInnen genauso wichtig wie die der SkeptikerInnen. Ich kann nur hoffen, dass meine Art, diese Stimmen zu Wort kommen zu lassen, als Angebot für einen offenen Diskurs aufgefasst wird. Dass sich die PraktikerInnen in ihrem Tätigkeitsfeld wohl und authentisch fühlen ist ebenso wichtig wie das aller anderen Beteiligten. Diesbezüglich geben die Aussagen aus der Fragebogenuntersuchung Anlass zu Optimismus.

Die überwiegende Mehrzahl der Befragten hat eine sehr positive Haltung zum Beruf:
- »Ich bin zufrieden mit meinem Beruf, weil ich jeden Tag mit denen zusammenarbeite, die unsere Zukunft sind und ich ein Teil ihrer Entwicklung begleiten darf.«
- »Ich bin zufrieden mit der Arbeit mit Menschen allen Alters, Zusammenarbeit mit Fachkräften und Eltern. Kinder auf einen Weg bringen in Zusammenarbeit mit den Eltern. Bildungsanfänge setzen und Kinder fördern können.«
- »Ja, die Kinder geben unheimlich viel zurück und auch viele Eltern.«
- »Ja, nettes Klientel, tolles Team, tolle Pädagogik.«
- »Ja, im Großen und Ganzen bin ich zufrieden. Das ist MEIN Beruf. Menschen sind meine große Leidenschaft.«
- »Wir finden die Welt im Kindergarten wieder.«
- »... weil ich das Gefühl habe, in diesem Beruf meine Stärken, vor allem in der Arbeit mit Kindern unter 3 Jahren, einsetzen zu können und viel zu gelingenden Eingewöhnungen sowie einer kompetenten und sicheren Begleitung der Kinder im Alltag beitragen kann.«
- »... ich habe Spaß an der Arbeit mit den Kindern, Eltern und Kolleginnen. Ich kann selbstständig viel entscheiden und mit meinem Team zusammen bewegen. Ich kann viel bei der Entwicklung der Kinder bewirken.«

Auch Personen, die in anderen Funktionen mit der Kitapädagogik befasst sind, erleben die Arbeit als sinnvoll:
- »Da ich als Fortbildnerin und Beraterin in vielen Einrichtungen bin und mit immer wieder neuen Menschen zusammenarbeite, die Themen sich immer weiter entwickeln, fühle ich mich lebendig und erlebe meine Arbeit sinnstiftend. Das ist super!«
- »Sehr zufrieden – vielfältiges Arbeitsfeld mit hoher Dynamik, hochmotivierten und engagierten Fachkräften in den Kitas, spannende Diskurse an den Schnittstellen von Forschung, Fortbildung, Fachpraxis.«

Diese Haltungen sind wichtige Ressourcen für die Weiterentwicklung der Kitaarbeit und der frühkindlichen Pädagogik insgesamt. Sie sind das Fundament für konstruktive Weiterentwicklung. Das bedeutet nicht, dass nicht auch viel Kritik an der gegenwärtigen Situation geäußert wird.

Es gibt auch TeilnehmerInnen, die die Frage nach der Zufriedenheit nicht beantwortet haben, und es gibt auch Stimmen, bei denen die Problemlagen überwiegen:

- »Allerdings sind unklar gewachsene Rahmenbedingungen sehr ermüdend und anstrengend.«
- »... die Arbeit mit den Eltern wird immer schwieriger und nervenaufreibender. Auch die Arbeit mit Kommune ... ist nicht immer zufriedenstellend.«
- »Die personelle Knappheit in den Kitas. Je ländlicher umso weniger gehört Supervision zum Standard der Qualität.«

Kitaleitungen klagen über die multiplen Belastungen, die durch die vielfältigen administrativen Aufgaben zusätzlich anfallen:

- »Im großen und ganzen JA, ich wünsche mir jedoch als Leiterin etwas mehr Bürozeiten. Von meinen 39 Stunden habe ich eine Kinderfreistellung von 17 Stunden. Oftmals reicht die Zeit für die gesamten Tätigkeiten nicht aus. Hier kommt es manchmal zu persönlicher Unzufriedenheit, weil der Wunsch, sich gut um alles zu kümmern, zu kurz kommt.«

Fachkräfte sehen sich vielerlei Anforderungen ausgesetzt, ohne dass die dafür nötigen Ressourcen zur Verfügung stehen:

- »Es ergeben sich immer stärker werdende Anforderung von Seiten der Eltern an die Aufgaben von Kita und Krippe. Aufgaben die früher für Familien selbstverständlich waren, sollen immer mehr von den Fachkräften übernommen werden. Daraus entstehen Abgrenzungsprobleme der Fachkräfte, die zu Belastungen führen.«
- »Mich stört die oftmals geringe Wertschätzung des Berufstandes in der Gesellschaft (was sich auch auf die Vergütung auswirkt).«
- »Außerdem wäre eine Investition in bessere Rahmenbedingungen (Erzieher-Kind-Relation) wünschenswert.«

Das betrifft auch die FachberaterInnen:

- »... zeitweise unzufrieden oder überlastet wegen großer Herausforderungen und knapper Personalressourcen (hohe Fallzuständigkeit für 50 Mitglieder und mehrere Themen).«

Insgesamt sieht es so aus, als haben sich die Aufgabenfelder verändert. Die Komplexität der Anforderungen ist gestiegen, die Ausbildung und Vorbereitung auf den Beruf tragen diesen Veränderungen aber offensichtlich kaum Rechnung. Die Flut von Fachtexten, Expertisen, Analysen und Broschüren zu allen möglichen Themen stellt zusätzliche Anforderungen an das zeitliche Budget und erweist sich nach meiner Einschätzung als wenig hilfreich für die Praxis. Die Kooperation von Politik, Trägern, der Praxis und der Wissenschaft ist dringend gefordert, den grundsätzlichen Paradigmenwechsel vorzunehmen, monokulturelle in multikulturelle Einrichtungen zu überführen. Dies bedeutet Veränderungen in vielen Dimensionen des Kitaalltags. Der Perspektivenwechsel ist notwendig, um tatsächliche Chancengleichheit für alle Kinder herzustellen.

Literatur

Ahnert L. (2009): Von der Mutter-Kind zur Erzieherinnen-Kind-Bindung? Die Qualität von Beziehungen in der Kita. In: TPS 3

Ainsworth M. D. S. (1967): Infancy in Uganda: Infant Care and the Growth of Love. Baltimore, ML: Johns Hopkins Univ. Press

Ainsworth M. D. S. (1985): Patterns of Infant – Mother Attachments: Antecedents and Effects on Development. Bulletin of the New York Academy of Medicine, 61, S. 771–791

Ainsworth M. D. S., Bell, S. M. (1977): Infant Crying and Maternal Responsiveness: A Rejoinder to Gewirtz & Boyd. Child Development, 48, S. 1208–1216

Ainsworth M. D. S., Blehar M. C., Waters E., Wall S. (1978): Patterns of Attachment: A Psychological Study of the Strange Situation. Hillsdale, NJ: Erlbaum

Ainsworth M. D. S., Wittig B. (1969): Attachment and Exploratory Behavior of One-Year-Olds in a Strange Situation. In: Foss B. (Ed.): Determinants of infant behaviour. Bd 4. London: Mehuen

Bartl, H., Keller, H., Wahle, N., & Zohar, N. (2020): Many Children, many risks? Listening to voices of families with many children from the ultra-orthodox (Haredi) community in Israel. In D. Roer-Strier & Y. Nadan (Eds.): Context-Informed Perspectives of Child Risk and Protection in Israel. New York, USA: Springer

Bell S. M., Ainsworth M. D. S. (1972): Infant Crying and Maternal Responsiveness. Child Development, S. 1171–1190

Beller K. E. (2003): Eingewöhnung in die Krippe. Ein Modell zur Unterstützung der aktiven Auseinandersetzung aller Beteiligten mit Veränderungsstress. www.liga-kind.de/fk-202-beller (18.09.2018)

Belsky J., Steinberg L., Draper P. (1991): Childhood Experience, Interpersonal Development, and Reproductive Strategy: An Evolutionary Theory of Socialization. Child Development, 62, S. 647–670

Berlyne D. E. (1960): Conflict, Arousal and Curiosity. Toronto: Mc Graw-Hill

Blum D. (2010): Love at Goon Park. Harry Harlow and the Science of Affection. New York, NY: Basic Books

Böhme M., Spassov N., Ebner M., Geraads D., Hristova L., Kirscher U. et al. (2017): Messinian Age and Savannah Environment of the Possible Hominin Graecopithecus from Europe. PLOS ONE 12(5): e0177347. https://doi.org/10.1371/journal.pone.0177347 (08.09.2018)

Bossong L. (2017): Kulturell divergierende Vorstellungen von Erziehung, frühkindlicher Bildung und Betreuung in deutschen Kindertageseinrichtungen. Die Perspektiven von pädagogischen Fachkräften und von Müttern aus unterschiedlichen ökosozialen Kontexten. Dissertation, Universität Osnabrück

Bowlby J. (1951): Maternal Care and Mental Health. Bulletin of the W.H.O. 3, S. 355–534

Bowlby J. (1969): Bindung. Frankfurt a. M.: S. Fischer Verlag, 1984

Bowlby J. (1973): Trennung. München: Kindler, 1976

Bowlby, J. (1980): Verlust, Trauer und Depression. Frankfurt a. M.: S. Fischer Verlag, 1983

Bowlby J., World Health Organization (1952): Maternal Care and Mental Health: A Report Prepared on Behalf of the World Health Organization as a Contribution to the United Nations Programme for the Welfare of Homeless Children/John Bowlby, 2nd ed. Geneva: World Health Organization. www.who.int/iris/handle/10665/40724 (01.10.2018)

Borkenau P. (1993): Anlage und Umwelt. Eine Einführung in die Verhaltensgenetik. Stuttgart: Hogrefe

Braukhane K., Knobeloch J. (2012): Das Berliner Eingewöhnungsmodell. Theoretische Grundlagen und Praktische Umsetzung. KiTa Fachtexte (www.kita-fachtexte.de)

Bretherton I. (1992): The Origins of Attachment Theory. John Bowlby and Mary Ainsworth. Developmental Psychology, 28, S. 759–775

Bretherton I. (2013): Revisiting Mary Ainsworth's Conceptualization and Assessments of Maternal Sensitivity-Insensitivity. Attachment & Human Development, 15:5-6, S. 460–484, DOI: 10.1080/14616734.2013.835128 (08.09.2018)

Bretherton I., Munholland K. A. (2016): Internal Working Models in Attachment Relationships: A Construct Revisited. In Cassidy J., Shaver P. (Eds.): Handbook of Attachment Theory and Research. New York, NY: Guilford Press

Burkart J. M., van Schaik C. P. (2010): Cognitive Consequences of Cooperative Breeding in Primates? Animal Cognition, 13, S. 1–19

Garcia Coll C., Marks A. K. (2012): The Immigrant Paradox in Children and Adolescents: Is Becoming American a Developmental Risk? Washington, DC: American Psychological Association. DOI: 10.1037/13094-000 (08.09.2018)

Cassidy J., Shaver P. (Eds.) (2016): Handbook of Attachment Theory and Research. New York, NY: Guilford Press

Chisholm J. S. (1999): Death, Hope and Sex. Steps to an Evolutionary Ecology of Mind and Morality. Cambridge, MA: Cambridge University Press

Druckerman P. (2012): Warum französische Kinder keine Nervensägen sind? München: Goldmann Verlag

Duranti A. (2008): Further Reflections on Reading other Minds. Anthropological Quarterly, 18(2) S. 483–494

Duschinsky R., van IJzendoorn M., Foster S., Reijman S., Lionetti F. (2018): Attachment Histories and Futures: Reply to Vicedo's »Putting attachment in its place«. European Journal of Developmental Psychology. DOI.org/10.1080/17405629.2018.1502916 (08.09.2018)

Eibl-Eibesfeldt I. (2004): Die Biologie des menschlichen Verhaltens: Grundriss der Humanethologie (5. Aufl.). Vierkirchen-Pasenbach: Blank Media

Elschenbroich D., Schweitzer O. (1995): Aufwachsen und Lernen in Japan. Frankfurt a. M.: Deutsches Jugendinstitut

Fairbanks L. A. (2000): Behavioral Development of Nonhuman Primates and the Evolution of Human Behavioral Ontogeny. In: Parker S., Langer J., Mackinney M. (Eds.): The Evolution of Behavioral Ontogeny. Santa Fe, NM: SAR Press, S. 131–158

Fink H. (2018): In der Peer starten wir! Krippenkinder unterstützen sich gegenseitig – ein innovatives Modell zur Eingewöhnung. TPS 7, S. 18–21

Freeman D. (1998): The Fateful Hoaxing of Margaret Mead: A Historical Analysis of her Samoan Research. Boulder, CO: Westview Press

Fury G., Carlson E. A., Sroufe L. A. (1997): Children's Representations of Attachment Relationships in a Family Drawing. Child Development, 68, S. 1154–1164

Gaskins S. (2003): From Corn to Cash: Change and Continuity within Mayan Families. Ethos, 31, 2

Gaskins S. (2013): The Puzzle of Attachment: Unscrambling Maturational and Cultural Contributions to the Development of Early Emotional Bonds. In Quinn N., Mageo M. J. (Eds): Attachment reconsidered: Cultural Perspectives on a Western Theory. New York, NY: Palgrave Macmillan, S. 33–64

Gaskins S. (2014): Childhood Practices across Cultures: Play and Household Work. In: Jensen L. (Ed.): The Oxford Handbook of Cultures and Development. New York, NY: Oxford University Press, S. 185–197

Gaskins S., Beeghly M., Bard K. A., Gernhardt A., Liu C. H., Teti, D. M., Yovsi R. D. (2017): Meaning and Methods in the Study and Assessment of Attachment. In Keller H., Bard K. A. (Eds.): Contextualizing Attachment: The Cultural Nature of Attachment. Cambridge, MA: MIT Press

Gernhardt A. (2017): Individuelle Freiheit oder Anpassung an die Gruppe? Zur Bedeutung von Kultur für die frühkindliche Bildung und Entwicklung. In: Walter-Laager C., Pfiffner M., Fasseing Heim K. (Hrsg.): Beziehungen in der Kindheit. Soziales Lernen in frühpädagogischen Einrichtungen verstehen und unterstützen. Erste Bildungsjahre, Band C. S. 187–212

Gernhardt A., Keller H., Rübeling H. (2016): Children's Family Drawings as Expressions of Attachment Representations Across Cultures: Possibilities and Limitations. Child Development

Gernhardt A., Balakrishnan B., Drexler H. (2014): Kinder zeichnen ihre Welt. Entwicklung und Kultur. verlag das netz

Gerwing A. (2012): Unveröffentlichte Masterarbeit. Universität Osnabrück

Gewirtz J. L., Boyd E. F. (1977 a): Does Maternal Responding Imply Reduced Infant Crying? A Critique to the 1972 Bell & Ainsworth Report. Child Development, 48, S. 1200–1207

Gewirtz J. L., Boyd E. F. (1977 b): In Reply to the Rejoinder to our Critique of the 1972 Bell and Ainsworth Report. Child Development, 48, S. 1217–1218

Gottlieb A., DeLoache J. (Eds.) (2010): A World of Babies: Imagines Childcare Guides for Seven Societies. Cambridge, UK: Cambridge University Press

Gottlieb A., DeLoache J. (Eds.) (2017): A World of Babies: Imagined Childcare Guides for Eight Societies. Cambridge, UK: Cambridge University Press

Greenough W. T., Black J. E., Wallace, C. S. (1987): Experience and brain development. Developmental Psychobiology, 22, S. 727–252

Grossmann K. E. (1977): Skalen zur Erfassung mütterlichen Verhaltens von Mary D. S. Ainsworth. In: Grossmann K. E. (Hrsg.): Entwicklung der Lernfähigkeit in der sozialen Umwelt. München: Kindler, S. 96–107

Grossmann K., Grossmann K. E. (2012): Bindungen – Das Gefüge psychischer Sicherheit. Stuttgart: Klett-Cotta

Grossmann K., Grossmann K. E. (2017): Interview in TPS spezial zu Bindung und Feinfühligkeit. In: TPS 8

Grossmann K., Grossmann K. E., Huber F., Wartner U. (1981): German Children's Behavior Towards their Mothers at 12 Months and their Fathers at 18 Months in Ainsworth's Strange Situation. International Journal of Behavioral Development, 4, S. 157–181

Hammes-Di Bernardo E., Speck-Hamdan A. (2010) (Hrsg.): Kinder brauchen Kinder – Gleichaltrige – Gruppe – Gemeinschaft. verlag das netz

Hart B., Risley T. R. (1995): Meaningful Differences in the Everyday Experience of Young American Children. Baltimore, MD: Brookes

Hart B., Risley T. R. (2003): The Early Catastrophe. Education Review, 17, S. 110–118

Harwood R. L., Miller J. G., Lucca Irizarry N. (1995): Culture and Attachment. Perceptions of the Child in Context. New York, NY: Guilford Press

Hédervári-Heller É., Dreier A. (2013): Ohne Bindung geht es nicht! Betrifft KINDER 11-12/13, S. 16–23

Helfrich H. (2013): Kulturvergleichende Psychologie. Heidelberg: Springer Verlag

Hill K., Hurtado A. M. (1996): Ache Life History. The Ecology and Demography of a Foraging People. New York, NY: Walter de Gruyter

Hinde R. A. (1982): Attachment: Some Conceptual and Biological Issues. In: Murray Parkes C., Stevenson-Hinde J.: The Place of Attachment in Human Behavior. New York, NY: Basic Books. S. 60–76

Hinde R. A. (1992): Developmental Psychology in the Context of other Behavioral Sciences. Developmental Psychology, 28(6), S. 1018–1029 http://dx.doi.org/10.1037/0012-1649.28.6.1018 (08.09.2018)

Van der Horst F. C. P. (2011): Mary Ainsworth's Role in the Study of Attachment. In: Van der Horst F. C. P. (Ed.): John Bowlby – From Psychoanalysis to Ethology: Unraveling the Roots of Attachment Theory. New York, NY: Wiley https://doi.org/10.1002/9781119993100.ch6 (08.09.2018)

Van der Horst F. C. P., van der Veer R. (2009): Separation and Divergence: The Untold Story of James Robertson's and John Bowlby's Theoretical Dispute in Mother-Child Separation. Journal of the History of the Behavioral Sciences, 45(3). S. 236–252

Hutt C. (1981): Toward A Taxonomy and Conceptual Model of Play. In: Day H. I. (Ed.): Advances in Intrinsic Motivation and Aesthetics. Boston, MA: Springer Publishers

Hrdy S. B. (1999): Mother Nature: A History of Mothers, Infants, and Natural Selection. New York, NY: Pantheon Books

Hrdy S. B. (2009): Mothers and Others: the Evolutionary Origins of Mutual Understanding. Cambridge, MA: Harvard University Press

van IJzendoorn M. H. (1990): Developments in Cross Cultural Research on Attachment. Some Methodological Notes. Human Development, 33, S. 3–9

van IJzendoorn M. H., Sagi-Schwartz A. (2008): Cross-Cultural Patterns of Attachment. Universal and Contextual Dimensions. In: Cassidy J., Shaver P. (Eds.): Handbook of Attachment. Theory, Research and Clinical Applications. New York, NY: Guilford Press, S. 880–905

Johow J., Voland E. (2014): Family Relations Among Cooperative Breeders: Challenges and Offerings to Attachment Theory From Evolutionary Anthropology. In: Otto H., Keller H. (Eds.): Different Faces of Attachment: Cultural Variations on a Universal Human Need. Cambridge, MA: Cambridge University Press, S. 27–49

Karen R. (1994): Becoming Attached: First Relationships and How They Shape Our Capacity to Love. New York, NY: Oxford University Press

Keller H. (2007): Cultures of Infancy. Mahwah, NJ: Erlbaum

Keller H. (2011): Kinderalltag. Heidelberg: Springer

Keller H. (2012): Die Autonomieillusion. Kindheit in Deutschland zwischen Anspruch und Wirklichkeit. In Braches-Chyrek R., Röhner C., Sünker H. (Hrsg.): Kindheiten. Gesellschaften. Interdisziplinäre Zugänge zur Kindheitsforschung. Leverkusen: Barbara Budrich, S. 205–223

Keller H. (2015): Die Entwicklung der Generation Ich. Heidelberg: Springer Essentials

Keller H. (2016): Kulturkontakt. Perspektiven auf Multikulturalität in der Kita. TPS 1, S. 36–39

Keller H. (2017 a): Cultural and Historical Diversity in Early Relationship Formation. European Journal of Developmental Psychology. https://doi.org/10.1080/17405629.2017.1323630 (08.09.2018)

Keller H. (2017 b): Die biokulturelle Realität des Schlafens. In: TPS 2

Keller H., Bard K. A. (Eds.) (2017): The Cultural Nature of Attachment: Contextualizing Relationships and Development. Cambridge, MA: MIT Press

Keller H., Bard K. A., Morelli G., Chaudhary N., Vicedo M., Rosabal-Coto M., Scheidecker G., Murray M., Gottlieb A. (2018): The Myth of Universal Sensitive Responsiveness: Comment on Mesman et al. (2017). Child Development. 89(5), S. 1921–1928. DOI: 10.1111/cdev.13031 (15.10.2018)

Keller H., Chaudhary N. (2017): Is the Mother Esssential for Attachment? Models of Care in Different Cultures. In Keller H., Bard K. H. (Eds.): Contextualizing Attachment: The Cultural Nature of Attachment. Cambridge, MA: MIT Press

Keller H., Kärtner J. (2013): The Cultural Solution of Universal Developmental Tasks. In: Gelfand L. J., Chiu C-y., Hong Y-y. (Eds.): Advances in Culture and Psychology (Vol. 3). New York, NY: Oxford University Press, S. 63–117

Keller H., Schölmerich A., Eibl-Eibesfeldt I. (1988): Communication Patterns in Adult-Infant Interactions in Western and non-Western Cultures. Journal of Cross-Cultural Psychology. 19(4), S. 427–445

Kirmayer L. J. (2012): Rethinking Cultural Competence. Transcultural Psychiatry, 49(2), S. 149–164

Kitayama S., Cohen D. (2018): Handbook of Cultural Psychology (2. Aufl.). New York, NY: Guilford Press

Kramer K., Gutknecht D. (2016): Schlafen in der Kinderkrippe. Freiburg: Herder

Laewen H.-J. (2018). Zur Besonderheit der »besonderen Beziehung« die wir Bindung nennen. infans

Laewen H.-J., Andres B., Hédervári É. (2003): Die ersten Tage – ein Modell zur Eingewöhnung in Krippe und Tagespfege (4.). Weinheim: Beltz

Lamb M. E., Thompson R. A., Gardner W., Charnov E. L., Estes D. (1984): Security of Infantile Attachment as Assessed in the Strange Situation: Its Study and Biological Interpretation. Behavioral and Brain Sciences, 7, S. 127–147

Lancy D. F. (2015): The Anthropology of Childhood. Cherubs, Chattel, Changelings (2. Aufl.). New York, NY: Cambridge University Press

Lavelli M., Carra, C. et al. (2019): Culture-Specific Development of Early Mother-Infant Emotional Co-Regulation: Italian, Cameroonian, and West African Immigrant Dyads

LeVine R., LeVine S. (2016): Do Parents Matter? New York, NY: Ingram Publisher

LeVine R., Norman K. (2001): The Infant's Acquisition of Culture: Early Attachment Reexamined in Anthropological Perspective. In: Moore C. C., Matthews H. F. (Eds.): The Psychology of Cultural Experience. New York, NY: Cambridge University Press. S. 83–103

Main M. (1990): Cross-Cultural Studies of Attachment Organization. Recent Studies, Changing Methodologies, and the Concept of Conditional Strategies. 33. S. 48–61

Malda M., Mesman J. (2017): Parental Sensitivity and Attachment in Ethnic Minority Families. In: Cabrera N.-J., Leyendecker B. (Eds): Handbook on Positive Development of Minority Children and Youth. Cham, Switzerland: Springer International Publishing

Markus H. R., Kitayama S. (1991): Culture and the Self. Implications for Cognition, Emotion and Motivation. Psychological Review, 98, S. 224–253

Masuda T., Nisbett R. E. (2001): Attending Holistically Versus Analytically: Comparing the Context Sensitivity of Japanese and Americans. Journal of Personality and Social Psychology. 81(5). S. 922–934

Mead M. (1930): Growing Up in New Guinea. (Nachdruck: Harper Perennial, 2001)

Mead M. (1954): Cultural Discontinuities and Personality Transformation. https://doi.org/10.1111/j.1540-4560.1954.tb02179.x (07.10.2018)

Mead M. (1961): Coming of Age in Samoa, New York, NY: Dell (originally published in 1928)

Meehan C. L., Hawks S. (2013): Cooperative Breeding and Attachment Among the Aka Foragers. In: Quinn N., Mageo, J. A. (Eds): Attachment Reconsidered: Cultural Perspectives on a Western Theory. New York, NY: Palgrave. S. 85–113

Meins E. (2017): Overrated: The Predictive Power of Attachment. The Psychologist, 30, S. 20–24

Mesman J. (2018): Sense and Sensitivity: A Response to the Commentary by Keller et al. (2018). Child Development. doi.org/10.1111/cdev.13030 (15.10.2018)

Mesman J., van IJzendoorn M. H., Behrens K., Carbonell O. A., Cárcamo R., Cohen-Paraira I., Kondo-Ikemura K. (2016): Is the Ideal Mother a Sensitive Mother? International Journal of Behavioral Development, 40(5), S. 385–397

Mesman J., van IJzendoorn M. H., Sagi-Schwartz A. (2016): Cross-Cultural Patterns of Attachment. In: Cassidy J., Shaver P. (Eds.): The Handbook of Attachment: Theory, Research, and Clinical Applications. New York, NY: Guilford Press. S. 852–877

Mesman J., Minter T., Angnged A. (2016): Received Sensitivity: Adapting Ainsworth's Scale to Capture Sensitivity in a Multiple-Caregiver Context. Attachment and Human Development 18(2), S. 101–114

Mesman J., Minter T., Angnged A., Cissé I. A. H., Salali G. D., Migliano A. B. (2017): Universality Without Uniformity: A Culturally Inclusive Approach to Sensitive Responsiveness in Infant Caregiving. Child Development. doi: 10.1111/cdev.12795 (18.09.2018)

Mooya H., Sichimba F., Bakermans-Kranenburg M. (2016): Infant-Mother and Infant-Sibling Attachment in Zambia. Attachment and Human Development. Doi.org/10.1080/14616734.2016.1235216 (08.09.2018)

Morelli G. A., Bard K. A., Chaudhary N., Gottlieb A., Keller H., Murray M., Quinn N., Rosabal-Coto M., Scheidecker G., Takada A., Vicedo M. (2018): Bringing the Real World into Developmental Science. A Comment on Weber, Fernald and Diop. Child Development. https://doi.org/10.1111/cdev.13115 (08.10.2018)

Morelli G. A., Chaudhary N., Gottlieb A., Keller H., Murray M., Quinn N., Rosabal-Coto M., Scheidecker G., Takada A., Vicedo M. (2017): Taking Culture Seriously: A Pluralistic Approach to Attachment. In: Keller H., Bard K. A. (Eds.): The Cultural Nature of Attachment. Cambridge, MA: MIT Press, S. 139–170

Morelli G. A., Quinn N., Chaudhary N., Vicedo M., Rosabal-Coto M., Keller H., Murray M., Gottlieb A., Scheidecker G., Takada A. (2018): Ethical Challenges of Parenting Interventions in Low to Middle – Income Countries, Journal of Cross-Cultural Psychology, 19, S. 5–24

Otyakmaz B. Ö., Döge P. (2015): Erzieherinnen-Eltern-Beziehung in Migrationskontexten. In: Otyakmaz B. Ö., Karakaşoğlu Y. (Hrsg.): Frühe Kindheit in der Migrationsgesellschaft. Wiesbaden: Springer Fachmedien. S. 159–178

Otto H., Keller H. (Eds.) (2014): Different Faces of Attachment: Cultural Variations on a Universal Human Need. Cambridge, UK: Cambridge University Press

Posada G., Lu T., Trumbell J., Kaloustian G., Trudel M., Plata S., Peña P., Perez J., Tereno S., Dugravier R., Coppola G., Costantini A., Cassiba R., Kondo-Ikemura K., Noblega M., Haya M. I., Pedraglio C., Verissimo M., Santos A. J., Monteiro L., Lay K. L. (2013): Is the Secure Base Phenomenon Evident Here, There, and Anywhere? A Cross-Cultural Study of Child Behavior and Experts' Definitions. Child Development, 84, S. 1896–1905. doi: 10.1111/ cdev.12084 (18.09.2018)

Power T. G. (2000): Play and Exploration in Children and Animals. Hove, GB: Psychology Press

Quinn N., Mageo J. M. (Eds.) (2013): Attachment Reconsidered: Cultural Perspectives on a Western Theory. New York: Palgrave Macmillan

Rabain-Jamain J. (2001): Language Use in Mother-Child and Young Sibling Interactions in Senegal. First Language, 21(63), S. 357–385

Reddy V. (2000): Coyness in Early Infancy. Developmental Science, 3(2), S. 186–192

Röttger-Rössler B. (2016): Multiple Zugehörigkeiten. Eine emotionstheoretische Perspektive auf Migration. Working Paper SFB 1171 Affective Societies 04/16

Rogoff B. (2003): The Cultural Nature of Human Development. New York: Oxford University Press

Rosabal-Coto M., Quinn N., Keller H., Vicedo M., Chaudhary N., Gottlieb A., Morelli G. A. (2017): Real-World Applications of Attachment Theory. In: Keller H., Bard K. A. (Eds.): Contextualizing Attachment: The Cultural Nature of Attachment. Cambridge, MA: MIT Press

Roskam, I., Mikolajczak, M. (2019): De l'attachement à l'épuisement parental. In B. Pierrehumbert (Hrsg.): L'attachement aujourdhui: parentalité et acceuil du jeune enfant. Savigny sur Orge: Duval. S. 117–138 van Rosmalen L., van der Horst F. C. P., van der Veer R. (2016): From Secure Dependency to Attachment: Mary Ainsworth's Integration of Blatz's Security Theory into Bowlby's Attachment Theory. History of Psychology, 19(1), S. 22–39 http://dx.doi.org/10.1037/hop0000015 (08.09.2018)

Roth X. (2017): Handbuch Elternarbeit. Bildungs- und Erziehungspartnerschaft in der Kita (2. Aufl.). Freiburg: Herder

Rothbaum F., Pott M., Azuma H., Miyake K., Weisz J. (2000): The Development of Close Relationships in Japan and the United States: Paths of Symbiotic Harmony and Generative Tension. Child Development, 71(5), S. 1121–1142

Salter M. D. S. (1940): An Evaluation of Adjustment Based upon the Concept of Security. University of Toronto Studies, Child Development Series, No. 18. Toronto: University of Toronto Press

Scheidecker G. (2017): Kindheit, Kultur und moralische Emotionen: Zur Sozialisation von Furcht und Wut im ländlichen Madagaskar. Bielefeld: Transcript

Schröder L., Kärtner J., Keller H., Chaudhary N. (2012): Sticking out and Fitting. In: Culture-Specific Predictors of 3-Year-Olds' Autobiographical Memories During Joint Reminiscing. Infant Behavior and Development, 35(4), S. 627–634

Serpell R., Nsamenang B. (2014): Locally Relevant and Quality ECCE Programmes: Implications of Research on Indigenous African Child Development and Socialization. UNESCO Paris

Shankman P. (1996): The History of Samoan Sexual Conduct and the Mead-Freeman Controversy. American Anthropologist. 98(3), S. 555f

Shweder R. A., Bourne E. J. (1984): Does the Concept of a Person Vary Cross-Culturally? In: Shweder R. A., LeVine R. A. (Eds.): Culture Theory: Essays on Mind, Self and Emotion. Cambridge, MA: Cambridge University Press. S. 158–199

Sperry D. E., Sperry L. L., Miller P. J. (2018): Reexamining the Verbal Environments of Children from Different Socioeconomic Backgrounds. Child Development. doi: 10.1111/cdev.13072 (08.09.2018)

Sroufe L. A. (1989): Infant-Caregiver Attachment and Patterns of Adaptation in Preschool: The Roots of Maladaptation and Competence. In: Perlmutter M. (Ed.): Minnesota Symposium in Child Psychology (Vol. 16). Hillsdale, NJ: Erlbaum, S. 41–81

Suomi S. J. (2008): Attachment in Rhesus Monkeys. In Cassidy J., Shaver P. (Eds.): The Handbook of Attachment: Theory, Research, and Clinical Applications (2. Aufl.). New York: The Guilford Press, S. 173–191

Taylor C. (1992): Sources of the Self: The Making of the Modern Identity. Cambridge, MA: Cambridge University Press

Thompson R. A. (2000): The Legacy of Early Attachments. Child Development, 71(1), S. 145–152

Thompson R. A. (2017): Twenty-First Century Attachment Theory: Challenges and Opportunities. In: Keller H., Bard K. A. (Eds.) (2017): The Cultural Nature of Attachment. Cambridge, MA: MIT Press, S. 301–320

Thompson R. A. (2018): Eyes to See and Ears to Hear: Sensitivity in Research on Attachment and Culture. Attachment and Human Development. doi: 10.1080/14616734.2018.1454062 (08.09.2018)

Thompson R. A., Braun K., Grossmann K. E., Gunnar M. R., Heinrichs M., Keller H., O'Connor T. G., Spangler G., Voland E., Wang S. (2005): Group Report: Early Social Attachment and its Consequences. The Dynamics of a Developing Relationship. In: Carter C. S., Ahnert L., Grossmann K. E., Lamb M. E., Hrdy S. B., Porges S. W., Sachser N. (Eds.): Attachment and Bonding. A New Synthesis. New York, NY: MIT Press, S. 349–383

Thon St. (2017): Bindung und Beziehung. DVD, 72min, Kaufungen, AV1 Pädagogikfilme

Tobin J., Arzubiaga A., Adair J. (2013): Children Crossing Borders: Immigrant Parents and Teacher Perspectives on Preschool for Children of Immigrants. Russell Sage Foundation

True M. M., Pisani L., Oumar E. (2001): Infant-Mother Attachment Among the Dogon in Mali. Child Development, 72, S. 1451–1466

Vicedo M. (2013): The Nature and Nurture of Love: From Imprinting to Attachment in Cold War America. Chicago: University of Chicago Press

Vicedo M. (2017 a): Putting Attachment in Its Place: Disciplinary and Cultural Contexts. European Journal of Developmental Psychology. 14(6), S. 684–699 http://dx.doi.org/10.1080/17405629.2017.1289838 (08.09.2018)

Vicedo M. (2017 b): The Strange Situation of the Ethological Theory of Attachment: A Historical Perspective. In: Keller H., Bard K. A. (Eds.) (2017): The Cultural Nature of Attachment. Cambridge, MA: MIT Press, S. 13–52

Vicedo M. (2018): On the History, Present, and Future of Attachment Theory, Reply to Duschinsky, van IJzendoorn, Foster, Reijman & Lionetti »Attachment Histories and Futures«. European Journal of Developmental Psychology. Doi.org/10.1080/17405629.2018.1502920 (08.09.2018)

Voland E. (1993): Grundriss der Soziobiologie. Heidelberg, Berlin: Spektrum Akademischer Verlag

Voland E. (2007): Die Natur des Menschen. München: C. H. Beck

Waters E., Deane K. (1985): Defining and Assessing Individual Differences in Attachment Relationships: Q-Methodology and the Organization of Behavior in Infancy and Early Childhood. In: Bretherton I., Waters E. (Eds.): Monographs of the Society for Research in Child Development, 50, nos. 1–2, S. 41–65

Weber A., Fernald A., Diop Y. (2017): When Cultural Norms Discourage Talking to Babies: Effectiveness of a Parenting Program in Rural Senegal. Child Development, 1–1

Wilson E. O. (1975): Sociobiology: The New Synthesis. Harvard, MA: Harvard University Press

Winner A. (2013): Alles Bindung oder was? Zu Risiken und Nebenwirkungen eines Modebegriffs. ErzieherIn 28.06.2013

Winner A. (2015): Das Münchner Eingewöhnungsmodell – Theorie und Praxis der Gestaltung des Übergangs von der Familie in die Kindertagesstätte. KiTa Fachtexte (www.kita-fachtexte.de)

Winner A., Erndt-Doll E. (2009): Anfang gut? Alles besser! Ein Modell für die Eingewöhnung in Kinderkrippen und anderen Tageseinrichtungen für Kleinkinder. verlag das netz

De Wolff M., van IJzendoorn M. (1997): A Meta-Analysis on Parental Antecedents of Infant Attachment. Child Development 68, S. 571–591

Kommentiertes Literaturverzeichnis

Im Folgenden werden einige Bücher vorgestellt und kurz kommentiert, die einen wesentlichen Wissensfundus kulturvergleichender Entwicklungspfade darstellen mit einem Schwerpunkt auf der sozial-emotionalen Entwicklung. Die Liste ist selbstverständlich nicht vollständig, sondern stellt eine subjektive Auswahl der mir wichtigen Grundlagen dar. Leider sind die meisten dieser Bücher nur in englischer Sprache erschienen – deutschsprachige Literatur ist also dringend notwendig.

Culture and Attachment von Robin Harwood und Kolleginnen erschien 1995 als Hardcover und 1997 als Taschenbuch. Es ist eines der ersten Bücher, das sich systematisch mit kulturellen Unterschieden in den Vorstellungen von Müttern zu Sozialisationszielen und Bindungsverhaltensweisen beschäftigt. Mit verschiedenen Methoden wurden die Vorstellungen puertoricanischer und angloamerikanischer Mütter in den USA erfasst. Das Ergebnis sind deutliche Unterschiede in diesen Bereichen und ein großes Fragezeichen hinter der Universalitätsannahme.

The Anthropology of Childhood von David Lancy erschien 2015 in zweiter Auflage. Die Anthropologie der Kindheit ist ein unerschöpflicher Fundus für kulturelle und zeithistorische Unterschiede in der Entwicklung und Erziehung der Kinder. Das Buch eignet sich auch als Nachschlagewerk zu spezifischen Themen, wie Stillen, Schlafen usw. Im Jahr 2017 erschien mit Raising Children eine populäre Version von The Anthropology of Children, das die vielfältigen kulturellen Unterschiede auch einem breiten Publikum zugänglich macht.

The Afterlife Is Where We Come From von Alma Gottlieb, einer engagierten Anthropologin, die lange Zeit bei und mit den Beng an der Elfenbeinküste gelebt hat, erschien 2004. Sie hat ihre wunderbaren Beobachtungen und Erkenntnisse des Aufwachsens der Beng Kinder akribisch dokumentiert und analysiert – ein intensiver Ausflug in eine andere Welt, wo das individuelle Leben nicht mit der Geburt anfängt.

In The Nature & Nurture of Love von 2013 widmet sich die Wissenschaftshistorikerin Marga Vicedo den Anfängen der Bindungstheorie, den historischen Zusammenhängen ihres Entstehens und den disziplinären Hintergründen der bis heute vertretenen Annahmen. Vicedo hat mit dieser Publikation erheblich zur Entmystifizierung der Bindungstheorie beigetragen.

Mit A World of Babies haben die Anthropologin Alma Gottlieb und die Psychologin Judy DeLoache 2010 ein hinreißendes Konzept realisiert. Sie ließen in allen Kapiteln zu verschiedenen Kulturen fiktive Elternratgeber von Angehörigen der jeweiligen Kultur schreiben – mit Ausnahme des Beng-Ratgebers, den Alma Gottlieb selbst schrieb. In den Kapiteln verbanden sie die wissenschaftliche Information zu der betreffenden Kultur mit ihren persönlichen Kenntnissen. Auch dieses Buch erschien in einer zweiten – überarbeiteten und aktualisierten – Auflage (2017). Da es eine völlig anderen Ausrichtung hat – primär werden Migranten oder Kulturen in politisch prekären Situationen, wie z.B. Beduinenfamilien in Israel, behandelt – sind es eigentlich zwei unterschiedliche und gleichermaßen wichtige Bücher.

Das von den Anthropologinnen Naomi Quinn und Jeannette Marie Mageo 2013 herausgegebene Attachment Reconsidered ist eine Sammlung von Dokumentationen aus der Anthropologie, Psychologie und evolutionären Theorie, die deutlich machen, dass es in verschiedenen Kulturen sehr unterschiedliche Vorstellungen zur Entwicklung von wichtigen Beziehungen von Kindern gibt.

Auch der von der Psychologin Hiltrud Otto und mir herausgegebene Sammelband Different Faces of Attachment dokumentiert auf der Basis wissenschaftlicher Befunde aus der Psychologie, der Anthropologie, der evolutionären Theorie und der Linguistik, dass es im Verständnis, dem Ausdruck, dem Entstehen und den Konsequenzen von Bindung profunde kulturelle Unterschiede gibt.

Das von Kim Bard und mir herausgegebene The Cultural Nature of Attachment ist der vollständigste Überblick über die Bindungstheorie und ihren Stellenwert in der heutigen Wissenslandschaft. Führende WissenschaftlerInnen aus allen Disziplinen, die sich mit der Bindungstheorie beschäftigen – Anthropologie, Psychologie, Biologie, Primatologie, evolutionäre Theorie, Neurokognition –, ziehen hier ein Fazit und diskutieren die Annahmen der Bindungstheorie. In zwei weiteren Kapiteln wird die Bindungstheorie aus der Anwendungsperspektive diskutiert und reflektiert. Das Buch bekam 2018 den Ursula Gielen Global Psychology Award für den »bedeutendsten und fundamentalsten Beitrag zu einer globalen Entwicklungswissenschaft«.

In meinem Buch Kinderalltag beschreibe ich die Entwicklungspfade von Kindern aus deutschen bzw. westlichen Mittelschichtfamilien, denen aus traditionell lebenden Bauernfamilien in nicht westlichen Ländern und diskutiere Implikationen für Bindung und Bildung.

In seinem wunderbaren Buch Kindheit, Kultur und moralische Emotionen über das Leben und die Entwicklung von Kindern in den Dörfern im Süden Madagaskars zeichnet Gabriel Scheidecker ein umfassendes Porträt eines Lebensentwurfes, der sich sehr von der gewohnten westlichen Lebenstradition unterscheidet. Obwohl es in dem Buch primär um die Emotionssozialisation geht, enthält es doch sehr viele bindungsrelevante Informationen.

In ihrem, in der zweiten Auflage stark überarbeiteten, Klassiker Handbuch der Elternarbeit gibt Xenia Roth sehr viele wertvolle Informationen und Beispiele für eine gelingende Zusammenarbeit mit Familien. Dabei kommen auch – integriert in das Gesamtkonzept – viele kulturvergleichende Aspekte zur Sprache.